# 大数据财务管理

张奇 著

人民邮电出版社
北京

**图书在版编目（ＣＩＰ）数据**

大数据财务管理 / 张奇著. -- 北京：人民邮电出版社，2016.2（2024.7重印）
ISBN 978-7-115-41658-2

Ⅰ. ①大… Ⅱ. ①张… Ⅲ. ①互联网络－应用－财务管理 Ⅳ. ①F275-39

中国版本图书馆CIP数据核字(2016)第018389号

## 内 容 提 要

　　大数据时代，如何挖掘蕴藏在数据背后的宝贵信息，从而让数据开口"说话"，为企业经营决策提供科学依据？如何利用好大数据，降低运营成本，减少经营风险？这是当下很多企业要攻克的难题。本书全面解读了大数据环境下财务管控模式和流程创新、企业定位、成本管控、投资决策、商业模式创新、全面预算体系建设等关键问题，可以帮助企业利用好大数据，提升财务管理效率和经营业绩。

　　本书可供企业高层管理者、企业财务管理人员学习参考，同时也适合高校相关师生阅读参考。

◆　　　著　　张　奇
　　　责任编辑　庞卫军
　　　执行编辑　程珍珍
　　　责任印制　焦志炜

◆人民邮电出版社出版发行　　北京市丰台区成寿寺路 11 号
　邮编 100164　电子邮件 315@ptpress.com.cn
　网址 http://www.ptpress.com.cn
　北京七彩京通数码快印有限公司印刷

◆ 开本：700×1000　1/16
　印张：15　　　　　　　　　　　2016 年 2 月第 1 版
　字数：300 千字　　　　　　　　2024 年 7 月北京第 15 次印刷

定　价：45.00 元

读者服务热线：(010)81055656　印装质量热线：(010)81055316
反盗版热线：(010)81055315
广告经营许可证：京东市监广登字 20170147 号

# 前言

　　大数据是中国经济新常态下创新驱动的发动机和产业转型的助推器，带动了技术研发体系创新、管理方式变革、商业模式创新和产业价值链体系重构，推动了跨领域、跨行业的数据融合和协同创新。

　　企业可持续发展的关键是获得竞争优势，财务战略作为企业总体战略的核心，基于长期性和系统性的视角，在企业整体目标的引领下，融合了财产的购置、投资、融资以及管理等事项。大数据时代，一方面，海量数据为财务管理和决策带来更有利的支撑；另一方面，也对传统的财务系统、财务人员的素质提出了更高的要求。为了应对大数据带来的挑战，抓住大数据带来的机遇，企业决策者以及相关的财务管理专业人员，需要重新审视和思考财务管理工作，全面提升进行财务决策时统筹各种数据的技能，掌握企业价值评估工具和资本预算的流程特点，系统评价企业财务状况及构建评估财务风险的体系，整合和提高应对环境变化的决策水平。

　　大数据时代的财务管理需要新思维。首先，企业需要重新审视财务决策思路和环境。其次，企业需要建立基于数据的服务导向理念。最后，企业需要采用实时数据以减少决策风险。在大数据时代，财务分析的目标更加突出战略导向，这就要求企业做相应的商业模式创新。建立在大数据基础之上的商业模式创新更为系统，不受单一因素的影响。这种创新通常是大量数据分析的结果，需要企业做出全面的调整，它是一种集成创新。

　　大数据时代，企业应强调将新的理念应用于辅助决策及发现新的知识，更应强调现有业务流程的优化。财务流程分为三种基本流程形式：一是财务战略流程；二是财务运营流程；三是财务保障流程。财务管理流程既是财务管理制度的具体表现形式，又是实现财务管理可视化和显性化的重要方式。

大数据环境下，企业财务管理的决策数据和知识获取方式、决策参与者、决策组织和决策技术都发生了巨大改变。财务管理不再拘泥于财务数据，而应"跳出财务看财务"，把财务数据、业务数据与企业所在的市场环境等综合起来分析，并提出有洞察力的建议，以实现财务管理价值的提升。

本书将基于大数据时代对财务管理提出的新要求，和读者分享以下内容。

* 财务管理和大数据的关系。

* 日常经营活动中如何关注大数据。

* 大数据如何影响财务战略体系建设。

* 大数据如何帮助企业定位。

* 如何提升大数据时代的财务管理水平。

* 大数据如何影响企业的成本。

* 大数据如何影响全面预算体系。

* 大数据如何影响投资决策。

* 大数据时代如何管理企业风险。

由于编者水平有限，本书不足之处在所难免，在此希望广大读者批评指正。

# 目录

## 第一部分
### 大数据时代的新考验

# 第二部分

## ▲ 大数据如何影响企业财务决策

# 第三部分

## 大数据如何影响财务战略体系的建设

# 第四部分

## ▲ 大数据如何影响全面预算体系

# 第五部分

▲ **大数据如何影响投资决策**

# 第六部分

## 大数据时代如何管理企业风险

# 第一部分

## 大数据时代的新考验

《华尔街日报》将大数据时代、智能化生产和无线网络革命称为引领未来繁荣的三大技术变革。麦肯锡公司的相关报告指出数据是一种生产资料，大数据是下一个创新、竞争、生产力提高的前沿。世界经济论坛报告指出："大数据为新财富，价值堪比石油。"因此，发达国家纷纷将开发利用大数据作为夺取新一轮竞争制高点的重要抓手。大数据已经不仅局限在数字领域和互联网领域，它正在影响着社会中的每一个板块。大数据技术的战略意义不在于掌握庞大的数据信息，而在于对这些有意义的数据进行专业化处理。大数据时代为企业的发展带来了历史性机遇。企业利用数据分析和挖掘技术，通过对其内部存储的大量数据进行加工分析，能够作出更科学的经营决策，有效改善产品性能和服务水平，提升客户和受众的消费体验，使企业在市场竞争中获得更大的战略优势。

# 第一章  大数据时代已经到来

数据管理是利用计算机硬件和软件技术对数据进行有效收集、存储、处理和应用的过程，其目的在于充分、有效地发挥数据的作用。数据管理技术的发展先后经历了四个阶段，即人工管理阶段、文件系统阶段、数据库阶段、面向应用的数据管理阶段。大数据之所以能被称为革命性的现象，是因为它标志着人类社会从信息时代、经由知识时代快速向智能时代迈进。智能时代的特点是，无处不在的计算机和网络将像人一样，通过自动化的决策，为人类提供服务；管理将更加精确、智能，人与人之间的合作、任务之间的对接会更加精准，国家和社会的运行成本将会越来越低。

一般而言，大数据是指数据庞大且结构复杂，增长速度快但价值密度低，短时间内难以用现有的软件进行数据处理的数据集。大数据的产生意味着人类对数据驾驭能力提出了新的挑战，也为人们获得更为深刻、全面的洞察能力提供了前所未有的空间与潜力。在商业应用中，人们将大数据作为一种分析预测方法并关注分析结果的商业潜力。事实上，大数据既包含了"海量数据＋复杂数据类型"的成分，也包含了分析应用的成分。根据数据来源不同，大数据可以分成科学数据和社会数据两大类。目前，人们关注的重点主要是社会数据。大数据给中国经济的发展带来新的机遇，只有抓住生产方式转变这一关键因素，才能解决发展方式转变的深层次矛盾。未来，大数据将激发巨大的内需增量，建设智慧城乡，密切机构和个体的联系，促进社会进步。大数据产业将形成新的增长点，数据业务主营化带来各行各业的转型升级。用信息生产力与先进生产方式带动发展方式和经济运行机制的转变，可以引导和激发消费，从而引发产业的巨大变革。2015 年 8 月 31 日，《促进大数据发展行动纲要》（国发〔2015〕50 号）的出台，标志着大数据发展和应用的顶层设计正式出炉。大数据成为推动经济转型发展的新动力，将深刻影响社会分工协作的组织模式，促进生产组织方式的集约和创新。

## 一、大数据及大数据产业的含义和特点

### 1. 大数据的含义及特点

**（1）数据的演变**

数据的演变是一个渐进的过程，它不是简单的由一种形式代替另一种形式，而是一个由简单到复杂的各种形式相互包容、不断丰富的过程。数据的发展分为三个阶段：第一阶段是数据的产生，数据作为一种计量工具与技术相融合，充分体现了其精确性和实用性特征；第二阶段是科学数据的形成，数据除作为计量工具外，也成为认识事物的基础和依据，并融入到自然哲学的研究方法之中，使定量研究成为自然科学的基本研究范式；第三阶段是大数据的诞生，数据成为一种重要的社会资源，影响着整个社会的发展进程，大数据也为社会科学提供了定量研究方法，实现了数据与社会科学的结合，基于数据的社会管理、服务应运而生。

**（2）大数据的含义**

大数据概念中的数据，是指具有可追踪、可分析、可量化特性的数据，而对这个意义上的"数据"进行挖掘和分析、依据数据做出商业决策、利用数据提升竞争力则是大数据产业要做的事情。大数据价值链的三个构成部分是基于数据本身的公司、基于技能的公司和基于思维的公司。麦肯锡认为，大数据是指其大小超出了典型数据库软件的采集、存储、管理和分析等能力的数据集。该定义包含两方面含义：一是符合大数据标准的数据集大小是变化的，会随着时间推移、技术进步而增长；二是不同部门符合大数据标准的数据集大小会存在差别。大数据的本质是彻底打破了各利益主体之间的信息不对称，让各方的连接更有效率。大数据将逐渐成为企业的核心资产，虽然其暂时未被列入企业资产负债表，但这只是时间问题。大数据的核心并不仅仅在于大容量，还在于对大量数据的整理分析和挖掘，从而创造出新的价值。

**（3）大数据的特点**

未来企业的经营也不再是过去的业务驱动，而是变为大数据驱动的经营管理。大数据的特点可以总结为 4 个 V，即 Volume（体量浩大）、Variety（种类繁多）、Velocity（生成快速）和 Value（价值巨大但密度很低）。

2. 大数据产业的概念、分类及特点

广义的大数据产业即信息产业，主要是与数据相关的服务的硬件制造、软件研发、软硬件相结合的网络工程建设、数据采集加工和相关数据服务；狭义的大数据产业指数据采集、加工与相关服务业，主要对大量数据进行采集、加工、处理转化为顾客需要的数据产品的产业。目前对于大数据产业的分类并没有统一规定，依据不同角度可以总结为以下几种。

（1）二分法。二分法主要依据占有大数据的情况，分为大数据产业和大数据衍生产业。大数据产业主要指自身生产数据或者获取数据的存储、分析、应用类产业。大数据衍生产业主要指从事大数据产业所需要的基础设施和技术支持类产业。

（2）三分法。三分法主要依据数据的营销模式将大数据产业分如下三类。① 数据内容业：以信息为主要产品，可以关联到社会的各个领域，指从事数据的存储、采集、加工、传播等基本数据服务的产业群体，如档案室、情报部门、各大数据中心等。② 数据服务业：指用专业的知识和技能给顾客提供策略，以解决问题的服务，如数据以及数据库的咨询、数据库建立以及升级、系统的创建和升级、增值网络服务等。③ 数据软件、硬件制造业：指从事数据相关的基础设备和软件的研发与制造的行业。

（3）五分法。五分法按照产业的价值模式分为大数据内生型价值模式、外生型价值模式、寄生型价值模式、产品型价值模式和云计算服务型价值模式，具体内容详见表1-1。

表 1-1　大数据按五分法对价值模式分类

| 类型 | 数据来源 | 用途 | 典型公司 |
|---|---|---|---|
| 内生型价值模式 | 自身生产数据 | 服务与企业自身的产品营销与服务 | 亚马逊公司、谷歌公司和脸谱公司 |
| 外生型价值模式 | 自身生产数据 | 以授权、租赁的方式授权其他企业 | 美国的 Twitter 公司 |
| 寄生型价值模式 | 不生产数据 | 具备数据挖掘技能以提供专业咨询服务 | 美国的天睿公司 |

（续表）

| 类型 | 数据来源 | 用途 | 典型公司 |
|------|---------|------|---------|
| 产品型价值模式 | 不生产数据 | 提供与大数据相关的存储、检索、分析的软硬件产品 | 惠普公司、IBM 公司 |
| 云计算服务型价值模式 | 不生产数据 | 依托云计算直接向用户提供基于大数据生成、存储、分析、检索、分享、消费等服务平台 | 微软公司的 Azure 平台 |

资料来源：迪莉娅. 我国大数据产业发展研究 [J]. 科技进步与对策 .2014（02）：56~60

大数据产业的具体特点如下。

（1）产业数据资产化。在大数据时代，数据渗透到每个行业，逐渐成为企业资产，也成为大数据产业创新的核心驱动力。自身生产数据的互联网企业具有得天独厚的优势，其可以利用丰厚的数据资产，挖掘数据的潜在价值，洞察用户的信息行为，推动产业利用数据实现精准和个性化的生产、营销和获利模式。

（2）产业技术的高创新性。创新是大数据产业发展的基石。面对海量数据，企业如何有效地获取数据、存储数据、整合数据和服务用户。其需要不断革新大数据产业技术，具体来讲，包括对大数据的去冗降噪技术、高效率低成本的大数据存储与有效融合技术、非结构化和半结构化数据的高效处理、适合不同行业的大数据挖掘分析工具和开发环境、大幅度降低数据处理、存储和通信能耗等技术的不断优化和创新，为用户提供高效、高质量、个性化的服务。

（3）产业决策智能化。大数据产业在推动企业决策智能化发展中起到领头羊的作用。首先是产业自身决策智能化的发展，其次是为行业决策智能化提供数据、技术与管理平台。随着大数据产业的发展，分布式计算的大数据推动生产组织向去中心、扁平化、自组织、自协调方向演化，促进劳动与资本一体化，并且在决策过程中极大地克服人类的有限理性，推动决策朝着智能化、科学化的方向发展。

（4）产业服务个性化。Monetate 公司的调查报告显示，与未利用数据分析的企业相比，投入并分析数据的企业增长率为 49%，而通过可量化的个性化实现在线销售额的增长率为19%。因而，基于数据的分析成为大数据产业提供个性化服务的重要工具。这些产业通过数据挖掘用户的兴趣和偏好，针对个体需求开展个性化订制与云推荐业务，提升产品服务质量，满足用户更高级别的需求，以获得更高的经济收益。

## 二、国内外企业的大数据战略

### 1. IBM——大数据可视化

近些年来，IBM一直致力于大数据的前瞻研究，有自己的数据管理系统、数据仓库、Hadoop System、Stream Computing流计算、信息整合管理平台这一整套的大数据技术，其中数据可视化功能是IBM的一个重大突破，即分析工具生成的信息以可视化形式呈现在用户而前，给用户非常强烈的直觉判断。数据可视化技术指的是运用计算机图形学和图像处理技术，将数据转换为图形或图像显示出来，并进行交互处理的方法和技术，其本质是从抽象数据到可视化结构的映射。可视化分析方法，主要包括可视化查询、链接分析、路径分析、群集分析、社会网络分析等分析算法与分析工具。

未来IBM在大数据可视化与商业化研发的三大工作方向：一是从结构化、半结构化、非结构化的音频和视频当中抽取特殊数据，即语义分析和语境分析，来帮助企业进行决策和分析；二是将分析得出的结果以可视化的方式让业务用户更易于理解；三是可视化与地理位置信息相结合，如在港口监控所有船只时，一旦出现异常情况，工作人员通过可视化软件就能更准确地判断现实情况，并得出解决方案。

### 2. Facebook——通过大数据精准定位客户群

Facebook一直是大数据技术最积极的应用者和开拓者，因为它拥有的数据量极其巨大。目前，Facebook在全球有9亿用户，其中日常活跃用户达5.26亿，每天会采集到500+TB的数据。面对大量的数据，Facebook会根据海量用户的使用习惯做数据挖掘，然后对用户进行"画像"，更精准地把握用户需求和广告主的需求。Facebook大数据技术被广泛应用在广告、新闻源、消息聊天、搜索、站点安全、特定分析、报告等各个领域。

海量数据处理的第一步就是归类，将用户发表的评论、上传的图片、音乐、视频这些碎片化、非结构化的数据进行分析，使其集结、归类成结构化的数据信息。第二步是要将这些结构化的数据进行解读，挖掘数据背后的潜在意义。每当用户登录 Facebook 时，Cookie 会一直驻留在用户的浏览器中，从此用户的浏览行为、浏览页面的关键字会被记录，通过对关键字和上传信息的持续分析，Facebook 很容易得知用户的爱好和近期需求。再加上对用户朋友圈的分析，可以获得用户的教育、工作、收入、地理位置等诸多内容，这种挖掘和解读往往比个人主动填写的信息还要全面、真实。为了更便捷、更真实地获得用户的资料，Facebook 发布了一款大数据新产品——"时间线"（Timeline），它是一个用户可以进行自我编辑的个人时间轴，即记录个人生活故事的应用。Timeline 通过帮助用户创建个人的时间线和电子传记这一形象化的工具，进行用户数据捕获、存储，将 Facebook 的数据收集工作带入历史领域。而一旦拥有了这些历史数据，Facebook 就如同一个和你从小一起长大的人，对你的一切了如指掌。用户留下的数据越多，Facebook 就越了解用户，投放的广告就会更加精准。

3. Google——用大数据做预测

Google 就是大数据时代的开拓者，Google 的大数据技术架构一直都是全球互联网企业争相学习和研究的重点。在市场研究中，Google 所提供的大数据分析主要包括客户情绪分析、交易风险分析、产品推荐、客户流失预测、法律文案分类、电子邮件内容过滤、政治倾向预测、物种鉴定等多个方面。Google 用大数据做预测的具体应用如下。

其一，基于 Map Reduce（映射化简模式），Google 提供了包括数据存储、数据分析、日志分析、搜索质量以及其他数据分析应用。

其二，基于 Dreme1 系统（在线可视化系统），Google 推出其强大的数据分析软件 Big Query，它也是 Google 自主开发的一个云数据分析引擎。Big Query 引擎可以快速扫描高达 70TB 未经压缩处理的数据，并且可马上得到分析结果。该服务能帮助企业用户在数秒内完成万亿字节的扫描。

其三，Google 的趋势图应用。通过用户对搜索词的关注度，很快了解社会上的热点是什么。对广告主来说，它的商业价值就是很快知道用户现在关心什么，他们应该在什么地方投入广告。这可以帮助广告客户分析和评估其广告活动的效率，再利用 Google Analytics 可全面掌控营销投资回报率。

Google 的大数据平台架构仍在演进中，追求的目标是更大数据集和更快、更准确的分析与计算，这将进一步引领大数据技术发展的方向。

4. 阿里巴巴——大数据下的新 C2B 模式

阿里巴巴集团董事局主席马云表示中国正在从 IT（Information Technology，信息技术）时代走向 DT（Data Technology，数据技术）时代，阿里巴巴未来十年的目标是建立大数据时代中国商业发展的基础设施。大数据时代经济社会发展的基础设施，不再仅仅是铁路、公路和水电煤，还包括建立在互联网上的各种大数据基础设施服务。在大数据背景下，阿里巴巴将致力于更底层的数据层面，提供更多的数据原料、数据半成品或成品的服务。阿里巴巴集团已将大数据升级为公司战略：一方面，它服务于阿里巴巴集团目前和未来的业务目标，如已有的电子商务平台，正在开展的小微金融服务和未来的基于数据的宏观经济预测；另一方面，阿里巴巴的大数据战略有其强大的 IT 资产和基础设施支持。

阿里巴巴作为中国最大的电商企业，已经通过所掌握的数据以及分析成果，去指导这些生产线的研发、设计、生产、定价。用户的搜索浏览、驻留时间、商品对比、购物车、下单、评价数据被全程记录，同时用户的个人资料，如性别、地域、年龄、职业、消费水平、偏好、星座等被搜集。这时阿里巴巴可以对用户进行交叉分析、定点分析、抽样分析、群体分析，基于这些分析结果得出市场需求趋势，再通过地域和时间分析指导生产线。如不同季节不同物品的产量和不同地域不同产品的库存，适时调整生产、销售、推销策略。

阿里巴巴已经启动了数据共享计划，将它们沉淀的行业数据分享给厂商，从价格分布、关键属性、流量、成交量、消费者评价等维度建模，挖掘出功能卖点、主流价格段分布、消费者需求、增值卖点等来指导厂家的研发、设计、生产，并可以将这种模式复制到更多厂家，让他们去承包生产线，引入更多厂商。这是一种用户不知不觉参与其中的 C2B 模式，可以总结为"大数据定制"。它既帮助厂家更好地满足用户的需求，也有助于帮助厂家减少库存、提升销量。这种 C2B 模式的 C 是全网用户，所以就不再需要兴师动众地组织团购，组织投票，组织调研。未来这种基于大数据的 C2B 模式将会从小家电扩展到服装、家居以及一些日用品。除承包生产线之外，阿里巴巴还会尝试其他的一些大数据 C2B 定制模式，如有偿提供大数据成果或定制服务给一些厂家、其他电商卖家或普通互联网。

## 三、大数据在企业管理中的应用趋势

如今数据已经成为一种商业资本、一项重要的经济投入，可以创造新的经济利益。在商务管理领域，随着大数据的日益兴起和全方位的发展，相关实践和研究均日益呈现出一些具有重要意义的变化趋势。

### 1. 社会化的价值创造

在大数据的背景下，产品的生产和价值的创造日益走向社会化和公众参与。随着社会信息产生与传播方式的变化，企业与消费者间的关系趋向平等、互动和相互影响。由互联网用户创造的信息和数据形成了互联网海量数据的重要来源。同时，以往"闭门造车"式的管理模式正在被摒弃，企业通过与网民群体的密切互动，主动引导网民群体参与其业务流程管理中的创意、设计、生产、质量保证、市场推广、销售和客户关系管理的关键环节，并根据网民群体的互动反馈完成产品优化与创新，实现企业与网民群体的协同发展。

### 2. 网络化的企业运作

企业的运作及其生态正日益走向网络化和动态化。现代企业的生产管理与商务决策在很大程度上依赖于社会媒体、网民群体、上下游合作企业以及竞争对手所构成的"网络生态系统"，并逐渐呈现出纵向整合和横向联合的两种新发展趋势。在纵向整合方面，大规模企业群体以供应链为纽带紧密联系起来，分工协作、互利共生，从而实现供应链向价值链、向网络生态链的转变；在横向联合方面，网络化商务模式改变了企业组织之间的竞争模式，使得地理上异地分布、组织上平等独立的多个企业，在谈判协商的基础上能够建立密切合作关系，形成动态的"虚拟企业"或"企业联盟"，这种新型组织形式能够实现企业资源的优化、动态组合与共享。

### 3. 实时化的市场洞察

企业对市场的理解和洞察需求正日益走向实时化和精准化。面对快速积累的海量数据，企业难以及时分析出有用的信息来做出营销决策，但为企业营销带来前所未有的机遇。在网络条件下，企业能够记录或搜集顾客在各个渠道（如社会化、移动化的媒体与渠道）、生命周期各个阶段（顾客产品感知、品牌参与、产品购买、购买后的口碑和社会互动）的行为数据，从而设计出高度精准、绩效可高度定量化的营销策略。随着时代的发展，消费者异质性也在不断增大，这种异质性体现在消费者购物、交友、阅读等生活方方面面的兴趣偏好的不同。大数据为个性化商业应用提供了充足的养分和可持续发展的沃土，基于交叉融合后的可流转性数据以及全息可见的消费者个体行为与偏好数据，未来的商业可以精准地根据每一位消费者不同的兴趣与偏好为他们提供专属性的个性化产品和服务。

## 四、大数据带给企业的挑战

### 1. 处理大数据的技术挑战

企业在应对处理大数据的各种技术挑战中，对于以下几个问题应引起高度重视。

（1）大数据的去冗降噪技术。大数据一般都来自多个不同的源头，而且往往以动态数据流的形式产生。因此，大数据中常常包含有不同形态的噪声数据。另外，数据采样算法缺陷与设备故障也可能会导致大数据的噪声。

（2）大数据的新型表示方法。目前表示数据的方法，不一定能直观地展现出大数据本身的意义。要想有效利用数据并挖掘其中的信息或知识，必须找到最合适的数据表示方法。

（3）高效率低成本的大数据存储。大数据的存储方式不仅影响其后的数据分析处理效率，而且还会影响数据存储的成本。

（4）大数据的有效融合。数据不整合就发挥不出大数据的大价值。大数据的泛滥与数据格式有很大关系。

（5）非结构化和半结构化数据的高效处理。据统计，目前采集到的数据有 85% 以上是非结构化和半结构化数据，而传统的关系数据库技术无法胜任这些数据的处理，因为关系数据库系统的出发点是追求高度的数据一致性和容错性。以 Map Reduce 和 Hadoop 为代表的非关系数据分析技术，以其适合非结构数据处理、大规模并行处理、简单易用等突出优势，在互联网信息搜索和其他大数据分析领域取得了重大进展，已成为大数据分析的主流技术。

（6）适合不同行业的大数据挖掘分析工具和开发环境。不同行业需要不同的大数据分析工具和开发环境，应鼓励计算机算法研究人员与各领域的科研人员密切合作，在分析工具和开发环境上进行创新。

（7）大幅度降低数据处理、存储和通信能耗的新技术。大数据的获取、通信、存储、管理与分析处理都需要消耗大量的能源。

2. 运用大数据技术的挑战

从系统的方面讲，从操作系统到数据库，再转变到数据服务平台，在大数据时代，传统开发工具已经不能适应时代的发展，大数据管理及处理能力将引领网络发展，社会计算将引起应用模式的变革，新的工业革命正在以一种全新的形式悄然出现。目前，大数据技术的运用仍存在一些困难与挑战，主要体现在大数据挖掘的四个环节中，具体内容如下。

（1）在数据收集方面：要对来自网络包括物联网和机构信息系统的数据附上时空标志，去伪存真，尽可能收集异源甚至是异构的数据，必要时还可与历史数据对照，多角度验证数据的全面性和可信性。

（2）在数据存储方面：要达到低成本、低能耗、高可靠性目标，通常要用到冗余配置、分布化和云计算技术，在存储时要按照一定规则对数据进行分类，通过过滤和去重，减少存储量，同时加入便于日后检索的标签。

（3）在数据处理方面：有些行业的数据涉及上百个参数，其复杂性不仅体现在数据样本本身，更体现在多源异构、多实体和多空间之间的交互动态性，难以用传统的方法描述与度量，处理的复杂度很大，需要将高维图像等多媒体数据降维后度量与处理，利用上下文关联进行语义分析，从大量动态而且可能是模棱两可的数据中综合信息，并导出可理解的内容。

（4）结果的可视化呈现。目前，尽管计算机智能化有了很大进步，但还只能针对小规模、有结构或类结构的数据进行分析，谈不上深层次的数据挖掘，现有的数据挖掘算法在不同行业中难以通用。

3. 大数据可用性的挑战

确保数据可用性是一项十分困难的任务。考虑到大数据的数据量大、数据产生速度快、数据类型复杂、价值大密度低等特点，确保大数据可用性将变得难上加难。大数据可用性有如下五个挑战。

（1）高质量大数据获取与整合的理论和技术。高质量数据的获取是确保信息可用性的重要前提。海量数据的来源多种多样，数据形态千差万别，质量参差不齐，加工整合困难。

（2）完整的大数据可用性理论体系。如何形式化地表示数据可用性？如何从理论上判定数据可用性？如何定量地评估数据可用性？数据错误自动发现和修复的理论依据是什么？数据和数据质量融合管理的理论基础是什么？数据如何演化？若没有一个完整的数据可用性理论体系，这些问题是无法回答的。

（3）数据错误自动检测与修复的理论和技术。现有的数据可用性的方法和系统缺乏坚实的理论基础，不能实现自动的错误检测和修复。

（4）弱可用数据上的近似计算的理论和技术。当数据中的错误不能彻底修复时，这些数据称为弱可用数据。直接在弱可用数据上进行满足给定精度需求的近似计算，不失为一个有意义的选择，遗憾的是现有的理论与算法无法支持弱可用数据上的近似计算。

（5）弱可用数据上的知识发掘与演化的机理。大数据的可用性问题必然导致源于数据的知识的可用性问题。当数据完全可用时，从正确的大数据中发掘知识以及从数据演化探索知识演化机理的研究已经很困难。当数据弱可用时，弱可用大数据上的知识发掘与演化机理的研究将更加困难。

## 五、如何规避发展大数据的陷阱

### 1. 大数据发展的重点在于分析和应用

唯有将重心放在数据的分析挖掘与应用上，才能最大限度地实现大数据的真正价值。从根本上看，大数据并非一个科学、严格的概念，它来自于对数据规模的爆炸性增长这一现象的归纳。但在"海量数据""大规模数据"等概念已经存在的前提下，之所以还要提出新的概念，就是因为既有概念只着眼于数据规模本身，未能充分反映数据爆炸大背景下的数据处理与应用需求。

大数据这一概念之所以能够引发共识，成为当前热点，就在于各个行业领域具有了对大数据分析和利用的巨大现实需求与具体应用需求。所以说，大数据的内涵，不仅指规模超出传统技术处理能力的静态的数据对象，也包含着对这些数据对象的动态处理和应用活动。若再考察数据的生命周期，从数据生成、数据传输、数据采集，到数据处理、数据分析、数据应用，会涉及多个环节和若干层面,但就大数据而言,其重点不在于对数据的传输、收集、存储,而重在对数据的分析挖掘,并由此获得凭直觉难以发现的有用信息。唯有将重点放在数据的分析挖掘与应用上,才能最大限度地实现大数据的真正价值,也唯有分析与应用才是大数据及大数据产业发展的重中之重。因此,以分析处理为主要内容的大数据服务将是大数据发展的核心。

2. 大数据对象的重点在于获取与使用

在处理突发事件的应用需求之下,实时出现和获取的动态数据要比通常数据库中的静态数据更有价值。例如,要想运用大数据手段实现智能交通,需要有城市的道路规划、车辆与停车场等数据,这些数据多由政府部门所掌握。但是,要想根据实际情况实时、灵活地管理交通,实现有效运行,仅靠以上数据远远不够,还必须随时跟踪和整理道路流量数据、停车场容量数据、天气数据、道路事故信息等,而这些数据,不仅可以从交管等部门获取,还可通过微博、微信等渠道获取。因此,对于大数据所涉及的数据对象,必须分类对待。对政府部门、公共服务机构、企业等所掌握和持续更新的数据,需要加强建设,作为数据应用的基础。但同时,必须重视微博、微信、社交网络、搜索引擎等新兴数据源,做好对相关数据的跟踪、抓取、整理和应用。

3. 大数据作用的重点在于启发与辅助决策

大数据对研究者、决策者的价值,在于能够引导和启发大数据应用者的创新思维,辅助决策。大数据应用的目标和理想结果,是通过对大数据对象的分析挖掘,发现新的知识规则和新的有用信息,但是对于由计算机完成的大数据分析处理,不应也不能苛求其分析结果的完全准确,乃至于对大数据所涉及的源数据对象,也无法要求其真实准确。但大数据的价值本来就在于从纷繁复杂的数据对象中发现有用的信息,去芜存真本就是其要完成的过程性工作之一。因此,真实、准确只是一个相对的概念。从分析结果看,大数据分析处理所要求的只是发现能够反映一定相关性的知识规则,而非完成数学公式或逻辑的推演。丰田公司利用数据分析在试制样车之前避免了 80% 的缺陷。美国通用电气公司通过对所生产的两万台喷气引擎的数据分析,开发的算法能够提前一个月预测其维护需求,准确率达到 70%。企业通过对网上数据分析了解市场动向,管理采购和合理库存。华尔街对冲基金依据购物网站顾客评论分析企业销售状况。华尔街银行根据求职网站岗位数量推断就业率。百度将网民对汽车的各类搜索请求进行大数据挖掘，帮助一家汽车企业深入了解消费者需求，以设计新品及进行资源调配。

4. 不应过分渲染大数据的信息安全问题

大数据的应用与信息资源和信息技术相关，所以必然会涉及信息安全问题。但是，企业不应过分渲染大数据的信息安全问题，具体体现在以下两个方面。一是不能无中生有造出所谓的安全问题。但微博、社交网络等数据源，本来就是开放式的，是所有人都可以看到并且获取的，其安全性无须保护也无法保护。二是不能将常规信息安全问题说成是大数据带来的问题。例如，政府部门数据资源的保护，是一个普遍性的问题，即使没有大数据的应用也依然存在，即使有了大数据的应用也不一定会被放大。事实上，大数据时代面临的最大信息安全问题，是如何防止被对手运用大数据手段从己方不小心透露的众多细微信息中分析出重要乃至秘密的信息。而防范这一点，却恰恰不属于大数据应用的范畴。

# 第二章　财务管理为什么要关注大数据

财务数据是企业财务战略管理的核心，它记录了企业经济活动和资金运转的详细情况，通过财务数据的处理和分析，能够发现企业运行中的问题和风险，进而实施有针对性的财务管理，扩大收入，压缩成本，实现企业利润的增加。财务数据又是企业实行财务管理的基础原料，在大数据时代背景下，企业处理财务数据的思维应进行重要变革。这主要体现在两个方面：一是财务数据的容量增大，要处理与财务有关的所有数据，而不是抽取部分数据；二是财务数据要更加关注非财务信息，通过可扩展商业报告语言、会计综合报告等工具的运用，财务数据系统将成为一个立体化的企业综合信息系统，为企业管理者提供全方位、相关度高、准确度高的决策信息。基于大数据的处理和分析，可以使企业财务数据实现重大变革，为企业带来巨大的价值增值。

财务工作的对象是相关的财务数据，这一本质特征决定了在大数据时代，财务工作必定会随着大数据的发展而不断改革创新。会计数据作为企业数据的核心，顺应大数据时代潮流，财务数据已由原来简单的核算记录工具转变为影响企业经营决策的重要因素，是企业在日常经营过程中重点关注的战略资源。同时，在数据的来源、价值、形式等方面呈现出了重要的新特征，这对企业的财务管理工作提出了新的要求，也是企业重新审视财务战略的新契机。大数据推动企业管理的变革表现为数据的资产化、企业拥有数据的规模和活性，以及收集和运用数据的能力，这些将决定企业的核心竞争力。掌控数据就可以深入洞察市场，从而做出快速而精准的应对策略。

从财务管理工作的发展历程看，复式记账法的出现使经商开始纳入数据化管理的轨道。大数据是一种无形的信息资产，数目繁多并且变化多端。因此，在数据处理的环节，相关的专业人员要拥有果断的解决问题的能力、较强的洞察问题的能力。如果使用传统的数据处理的方法，则很难控制好数据信息。

尤其是大数据中的图像和视频，以及非数据化的内容导致了数据的处理过程变得十分复杂。大数据时代所拥有的数据规模大、产生速度快和时效性强的特性，要求企业要先进行有效的存储然后再进行管理和使用。目前，大数据和财务融合的价值已经引起世界范围相关专业人员的关注。美国注册会计师协会、四大会计师事务所等已经开始研究大数据带给会计领域的新的机遇和挑战。财务信息作为企业经营过程中价值运动的数据结果，影响着信息使用者的决策。大数据时代是建立在相关性基础上的，不同于之前的因果性研究。也可以说大数据环境下，相关性的研究将为企业财务战略的研究和制定提供全新视角。

## 一、大数据时代对会计数据及会计工作的影响

### 1. 大数据时代会计数据的新特征

从财务工作的流程上看，会计工作包含了会计确认、会计计量、会计记录、会计记账四个环节。每一笔业务的发生都必须经过原始凭证、记账凭证、明细账、总账的流程进行会计处理，企业每天所进行的大量的经营活动都必须通过财务数据的形式反映出来。因此，会计工作的过程就是大量纸质数据处理的过程。财务管理工作是通过专业的财务分析方法对会计核算的财务数据进行专业、全面的分析，为企业的经营成果进行合理评估。会计工作是数据核算处理的过程，财务管理工作是数据利用的过程，因此可以说财务工作是与大数据息息相关的管理工作，大数据时代的发展必然会带动财务工作的发展。

（1）会计数据的来源从以"结构化"数据为主导变更为以"非结构化"数据为主导。"结构化数据"主要采集来源是非关系型数据库，与其他数据库相比，其对于数据格式的约束没有那么严格。随着信息技术的不断发展，半结构化、非结构化数据的来源与价值变得越来越丰富，它们对结构化数据的取代不仅从数据数量上体现出来，而且还从提供的价值量上体现出来。静态结构化会计数据是由传统的运营系统产生的，通常情况下，结构化数据是以一维表的方式进行保存和管理，它是传统的数据库管理系统的重要组成部分。静态非结构化数据是通过现代科技设备产生的，在数据的管理过程中只能采用非关系型数据库将其保存。动态实时会计数据是与智能设备用户的地

理位置、交易信息、使用场景相关联的。动态实时会计数据信息是大量的实时数据流，非结构型的会计数据来源较为广泛，如来自于传感器的各种类型数据、移动电话的 GPS 定位数据、实时交易信息、行情数据信息、用户的网络点击率等，像网上书店这种通过互联网发展起来的电商，他们则通过存储顾客的搜索路径、浏览记录、购买记录等大量非结构化数据来分析顾客的购买倾向，设计算法来预测顾客感兴趣的书籍类型。在开展会计工作过程中，这些都是需要考虑的重要会计因素。这些非结构化的会计数据直接影响了会计数据的构成。

在如此多样化的数据结构中，可获得的数据常常是非结构化的，因此传统的结构化数据库已经很难存储并处理多样性的大数据。对于企业会计人员而言，要把握新型数据中的巨大价值，进行深入挖掘，挖掘的越多就越有竞争优势。

（2）会计数据的价值从简单的"数据仓库"转变为"深度学习对象"。传统的会计数据，更多地被企业看成是一种"数据仓库"，随着大数据时代中非结构化数据的大量涌入，原有的从"数据仓库"中简单提取数据已经无法最大限度实现数据的价值，数据成为使用者深入学习的对象，其价值得到更好的体现。对数据的深入学习，要求使用者必须要对数据进行文本分析、自然语言处理、深入挖掘内容等，才能够最大限度地获得数据的内在价值。会计数据分析工作是企业在信息管理方面的重要内容。早期的会计电算化主要是面向操作型的，会计凭证、账簿和报表都没有可靠的历史数据来源，不能将会计信息转换为可用的决策信息。随着信息处理技术的应用，企业可以利用新的技术实现会计数据的联机分享，同时还引进了统计运算方法和人工智能技术对数据仓库进行横向和纵向的分析，将大量的原始数据转化为对企业有用的信息，提高了企业决策的科学性和可操作性。大数据时代下，会计数据分析改变了以往的传统关系数据库模式，将非结构化会计数据和动态实时会计数据纳入数据分析的范畴，使得企业可以根据这些信息进行定性和定量的分析，以便为企业对会计数据进行定向分析做好准备。

（3）会计数据具有实时更新的新特征，更多时候体现为一种动态的"流数据"形式。这就要求企业在处理会计数据时形成"流处理"的思想，目前比较广泛的运用于实时在线销售、实时售后服务、实时信息反馈等领域。在会计数据的"流处理"中，要借助于计算模型、人工智能等，这其实是前文"深入学习"的补充，只不过"流处理"中体现的是机器自动对会计数据进行"深入学习"。

（4）会计数据处理由原来的集中式向分布式转变。大数据背景下数据量的指数化发展趋势明显，数据分析的样本空前大，数据分析处理的时效性要求更高，因此使得现在的数据会计处理方式与传统的会计处理方式不同。在计算全体和在线的数据时需要改变原来的集成式计算结构，企业要积极采用分布式或者扁平式的会计数据处理方式，以便能够跟上时代的步伐。企业在进行会计数据处理的时候可以采用 Hadoop，MapReduce 或者 Storm 计算架构，该计算架构在会计数据的处理方面各有优势，同时也有自己不可避免的缺点，企业在选择会计数据计算架构的时候，应根据企业自身的具体情况进行选择，要谨慎地对各种计算架构进行综合分析和了解，以便适应不同类型会计数据计算的需要，为下一步的会计数据分析工作奠定基础，从而更好地为企业提供信息服务。数据处理中的重要工作内容是数据清理、数据清洗和数据验证等工作，工作人员只需在相应的电子设备中设定好相应的清洗和验证程序。这不仅改变了以往的人工数据清洗方式，而且数据会更加真实，误差会更加小。这在提高数据处理工作效率的同时也提高了数据处理工作的质量。

（5）会计数据输出形式由图表化转向可视化。在以前的会计数据输出工作中，企业大多采用图表的形式来报告企业的会计信息，如财务报表等，而在大数据的背景下，企业改变了以往的信息输出形式，将复杂的会计数据转化为直观的图形，通常会综合采用图形、表格和视频等方式将数据进行可视化呈现。同时，企业也可以采用 API，XML 和二进制等接口输出形式来输出数据，以便能够更好地将信息传达给信息内部和外部使用者，为企业进行决策提供数据支持。例如，社交网络的语音、图像、视频、日志文件等，这些都是可视化的会计数据输出形式，并且随着大数据时代的发展，新的数据来源与数据形式也会不断出现。像 1 号店、淘宝商城这样的电商就可以记录或搜集网上交易量、顾客感知、品牌意识、产品购买、社会互动等行为数据，以可理解的图形、图片等方式直观呈现出企业在不同时间轴上会计数据的变化趋势。

2. 会计数据新特征产生的新要求

首先，企业会计应该注重对多种结构、多种来源的会计数据的搜集和储存。大数据时代中数据的价值不可小觑，且作为主导的非结构化数据蕴含着更为有价值的信息，企业之间的竞争已经有很大一部分体现在对有效数据资源的争夺上。可见尽可能地多渠道、多来源地获取多种结构的会计数据，并运用先进的数据处理系统来进行有效处理和分析，克服信息不对称，尽可能地全面反映企业经济业务的现状，为决策的准确制定提供尽可能详尽的信息依据。

其次，大数据时代影响财务数据处理方式。随着大数据时代的到来，企业在财务处理方法上应突破以劳动密集型的数据处理方式，充分利用新科技，搭建一个灵活、便捷、可扩展的信息数据平台。

再次，要注重对获得的会计数据的深入学习，满足信息使用者个性化需求。随着会计数据从"数据仓库"的简单角色中转变出来，企业会计工作人员应当意识到其在处理会计数据中已经由被动使用的地位转换为主动挖掘价值的地位。

最后，完善企业会计制度，提高数据处理的效率。正是由于大数据时代背景下企业的会计数据"流"特征体现明显，所以数据采取和分析必须要及时、快速，完善的企业会计制度可以从根本上来提高会计数据处理的效率，通过制定详尽的、恰当的制度，正确引导员工的工作，避免出现职责不分明，有些工作重复做，有些工作没人做的低效工作状态。

## 二、大数据对会计信息结构的影响

大数据时代，企业信息数据包含了外部的数据，如社交网络产生的数据、物联网数据等。以结构数据为主的传统信息发布模式已经不再能满足信息使用者的需求，提供更加综合的会计信息将显得尤为重要。

大数据时代，非结构化信息占据主导地位。这种主导作用不仅仅体现在数量上，更体现在非结构化数据的价值中。只有融合了结构化数据和非结构化数据的会计信息，才能全面反映经济事项，满足信息使用者的需求。会计是为信息使用者提供有用信息的一个信息系统。无论是投资者还是管理者，如果无法掌握基本的财务分析方法，就无法充分获取到有用的会计信息。例如，目前会计上对存货信息的核算要求采用的是先进先出法，大数据环境下，通过结合存货扫描工具和物联网信息，可以实现存货按及时公允价值计价，为信息使用者提供更精准的信息。快速准确的提供会计信息能够更好满足信息使用者的需求。同时，财务报告在全球范围内进行推行，也证明了非结构化数据在会计信息使用中的重要性。

## 三、大数据对会计信息质量的影响

### 1. 对可靠性的影响

可靠性，也称为客观性、真实性，我国会计准则将其定义为"企业应当以实际发生的交易或事项作为依据进行会计确认、计量和报告，如实反映符合确认和计量要求的各项会计要素和其他相关信息，保证会计信息真实可靠、内容完整"。大数据时代的到来意味着大数据资源将成为企业的数据资产，这也是 2014 年 Facebook 市值突破 2 000 亿美元受到全球关注的原因。然而，目前关于数据资产却没有相关匹配规定。依据资产定义，大数据仍不能称为资产。同时，单纯以货币为主的计量已经不能满足大数据时代的需求。如何对大数据资产进行计量，这将是大数据时代对会计工作的挑战。

### 2. 对相关性的影响

相关性原则要求会计信息能够满足信息使用者的决策需求。会计信息根据与决策需求是否相关来判定会计信息质量。因此，会计信息提供者要充分考虑用户需求。大数据时代拓展了会计核算的内容和维度。会计信息使用者的需求更加个性化。大数据时代，会计主体本身获取的信息量大幅增加，会计信息量增大，信息处理速度也在随之增快。这也就意味着，会计信息使用者能够在相同时间内获得更多的信息，会计信息的及时性得到了很好的提升。如何识别相关信息，如何对相关信息进行取舍，是衡量会计人员的职业素质的关键因素。

## 四、大数据对会计信息处理的影响

大数据对会计信息处理的影响体现在以下几个方面。

首先，会计信息处理离不开信息技术支持。大数据时代，数据处理的收集不再仅仅是从原始凭证上对信息进行采集，也不再仅仅是从企业发生的经济业务活动中进行采集，而是同时从企业内部各部门和企业外部（如客户、供应商、银行等）进行会计数据的收集。大数据所具有的海量信息特征将使会计数据的来源变得更丰富，同时物联网的发展为其提供了支持。海量会计数据和多样化会计数据的处理和存储必将给会计工作带来新的挑战，然而云计算则为其提供了技术支持。

其次，会计信息流将不再是单向传递。大数据关注不同要素之间的相关性，而弱化了数据间的因果关系。当数据足够多时，信息使用者不需要对因果关系进行探究就可以得到有用的信息。信息使用者都参与到了企业信息流的"制造"环节，会计信息处理流程中产生的会计信息流将不再是单向的传递过程，而是交互实时动态的，可以满足不同客户需求。

最后，会计信息处理流程中相关人员的职能将发生改变。大数据时代，企业会计信息是来自企业内部和外部的综合信息，会计信息使用者都将参与到会计数据的录入过程中。会计人员不再是唯一的会计数据的录入和处理者。当然，由于数据众多，数据价值密度低，不是所有的数据都是有用的会计信息。不同的信息使用者对信息需求不同，因此使用者选择的数据清理标准将不相同。也就是说，所有信息需求者都将参与到会计信息处理流程中。传统会计信息处理流程中，会计人员起着不可替代的作用。在大数据环境下，会计人员同样起着不可替代的作用，但其职能将发生改变。由于信息技术的发展，会计人员将从繁琐的日常核算工作中解脱出来，更多的从事战略性工作，利用其专业知识进行分析、预测工作，也就是说会计人员将更多地参与到企业的管理决策环节。

## 五、大数据时代财务管理面临的挑战

### 1. 传统的事务性财务管理已无法满足现代企业管理的需要

仅仅做好账务核算，仅仅针对月度或年度的财务报表进行分析，已无法对企业管理层做出及时、准确的决策带来帮助。尤其是在大数据时代，面对大量的数据信息，以及各种新技术、新业务模式的冲击，财务管理如果仅仅是"摆数据"，对企业发展和变革来说，是起不到支持作用的。因此，财务管理应该以更主动、更积极的方式来为企业服务，要实现从"事务型"向"经营管控型"的转变，要更加注重数据的及时性，以及财务数据与业务数据的融合。在业务流程中，预算是一切活动的开始，预算与业务流程的融合能够制定出更切实可靠的预算方案；收入是业务流程的核心，通过梳理各个业务环节所涉及的收入点并绘制收入风险图，以监控收入全程，保障收入实现；成本管控与业务流程的融合则更能体现精益财务的思想，借助信息系统能够对成本发生点进行监控，并及时调整资源的分配；资产是一切经营活动的基础，资产管理与业务流程相结合能够获取更详细准确的资产使用和需求状况；风险控制与业务流程的融合则更加满足了全面风险管理的要求。大数据时代，微博、微信、博客等中的各类与企业相关的信息，有的看起来很有用，实则与企业没有关联度，有的看起来微不足道，实际却与企业的发展战略息息相关，然而对这些信息进行处理需要耗费相当的人力和物力，而且需要具有财务与数据分析能力的专业人才才能胜任此项工作。

2. 现代企业管理已经不满足于用 ERP 等手段进行事后管理

由于竞争的加剧，以及对数据时效性的关注，企业管理层更希望得到更富有洞察力、更富于前瞻性的数据和分析。这也将对传统的财务分析模式带来冲击。财务人员对于大数据的整合和分析能力将得到关注和提升，要在繁杂的数据中，去粗取精，化繁为简；能灵活根据管理需求多维度对财务数据进行分析；能运用大数据准确地预测未来的趋势和变化。这些都将给企业经营带来极大的价值。企业可以利用大数据强大的数据处理功能使财务管理人员脱离繁杂的工作成为可能。企业通过建立数据仓库、数据分析平台，使财务管理工作变得十分高效、流畅，同时财务管理的远程化、智能化和实时化也会成为可能。通过对财务信息和人力资源等非财务信息的收集、整理和分析，大数据可以为企业决策提供强大的数据支持，帮助企业选择成本最低、收入最高、风险适中的方案和流程，减少常规失误，最大程度地规避风险，使得企业的财务管理工作更具前瞻性和智慧性，企业的内部控制体系得以进一步的优化。

3. 实现业务和财务数据的协同

大数据分析是优化配置各个部门、各个子公司人力资源的最佳方案。例如，以"大自然搬运工"自居的农夫山泉，有十多个水源地，以一瓶水售价两元为例，其中仅有三毛钱花在了运输上，他们开发大数据软件将高速公路收费、道路等级、天气、配送中心辐射半径、季节性变化等实时数据输入进去，精准管控物流成本，从而大大降低费用，大数据分析模型帮助农夫山泉实现了 30%~40% 的年增长率。因此，企业要适应时代之需，应建立新财务模型，通过分析大数据，可以找到配置各类资源的最佳路径和最便捷的工作路线图，从而降低成本、节约资源、提高效率，为企业制定科学发展方案提供依据。为适应新技术所带来的业务模式变化，企业的发展会通过纵向和横向两个维度展开，同时一系列的重组兼并也将会展开。如果这时财务管理依然停留在传统"事务型"的状态，一方面无法对企业实施有效兼并带来价值评估或重组的融资等带来帮助；另一方面，在兼并后，由于企业间的业态差异、管理水平差异等造成整体管理难度加大。因此，如何实现业务和财务数据的协同、下属企业管理需求的统一，以达到企业管理水平的提升，这也是在大数据时代迫切需要解决的问题。

4. 促进财务管理信息的挖掘

在大数据时代背景下，企业获得财务管理信息的主要途径除了传统的财务报表外，利用大数据技术，企业可以从业务数据、客户数据等方面挖掘更多的财务管理信息。以计算为核心的大数据处理平台可以为企业提供一个更为有效的数据管理工具，提升企业财务管理水平。很多企业对自身目前的业务发展状态分析只停留在浅层面的数据分析和进行简单的汇总信息，在同行业的竞争中缺乏对自身业务、客户需求等方面的深层分析。管理者若能根据数据并进行客观、科学、全面的分析后再做决定，将有助于减少管控风险。

企业在大数据时代的背景下，不仅需要掌握更多更优质的数据信息，还要有高超的领导能力、先进的管理模式，才能在企业竞争中获得优势。除了传统的数据企业平台以外，可建立一个非结构化的集影像、文本、社交网络、微博数据为一体的数据平台，通过做内容挖掘或者企业搜索，开展声誉度分析、舆情化分析以及精准营销等；企业可随时监控、监测变化的数据，开展提供实时的产品与服务，即实时的最佳行动推荐。企业的创新、发展、改革，除了传统的数据之外，还要把非结构化数据、流数据用在日常企业业务当中，对产品、流程、客户体验进行实时记录和处理。企业可融合同类型数据，互相配合急性分析，以突破传统的商业分析模式，带来业务创新和变革。企业可通过从微博、社交媒体把需要的文档、文章，放进非结构化的数据平台中，对其中的内容进行分字、词、句法分析、情感分析，同时还有一些关系实体的识别。通过这些内容，可以帮助使用者获得更加真实的、更具经济价值的信息，股东对企业管理层的约束力得以加强，部分中小企业的融资难问题得以有效解决。

5. 提升财务管理信息对企业决策的支持力度

企业在大数据时代背景下能够获得多维度的海量数据信息，在原来的工作模式中，企业可能无法应对如此繁杂的数据，但在大数据条件下企业可以建立一个大数据预测分析系统，让企业从繁杂的数据监测与识别工作中解脱出来，为企业赢取更多的时间来进行决策与分析。大数据运用的关键在于有大量有效且真实的数据。一方面企业可以考虑搭建自有的大数据平台，掌握核心数据的话语权。在为客户提供增值服务的同时，获得客户的动态经营信息和消费习惯。另一方面还要加强与电信、电商、社交网络等大数据平台的战略合作，建立数据和信息共享机制，全面整合客户有效信息，将金融服务与移动网络、电子商务、社交网络等密切融合。另外，大数据时代的到来和兴起也大大推动了企业财务管理组织的有效转型，为企业财务管理工作提供了优化的契机。大数据除了在提升企业管理信息化水平上的体现以外，还应该成为企业财务管理人员整合企业内部数据资源的有效利器。因此，企业在聚焦财务战略的过程中，企业财务管理人员需要掌握经营分析和经营管理的权力，将企业财务战略管理的范畴扩展到数据的供应、分析和资源的配置，积极推动财务组织从会计核算向决策支持的转型。

6. 提升财务管理信息的准确度

财务报告的编制以确认计量记录为基础，然而由于技术手段的缺失，财务数据和相关业务数据作为企业的一项重要资源，其价值在编制报告的过程中并没有受到应有的重视。受制于技术限制，有些企业决策相关数据并未得到及时、充分的收集，或者由于数据分类标准差异，导致数据整合利用难度大、效率低。因此，相关财务管理信息不准确、不精准，大量财务管理数据在生成财务报表之后便处于休眠状态而丧失价值。但大数据使得企业高效率地处理整合海量数据成为可能，大量财务管理数据的准确性得以提升。企业目前的困境之一是现有的财务部门的工作人员缺乏信息化数据处理的思维与能力，对大数据技术的认识不足，而有关技术部门的人员虽然具备一定的信息化处理思维能力，但由于对财务管理相关方面理解不到位，导致不能从海量财务数据中提取出对企业有价值的信息。因此，在信息技术不断发展的同时，企业要高度重视综合性人才的培养、引进。财务数据是企业财务管理的核心，大数据时代，财务数据更多的是电子数据，这就需要财务管理人员尽快通过集中处理数据来提取对企业有用的信息，建立企业需要的新的数据分析模型，合理存储和分配财务资源，进而做出最优的财务决策。

7. 促进企业财务人员角色的转变

从企业财务管理的角度分析，大数据为财务人员从记账复核和简单的报表分析向高层管理会计转型提供了机遇。大数据技术能够帮助财务人员破解传统分析难以应对的数据分析难题，及时评价企业的财务状况和经营成果，从而揭示经营活动中存在的问题，为改善经营管理提供明确的方向和线索。财务管理者应清晰认识到，对投资人决策有用的信息远远不止财务信息，伴随着大数据时代的到来，真正对决策有用的应该是广义的大财务数据系统，它包括战略分析、商务模式分析、财务分析和前景分析，它所提供的财务报告应该是内涵更丰富的综合报告，该报告能够反映企业所处的社会、环境和商业等背景的方式，对企业战略、治理、业绩和前景等重要信息进行整合并列示。另外，综合报告中的非财务信息比例增大并进行了准确量化。

在大数据时代，CFO 将在企业价值创造中扮演更重要的角色。大数据时代 CFO 的主要职能在于更有效的企业价值分析和价值创造。运用财务云等先进的管理技术，CFO 能对大量的财务、商业数据进行分析处理，发掘出对企业有价值的信息，优化企业业务流程，将资源更好配置到快速增长的领域，从而为企业创造更大的价值。这要求 CFO 进一步强化对企业经营活动的反应能力、风险控制能力及决策支持能力。对于一般的财务人员来说，在应对大数据方面，需要更为广泛的数据处理能力作为支撑。大数据时代，财务数据更多的是电子数据，这就要求财务人员更好地掌握计算机技术，能从大量数据中抽取对自己有利的内容并为其所用。日益复杂的财务环境对企业财务管理提出了更高的要求，而培训又是提高员工综合素质最有效的手段，所以企业需结合自身的实际情况，聘请有经验的专家指导财务管理人员的工作，激发员工学习的积极性，提高财务管理人员的业务能力。

## 六、大数据时代如何优化企业财务战略管理

企业财务战略的决策与选择，决定着企业财务资源配置的取向和模式，影响着企业理财活动的行为与效率。企业需要根据其竞争能力、经营能力、产品生命周期、资金需求等对企业生存和发展有着全局影响的关键要素，制定并选择相应的财务战略，以保持企业的持续竞争优势。财务战略的执行与控制是财务战略方案转化为企业战略性绩效的重要过程，在这一过程中，企业内外部环境都有可能发生变化，一旦企业的运行偏离了既定的目标，财务战略方案也就失去了意义，有效的财务战略控制是企业财务战略目标实现的基础和前提。

### 1.培育企业决策层的大数据管理意识

企业大数据时代下的财务管理离不开决策层的支持，但传统的数据分析对于企业决策层来说属于轻车熟路，依赖差不多或大概的数据做出决策并取得成功的经验比比皆是。同时，成本高昂的大数据处理工具所带来的企业效益的提升可能难以准确量化。这些因素可能会造成企业决策层对大数据管理的质疑甚至排斥。但是企业管理层必须要意识到，当今的市场竞争越发激烈，以大数据管理为特征的时代已经来临，如果企业不能意识到这种变化，不能从大数据中迅速识别风险和发掘商机，在未来的行业竞争中将不可避免地被逐渐击败。企业意识形态更新的最大推动力来自于决策层的决心，只有培育企业决策层的大数据管理意识，并加强组织领导工作，才能从根本上树立企业的大数据意识。

财务管理模式将在一些方面发生颠覆性变化。大数据会让许多财务会计专业人员意识到变革的重要性。未来，传统的首席财务官、首席技术官和首席信息官角色界线将变得模糊，职位将变得更具战略性和前瞻性。他们接受这场变革的速度将决定企业能否充分利用大数据为其发展提供前进动力。

大数据的出现将在某些方面颠覆以往的财务管理理念，使财务工作远远超越原来的预算、报表、财务分析等，向销售、研发、物流等多领域延伸，这时财务人员要承担大量的数据搜集和数据处理新任务。与传统财务管理不同的是，在大数据时代，一些原本不属于财务范畴的工作将进入财务管理视野，财务人员从"数豆者"向管理会计转型，即需要掌握各个业务部门数据，

乃至全行业和社会有关方的数据，因此可称之为"大财务"，大财务将对企业的管理产生革命性影响。

大数据时代财务管理需要有大财务的新定位，财务管理者要运用大财务的管理理念和思维模式，以大数据为基础，使得全面预算管理、企业资金集中管理、内部控制能够更加高效、顺畅地运行，从而使财务在企业管理中扮演更为重要的角色。大数据时代迫使财务人员学习新知识、开阔新视野，主动适应大财务工作方式，运用大数据的方法分析不同流程、不同方案所带来的收入、成本及风险，进而选取企业利润最大化的流程和方案。总之，在大数据时代，企业高级财务管理人员需重新定位自身角色，通过熟练运用大数据等分析手段，对公司的现金流、资源配置、风险管控等进行深度洞察，进而提出决策建议，把资源配置到快速增长的领域，为企业创造更大的价值。

2. 转变企业财务管理职能

财务管理将面对极为繁杂的数据处理。大数据技术加大了财务数据收集的难度，本来财务数据的收集就是一项复杂的系统工程，国际上一般采用相对性原则，即首先利用不完全统计学的知识对数据进行初步的计算，接着对粗糙的数据进行系统的罗列，最后对类型化的数据进行梳理。以往财务数据来源于企业内部的各个部门，这些数据类别少、数据量小、精确度高，而大数据来源于不同公司、各个行业，甚至经济社会领域的方方面面，数据繁杂，精确度不高，数据量巨大，这就产生由谁来提供数据、如何收集数据、数据准确与否、数据如何分类等一系列问题。面对这些量大、类型多、变化速度快的数据，财务工作的复杂性、艰巨性可想而知，这对财务人员将是极大挑战，这些都需要创新工作机制来解决。大数据时代，数据信息量庞大而复杂，但当代信息技术的发展为数据展示提供了条件，也为创新财务管理中数据信息的呈现方式指明了新的方向，企业财务人员需要转变管理思路，推动财务管理职能的适当转型。

长期以来，企业财务管理职能主要定位于财务会计功能，通过确认、计量、记录、报告程序，努力为相关者提供决策所需的财务信息。管理会计虽然不断被提及，然而在企业管理中的实际应用范围较窄、层次较低，目前仍处于探索推进阶段。大数据下的企业财务管理工作将以大数据作为基础，在企业内部开展全面预算管理、资金集中管理与内部控制管理等，从而让企业财务管理工作能够高效且顺畅地进行下去。因此，在大数据时代，亟需将管理会计提升到与财务会计同等重要的角色，甚至应当真正实现财务管理职能从财务会计向管理会计拓展延伸。

企业财务管理的根本目标是实现企业价值最大化。在大数据时代，投资者对公司价值的认知与判断，已经不再局限于企业现在或未来的利润、现金流、财务分红、营业收入等财务信息，更多的是基于企业的商业模式、核心竞争能力和企业持续创新能力，这些能力的强弱并非由股东财务投入或企业拥有的财务资源规模所决定。这些资源可以是点击率、用户群、信息平台等，甚至可以是数据本身。

根据预测，大数据挖掘和应用可以创造出超万亿美元的价值，数据将成为企业的利润之源。对当今企业成功与否的评判，也不再仅仅依靠财务指标，而主要是根据企业在市场中获取客户的能力。企业只有充分利用大数据进行精细化的数据挖掘，才能实时把握差异化的客户需求，从而推出不同的产品或服务，持续改进用户体验。这种商业模式不以财务资本投入为关键驱动因素，而依赖于技术创新、系统建设、品牌运作、服务提升、流程再造等。

3. 提升财务精益分析水平

目前，企业在日常的生产和经营过程中积累了大量的交易数据，主要是结构化数据，同时通过其他社交网络媒体、传感器等产生了大量的即时信息，主要是非结构化数据，大数据分析的目的，是要实现这两类数据的集成与融合，增强企业"大交易数据"和"大交互数据"的融合，充分分析结构化和非结构化数据，帮助企业找到潜在的商机。大数据和精益财务分析结合的意义在于揭示数据"是什么"而非"为什么"。例如，"目前库存周转率比较低，请予以改善"，这样的建议太笼统，而应该给出具体内容。精益财务分析通过大数据的信息加工达成管理建议的目的，马上演进为企业的管理行动，如某品牌4GB内存条已低于安全库存，建议补充1 000条。这就是大数据和精益财务分析相结合的意义所在。再如快速消费品CPC（Consumer Package Goods）/零售行业，最大的挑战是对高度易腐烂和需求高度变化的商品的库存管理，降低库存减少或缺货产生高昂的成本，如果在关键库存货物上安装传感器，就可以实时监控库存的变化，通过实时大数据的跟踪和分析，企业可以近乎实时地调整价格，以控制需求并根据需要自动订购更多库存，提高库存管理效率，从而降低成本。

### 4. 促进财务分析由事后反映向事中控制转型

大数据时代企业财务管理组织内部应增设专门部门，负责管理财务大数据中心开发平台。财务人员中数据分析师的作用越来越重要，数据分析师是运用统计分析、智能学习、分布式处理等技术，从大量数据中提取出对业务有意义的信息，以易懂的形式传达给管理者，并创造出新数据运用的综合型人才，使得财务部门与其他业务部门的关系更密切。

大数据时代利用大数据技术能够确定成本动因，准确计算成本，实现从基于结果的分析向基于过程的挖掘转变。财务人员不再局限于事后反映、分析和监督，可以及时采集与生产制造成本相关的各种类型数据，通过成本控制系统，准确汇集分配成本，分析生产费用构成因素，区分不同产品的利润贡献差异进行全方位比较，实现在线过程控制与业务活动绩效评价。

以制造业为例，大数据可以促进制造业从传统的以生产为核心向以客户需求为核心转型。随着企业信息化逐步深入，数据积累到一定量之后，如何从这些数据中挖掘出更有价值的信息，来获得深刻的客户洞察能力，及时捕捉客户需求的变化趋势，这就需要制造企业以客户为导向，了解客户的兴趣、偏好，通过各种渠道来获得用户对产品的反馈。通过对大数据的获取、发掘和分析，企业可以更加经济地从多样化的数据源中获得更大价值，促进制造业按客户需求转型。因此，财务管理中的传统成本管理应转向以顾客为导向，着眼于竞争优势的战略成本管理，从注重成本核算向成本控制转变，从制造成本管理向产品全成本管理转变。

### 5. 建设适应大数据时代要求的财务人才队伍

大数据时代改变企业发展模式，要求财务人员超越财务思维，从业务的角度思考财务问题。财务人员不再是仅仅满足核算反映、财务监督等财务工作，更重要的是具备超越财务的战略全局观、组织流程规划设计能力、分析业务理解洞察力，以及 IT 系统构架与建设的能力。这些都对财务管理人员提出了更高的要求。目前，企业通过大数据实现价值的一个重要制约因素是人才短缺，尤其是缺少拥有统计学和机器学习方面专长的人，以及知道如何通过运用从大数据获得的洞见来运营企业的管理者和分析师。麦肯锡预计，截至 2018 年，美国大数据领域中深度分析人才职位的需求会超过供给，缺口为14万到19万个职位。这类人才不仅需要具备固有的数学能力，还需要数年的培训。此外，麦肯锡预计截至2018年，美国需要增加150万人次能够提出正确的问题并有效利用大数据分析的管理者和分析师。美国和其他面临类似短缺的经济体不能简单地靠改变毕业生需求、等待具有更多技能的人才毕业，或是引进人才来填补这个缺口，故需对相当数量人才进行适当的再培训。

因此，大数据时代急需熟练财务管理和精通大数据的复合型人才，财务人员要主动从财务专才向业务全才转型。为适应这一挑战，企业要调整财务人才的培养和引进计划，一方面要吸纳多专业、多领域的人才组建财务团队，吸收财务管理、IT专业、数理分析、行业管理等方面的专业人才，推动信息化、标准化、模型化；另一方面要培养复合型人才的管理者，由其统筹、引导、规范、统领和驾驭团队高效开展工作，充分发挥财务专业价值和团队的复合价值，建立新型财务信息平台、投入产出模型、财务模型和预警新机制，为决策者提供有价值的决策依据。总之，企业要树立新型财务管理培养理念，从财务专才向业务全才转型，加快培养复合型财务人才。

要实现大数据在财会行业的广泛应用，财会人员需具备新能力、新度量和新的思维，要解放思想，跟上科技的发展，并考虑如何调整和适应。为实现这一目标，财会人员要接受新观念，并与时俱进，从而在不断成长的企业中扮演重要角色。财会人员要想将大数据变为自身优势，除了掌握核心财会技能以外，还需要具备三项能力：一是能够对不同类型的数据进行整合，即收集和整合那些未经整理的数据或无法从企业内部系统常规获取到的数据，用于计算组织绩效，评估和预测风险；二是学习新的分析技能，大数据系统包含的数据更为多样化，财会人员关注的对象增多，除了掌握财会专业技能外，还需要具备数据学方面的技能，其能够使财务分析更为深入和洞见；三是拆解数据含义，即用大数据讲故事，针对海量的数据资源能够区分哪些内容是边角料，哪些才是故事的精华，并将其传达给决策者。

## 七、长虹财务云领跑集团管控的案例

大数据开启了一个全新的重大社会变革时代。这项变革对企业的思维模式、商业模式、管理模式造成巨大的冲击和挑战。作为传统信息之一的会计信息，在大数据时代依然是核心信息，其相关数据种类和规模迅猛增长，会计与财务的理念、功能、模式和方式方法正在发生一场颠覆性的变革，这时长虹财务云这一全新的财务共享模式应运而生，它满足了集团管控的新趋势：集中、共享、服务。高效的财务管控，是保障集团资金资产的有效使用、确保实现集团战略目标的关键。长虹集团旗下 220 余家子公司及分支机构遍及全球，打造一颗强劲的"心脏"，建立一套行之有效的财务管控体系，是决定其能否把全球范围内的资源加以优化重整，从而使资源配置达到最佳，实现企业价值最大化的关键。

从 2004 年开始，长虹引进了财务共享服务中心模式，这个在 20 世纪 80 年代初创于福特汽车公司的模式，现在已经被超过 50% 的财富 500 强和超过 80% 的财富 100 强企业所采用。通过十余年的逐步完善，长虹的财务共享服务中心不仅为公司持续的财务交易能力提供支撑，而且已经开始试探外部市场，并跟很多公司达成协议。随着云计算、大数据、移动互联网等 IT 技术逐步渗透到人们的生活和企业的运作当中，财务共享服务中心这一发展已久但信息化手段并不成熟的管理模式也开始受到了新兴技术带来的体验冲击。

长虹财务云是将集团企业财务共享管理模式与云计算、移动互联网、大数据等计算机技术有效融合，通过建立集中、统一的企业财务云中心，在统一的信息化平台技术支撑的前提条件下，把整个公司的财务进一步进行专业化的细分，从而实现财务服务、财务管理、资金管理三中心合一，支持多终端接入模式，并实现"核算、报账、资金、决策"在全集团内的协同应用。

财务云不仅仅是财务共享服务中心的 2.0 版本，它更像是一场发生在财务管控领域的革命。财务云最基本的要求便是数据标准化以及要素精确化，大到企业之间的合同，小到出差的发票，对每一个财务要素进行标准化制定，在这个基础上，全面实现企业财务凭证无纸化，任何财务单据都直接进入财务云系统中，与此同时，特别开发了电子签名、电子签章等技术，让签字审批包括合同签订、报销账目等工作都能在网上实现。随着财务云逐步开发与完善，系统会根据既定逻辑，即时预测财务风险，让管理者能够在第一时间采取有效措施来降低风险。

在财务云时代，CFO 的作用正在悄然发生着改变，在传统意义上，CFO 的专长是保证财务记录清晰准确、符合法规要求。但是由于财务云的出现，长虹公司的全部财务数据能够保存在云端，实现大数据分析。深藏在企业后端系统中的数据走上了前台，这将使企业在制定业务战略时发挥重要作用。财务工作已经远远超过了传统的编制报表和静态分析等工作，CFO 正在更深入的了解企业预算的使用与分配，以向其他部门提供深度信息，为他们创造价值。随着财务云的应用，这些统一集中起来的财务数据能够为企业的关键决策者提供实时的、有战略意义的洞见。受到冲击的还有传统的财会人员，数据标准化的发展，使得原始数据在信息系统平台中自动生成企业所需的财务数据或其他管理数据成为可能。在大数据时代，提升企业大数据管理意识和财务信息化水平只是两个重要方面，更为重要的执行层面是要建设大数据财务人才队伍，这样企业才能真正利用大数据技术集中、存储和分配财务资源，进而做出最优的财务决策。

# 第三章  大数据时代，企业家如何重新定位

传统的企业管理模式已经不能适应当今的大数据环境，面对大数据分析应用的突破性发展以及数据信息的海量爆炸，企业家必须改变自身的管理模式。当代企业决策者要想获得商业成功，要筑百年基业，就要具备大数据时代的战略思维。许多成功企业的经验证明，正是企业领导层具有大数据时代的战略思维，引领企业开创了新的商业模式、新的价值创造方式，更好地为顾客、为社会创造了价值，才最终成就了企业的迅速发展。因此，升级传统战略思维，构建大数据战略思维，开展体现大数据时代思维特征的战略管理，是企业可持续发展的重要条件。大数据对企业家的管理决策带来的影响体现在以下几个方面。

## 一、如何面对决策环境变化

### 1. 产业边界变得越来越不清晰

从本质上讲，对大数据的处理是为了获取知识，进而为管理决策提供可行性方案，而管理科学和数据挖掘方法是知识获取的重要手段。大数据环境下以数据体系的发展为基础，通过数据分析帮助企业进行决策，在决策过程中，不仅需要数据的客观性，也需要人的主观决策，单纯的主观决策无法应对复杂的市场环境，同样，单纯的数据决策也会造成偏离实际。

大数据背景下，企业生态系统和外部环境之间的边界日趋模糊，成为企业生态系统中各成员合作竞争与协同演化的主要方式之一。企业生态系统，从外界获取有价值的数据和知识，是企业提高核心竞争力重要途径，具体体现在如下方面。

一方面，产业融合愈发明显，以前认为不相关的行业通过大数据技术有

了内在的关联，行业之间潜在的价值关联有了新的表现形式。如传统的零售企业开始进军电子商务、物业管理公司通过对社区视频数据分析能够开展个性化的广告业务、从事电子商务的阿里巴巴已涉及金融、物流、云计算等行业。因此，大数据的挖掘和应用促进了行业间的融合，也创新了企业的盈利模式。融合型的商业模式在大数据时代有五个准则，即以顾客为中心、去除竖井（部门壁垒）、像新公司一样发展、跨学科的思维方式和将品牌看成一种服务。

　　另一方面，大数据时代企业生态系统变得更加开放，竞争异常激烈，广泛而清晰地对大数据进行挖掘和细分，找到企业在垂直领域的业务和应用，已经成为企业脱颖而出形成竞争优势的重要方式。如社交网络的发展，诞生了一批专注开发导购应用程序的企业，通过收集客户社交数据挖掘其内在的商品偏好和需求，为相关的电子商务企业提供商品导购服务。大数据也不再被企业生态系统中的大企业所独占，中小企业也可以从大数据中挖掘有价值的信息，成为细分市场的核心资源，为自身的业务提供支持。

　　因此，在大数据时代，企业生态系统面临的产业环境精彩纷呈，这种产业环境的变化改变了企业对外部资源需求的内容和方式，创新了企业创造价值、传递价值的方式和路径，模糊化了企业生态系统的资源边界。市场边界和契约边界。企业生态系统必将形成以大数据为核心资源的业务融合与市场细分协同演化，重构其内部价值网络和外部关系网络。

　　就财务战略和管理而言，财务决策信息去边界化日趋明显，财务管理的制度设计已经把财务管理、成本控制、预算体系、业务经营、项目管理等融为一体，并且在大数据的环境下将所有管理内容数据化、模块化。从财务决策与分析的信息类别来看，除了财务会计信息外，更多的是依赖行业发展信息、资本市场与货币市场信息、客户与供应商的信息、企业内部的战略规划、业务经营、成本质量技术研发、人力资本和业务单位的各种信息。在大数据、互联网时代，企业获得决策信息的成本更低、速度更快、针对性更强，企业内部尤其是大型集团企业内部的各级子公司和分公司、各个部门和业务单元因长期独立运作而形成的信息孤岛被打破，实现了财务与业务信息的一体化、企业财务与业务一体化。因此，打破传统财务信息边界是传统财务管理变革的必然方向。

**2. 企业所面临的环境越来越复杂化**

大数据对企业管理决策环境的影响主要体现在获取信息、制定决策方案等方面。企业在生产经营和发展过程中，需要并产生大量信息，为了将这些数据信息提供给企业作为其决策的参考依据，需要以信息技术等为基础，对这些信息进行分析、研究，从而提高决策的科学性、合理性。传统商业就犹如坐在自己车里，通过后视镜看后面发生的情况；而大数据分析则像是向前看的望远镜，用户通过望远镜能够看到未来可能会发生的情况，这意味着通过分析结构能够提供给企业更加全面和准确的信息。

大数据打破了企业传统数据的边界，改变了过去商业智能仅仅依靠企业内部业务数据的局面，其背后蕴含的商业价值不可低估，IDC 就在其大数据相关报告中着重阐述了大数据的商业价值：行业领导企业与其他企业有着本质的区别，行业领导企业会积极将新的数据类型引入到数据分析之中，为商业决策做出更加准确的判断，那些没引入新的分析技术和新的数据类型的企业在未来是不可能成为行业领导者的。这本质上是要求企业能够从思维的角度彻底颠覆过去的观点，大数据在未来企业中的角色绝对不是一个支撑者，而是在企业商业决策和商业价值的决策中扮演着重要的作用。

## 二、如何面对新型决策数据

**1. 实时数据**

如微博、短信等大量的动态数据流，是一种十分重要的竞争情报源。数据流挖掘是对数据进行单遍现行扫描，快速处理数据，提供实时近似结果的技术。如窗口技术采用分而治之的策略，将流数据按照特定的需求分配到不同的窗口，进入窗口内的数据才会被处理，以减少分析处理的数据量；数据结构技术将数据流进行概括统计的数据结构代表原始数据，而不是保留数据流中的全部数据，从而减少处理的数据量。对如此巨大的数据流，企图存储或者扫描所有的数据都是不实际的，只有采用动态的数据流挖掘分析技术才能有效解决数据的冲击，获得实时近似的结果。数据流挖掘技术能为竞争情报提供实时查询服务和处理，从而促使企业的"触角"保持足够的敏捷性。

### 2.动态数据

时间序列分析是指从大量不同时间重复测得的数据中发现前后数据相似或者有规律的模式、趋势和突变的方法，主要的技术是相似模式发现，包括相似模式聚类和相似模式搜索时间序列，采用的主要挖掘方法有小波变换法和经验模态分解法等。在大数据时代，各种数据源不断产生，如交易数据、网站访问日志等，从中必然会呈现出时间上的规律性，企业希望从积累了大量的历史数据中分析出一些模式，以便从中发现商业机会，通过趋势分析，甚至预先发现一些正在新涌现出来的机会，如企业可以通过数据时间序列分析，了解产品销售的旺季和淡季，以制定针对性的营销策略，减少生产和销售的波动性，从而获得利润和竞争优势。

### 3.关联数据

关联数据发现技术是分析数据之间的联系，将孤立、离散的数据点结合产生数据链或者数据图，随后从多个数据源中查出匹配给定关联模式的实例，最后再对匹配的实例评估。目前已应用的主要方法有图论的稀有度监测法、图墒法和基于谓词的逻辑归纳推理法等。关联发现技术特别适合于动态的数据发现未知的模式，而大数据中隐含了大量未知、潜在的关系，新模式的发现有利于企业采取"蓝海"战略，抢占先机，从而获得竞争优势。

### 4.社会网络数据

社会网络分析也叫链接挖掘，是通过网络中的关系分析探讨网络的结构及属性特征，其挖掘的重要任务是基于链接的节点排序、基于链接节点的分类、节点聚类、链接预测、子图发现等。在大数据时代，大量相关的数据聚合在一起，相互支撑解释和印证，形成了复杂的数据网络，而数据之间的关系具有非常重要的价值，如从人际关系的网络节点的中心度来分析竞争对手，从而制定相关的竞争策略等。

## 三、大数据时代要求的决策能力

### 1.获取数据的能力

大数据时代的企业战略将从"业务驱动"转向"数据驱动"。智能化决策是企业未来发展的方向。过去很多企业对自身经营发展的分析只停留在数据和信息的简单汇总层面，缺乏对客户、业务、营销、竞争等方面的深入分析。在大数据时代，如果企业希望通过大数据获取大收益，那么其不仅需要专业的 IT 技术支持，也需要管理创新。在大数据时代背景下，不仅仅是知识、技术逐渐成为企业竞争的核心，数据管理也成为企业日常管理工作的重要组成部分；企业不仅要具备获取、分析数据的能力，更需要具备处理数据的能力。大数据的迅速增加对存储空间、存储技术、能源消耗等带来挑战，企业应及时搜集所有的信息，同时又要保证信息存储的充分性、全面性、准确性。这就导致信息存储的规模巨大，而现有的数据库由于其自身存储空间有限无法满足高级别的数据分析。

**2. 掌握数据的能力**

据有关统计显示，企业数据智能化程度提高 10%，其产品和服务质量就能提高 15% 左右。企业应当深度分析挖掘大数据的价值，推动企业智能决策。以前企业主要关注数据的存储和传输，利用的数据不足其获得数据的 5%，且作为企业战略资源的数据还远远未被挖掘。因此，为推动企业决策机制从业务驱动向数据驱动转变，提高企业竞争力，企业必须更加注重数据的收集、整理、提取与分析。

在大数据时代，传统数据处理方法难以满足企业发展需求，大数据能够为企业提供更为方便、快捷的处理方法，但从这些海量的信息中筛选有价值的信息的过程是十分复杂的。同时，存储、计算、分析 PB 级以上规模的数据是需要非常高的成本的。大数据虽然看起来利用价值很高，但是价值密度却远远低于传统数据库中已经有的那些数据，加之现有的数据分析技术有限，难以有效攫取并获得优质的信息。

**3. 数据分析支撑体系的能力**

在大数据时代，企业的数据量不仅巨大，而且数据结构种类繁多，不仅仅有结构化的数据，更多的则是非结构化的数据，其中的非结构化数据所占比重大且持续增加，而且数据之间的关系较为复杂。如何从这些数据中识别和检测错误、缺失的信息，传统的技术和方法已无法快速地完成对所有信息的检测，需要企业配备高端的数据存储设备的同时开发、设计或引进先进的大数据分析技术和方法，以实现数据的整合、分析等操作，充分挖掘大数据潜在的价值。

## 四、决策参与者的变化

### 1. 决策方式的转变

决策参与者在大数据时代仍然是最重要的主体。大数据改变了长期以来依靠经验、理论和思想的管理决策方式，直觉判断让位于精准的数据分析，同时决策参与者的角色发生了改变。大数据可以保证从问题出发而不用担心数据缺失或者数据获取困难，决策重心回到问题本身，而领导者的任务是发现和提出正确的问题。大数据动摇了传统战略论的决策基础，决策主体正从商业精英转向社会公众。因此，多元决策在大数据环境下更加突出，决策者来源更广泛、关系更复杂，全员参与成为大数据时代企业决策的重要特点。

传统决策主要是依靠企业管理者丰富的经验与管理理念做出的决策，有一定风险，一旦外界因素发生变化，极易造成决策失败，给企业带来经济损失。在大数据时代，企业制定决策的方式和方法发生了极大的改变，企业通过对数据信息进行准确的判断，做出科学决策。大数据的应用需要企业管理层的重视和支持，只有这样才能进一步推动大数据的发展。同时，在企业管理层的带动下，加强大数据的质量意识，建立完善的数据质量保证制度。然而，我国大数据的发展还处于初级阶段，不少企业尚未意识到大数据的应用会给企业带来巨大的价值，也并未将大数据的认识提升到企业发展战略的高度，从而导致大数据的价值无法发挥，不利于企业未来的发展。

### 2. 决策主体的改变

传统管理决策主要是由企业高层、商界精英等决定，具有权威性和代表性，而在大数据时代，不仅依靠管理经验，更重视市场形势，也就是信息数据。例如，企业在发布一款新产品之前，需要先进行市场调研，获取相关数据，通过对这些数据的分析和研究，为营销决策提供更好的支持。在这一环境下，管理者的经验仅能起到辅助作用。随着大数据时代的进一步发展，社会公众将成为企业决策的重要主体。企业在复杂的数据网络分布环境中，记录或搜集顾客在社会化、移动化的媒体与渠道的流量数据，分析、挖掘顾客从最初的产品感知、品牌参与、产品购买、购买后的口碑和社会互动等生命周期的行为数据，进行交叉融合，从而精准定位消费者的个体行为与偏好，为商业生态系统个性化的商业推广和营销提供牢固的信息支撑和坚强的数据后盾。

### 3. 决策岗位的创新

面对大数据带来的不确定性和不可预测性，企业决策和运营模式正在发生颠覆性变革，传统的自上而下、依赖少数精英经验和判断的战略决策日渐式微，一个自下而上、依托数据洞察的社会化决策模式日渐兴起。基于大数据的决策已经超出了运营管理的范畴，其核心是发掘信息化"最后一公里"的商业价值，推进企业与社会的对话，实现物质资本、人力资本和社会资本协同运营。一个新的职位首席数据官（Chief Data Officer，CDO）已横空出世。IBM 将这一职位称为"数据顾问"，主要职责是帮助企业洞察数据背后的意义，并以此指导决策、削减成本和提高销售额。"数据顾问"即提供包括网络流量和社交网络评论等结构化、非结构化数据的分析服务，也提供监控出货量、供应商和客户的软件与传感器等产品。EMC 将这一职位称为"数据科学家"，并倡导企业建立包括数据科学家、数据工程师、数据分析师、商业情报分析师以及事业部用户在内的数据科学家团队。归根到底，CDO 视大数据为资产并负责其运营，辅助于社会化决策。

## 五、决策组织方面的变化

随着信息技术、网络技术的发展，以"金字塔"型为代表的传统组织结构被企业管理网络化、权力分散化和体现人本管理的扁平化组织结构所替代。大数据时代，普通员工也拥有了决策权，扁平化组织结构的趋势将更明显，决策权分配应顺应这种变化。分析大数据环境对企业管理决策组织结构的新要求，基于数据的有效利用和知识的创造、吸收，研究大数据下组织结构建设措施，是企业组织创新的重要内容。

大数据可以帮助管理人员做出更精细、更明智的管理决策。他们在管理过程中，必须抛弃原有的组织结构，打破组织自身的惰性，激发员工不断积极进取，通过变革创新提高组织的竞争能力，从而实现组织目标。只有充分认识到大数据对管理人员提出的挑战，选择适合组织发展的领导风格，才能轻松应对大数据管理面临的风险，进而抓住时代蕴含的机遇，使组织顺利转型并快速成长。

在不断变化的企业内外部环境中，分权状态下的决策尤为重要，分散式的授权决策成为大数据背景下决策的重要形式。如果从决策分配的角度出发，企业的决策没有产生效果应归因于没有适当地进行授权式决策，没有分权给恰当的参与者。

传统的金字塔型的企业结构逐渐被管理网络化、分散化、扁平化的组织结构所代替，这就使企业的一线员工能够积极地参与到企业的决策中，使最后的决策也呈现出扁平化的趋势。对员工的个性化关怀，不仅体现在与员工的交流沟通，还包括对员工个人隐私数据的适当使用和保护。对于数据专业人才一类的知识型员工，外在激励与内在激励同等重要，工作中具有挑战性的难题能激发他们的斗志，调动他们的工作积极性，激励他们主动寻求解决问题的方法。而变革型领导的智力激发特征，就是鼓励数据专家及其他员工，在工作中用独特和创新的观点，解决大数据研究如数据的收集、存储、检索、融合、分析、保护等方面的问题，以及组织在运作与管理等方面出现的难题。在员工工作需要的时候，变革型领导能提供必要和及时的帮助，使员工通过勤奋工作成为有效的问题解决者，在分析问题和解决问题时变得更富有创新精神。

## 六、决策技术方面的变化

数据的处理及分析是企业决策的核心部分，传统的数据分析及处理技术因受限于处理平台与处理技术，不能综合完整、客观全面地对数据进行发掘和利用，使得有利用价值的数据被筛选出去，企业无法做出有效的决策。随着数据分析理论和数据处理平台的不断发展，企业梦寐以求的低成本、可操作、可存储修改的分析工具已出现在企业制定策略的过程中。其中，云计算是处理平台的核心部分，为企业进行数据分析、企业决策提供了强大的支持。

云计算主要解决两个大数据问题：一是将大量异构和本质不同数据源结构化；二是对这些数据进行管理、处理和转换为"商业智能"。大数据背景下企业面临的问题日益复杂，决策的制定者及参与者需要以大数据平台作为载体对决策进行支持，从而构成了以数据云计算为核心的决策支持系统。企业的决策者和员工都可以成为决策的参与者，呈链式分布于企业网络的专家系统、管理信息系统都是决策技术系统的组成部分。因此，企业应基于大数据及时变革决策支持系统，构建符合大数据背景下全员参与决策的方法，以及包容性较强的组织决策体系和系统工作的流程，共享和促进群体决策过程的交互平台，建立适当的沟通机制，及时处理和解决组织由于决策而带来的冲突和信息传递的滞后。构建大数据下的数据资源池、知识资源池、模型资源池、方法资源池；构建基于服务的、集成智能分析、快速决策分析和具备自主决策功能的大数据决策支持系统接口；针对不同决策层次的决策服务推送机制，这些都是建立大数据下决策支持系统的要求。

## 七、企业价值标准的变化

### 1. 计量属性和货币计量的多元化

财务会计信息的计量属性以历史成本为基本框架，但是，随着财务报告目标向投资者决策有用性的强化，历史成本以外的计量属性被有限地引入财务会计信息生产过程中，其中，公允价值的大量使用已经成为国际会计的一种潮流趋势。公允价值的最大优势在于投资者决策的相关性，其劣势在于公允价值确定的不可靠性和确定标准的非唯一性，而后者又使前者大打折扣，从而限制了公允价值的使用范围，影响了投资者的决策效果。大数据时代数据的信息源、传播渠道和相关者愈发多元化，数据开放程度不断提高，一方面提高了公允价值确定的透明度，另一方面增加了公允价值的相互印证性，从而整体上提高了公允价值的可信性与可靠性。大数据的使用对会计的基本假设之一货币计量，也会产生一定的影响。货币计量的核心思想之一是会计信息系统所反映的事项，主要是能够用货币计量的企业已经发生的经济事项。也就是说会计信息系统的信息计量单位是"元"。在大数据时代，信息系统里的计量单位可能会多元化，不再是"元"一统天下，如时间、数量等计量单位会增加。

### 2. 对企业公允价值确定的影响

大数据时代，财务数据作为企业财务决策的核心数据与企业经营管理活动中非财务数据的深度融合，并通过大数据技术和方法在企业各种财务决策主题中的应用将会为企业带来强大的核心竞争力。在企业的经营管理过程中，公允价值的确定和成本控制往往是企业进行会计核算的基础，也是企业财务决策的关键影响因素，它将直接影响企业财务决策的科学性和合理性。在企业的财务管理活动中，企业的预算管理、投资决策、收入决策、成本费用决策等不可避免地会涉及公允价值的确定。具体来说，交易性金融资产、可供出售金融资产的计量方面也需要客观、准确的公允价值作为保障。公允价值的来源主要有两种，即市价和未来现金流量贴现。其中，未来现金流量贴现更为准确和严谨，具有普遍的适用范围，但是在实际确定时要求有详细的现金流量预测、终值的预计和合理的风险调整后的折现率，而这些数据的确定很大程度上依靠财务人员的主观判断，即使是微小的变化也会在很大程度上影响公允价值的确定，因此，公允价值的确定一直是企业财务决策需要重点关注的影响因素。

基于云会计平台，企业可以从与企业日常经营活动相关的机构和部门获取与公允价值相关的各种数据，然后借助大数据处理技术，确定公允价值。大数据、云会计时代的到来，为公允价值的确定带来了新的技术和方法，帮助企业更加方便和快捷地获取市场信息、了解市场动态，更加准确地确定公允价值。

### 3. 对企业成本核算的影响

大数据、云会计时代的来临，使得企业能够方便、快捷地获取、筛选与成本相关的各种数据，避免了繁琐的人工筛选数据工作，从而保证了成本核算的及时性。通过对所有的成本等财务指标和非财务指标的数据分析，所有得到的信息均被使用，变成数字化的数据，数据之间交叉相连，被使用者重复利用、分析，信息的使用频率大幅提高，由此得出的结论与决策也有着高度的相关性甚至直接影响决策的制定。

大数据和云会计技术还有可能应用于企业成本控制系统，通过建立各种数据模型和各种数据之间的关联关系，引入客观分析方法来确定生产费用的构成，对产品的成本进行准确判断后，再将费用按一定的标准分配计入不同种类产品的成本，从而实现企业精准、有效的成本控制。此外，运用大数据技术，还可以从与企业财务有关的海量数据中，提取出与成本核算有关的各种数据信息，这样既能保证成本核算的有效性，又能在很大程度上保证成本核算过程中会计信息的准确性。

大数据时代涉及不同领域之间的数据信息共享与合作的大数据分析，使得企业成本减少，这就必然驱使企业间强化共享力度，形成信息开放的格局，信息成本进一步降低，更多不同领域企业间的信息交叉产生的决策价值随之增多，发现成本节约点的可能性更大。未来利用节约成本形成的价值链增值的空间会随着企业间信息资源的共享愈来愈宽。大数据可以让利益相关方更加容易、及时地获取信息，从而可以创造巨大价值。在制造业中，整合来自研发、工程和制造部门的数据，以便实现并行工程，从而缩短产品上市时间并提高质量。大数据有助于研发和设计新模式（众包模式与客户参与设计）；采集、分析供应链数据，缓和供需矛盾、控制预算开支、提升服务质量。

大数据和云计算融合后，云服务为中小企业的会计信息化提供了便利的捷径。使用云会计之后，企业用户可以按使用资源多少或时间长短来解决付费问题，企业不必为机房、数据中心、服务器、网络、软件等基础设施投入巨大的费用，只需缴纳相对低廉的月租费。

投资方式的改变，使企业不用考虑设施成本折旧问题，企业不占用过多的营运费用，也能及时获得最新的硬件平台、稳健的软件系统、最佳的财务管理方案，这大大减少了中小企业的会计信息化直接投资成本。同时，云会计服务实施后，企业从会计信息化建设繁重的工作中脱离出来，可以更加专注于对自身发展有重大作用的战略性活动，这也大大减少了会计信息化投资的时间成本。

在大数据背景下，提供云会计服务的会计信息化系统是通过互联网来实现与客户的互通，用户只要连接网络，就能定制和获取所需要的服务，无论是从企业的内部还是从企业的外部来看都大大提高了财务管理的效率。从企业内部看，云会计强大的计算能力，可以实时形成各种指标和报表，管理者能够迅速了解经营状况，识别经营风险。企业内部的云会计以内部会计流程为中心，通过信息流协同企业各部门有序合作，进而形成高效率的企业信息一体化流程。尤其对于拥有跨地区或跨国业务的企业来说，位于不同地区的会计人员可以同时在线操作，进行协同工作，这大大提高了中小企业会计信息化的应用效率。从企业外部看，云会计通过互联网实时处理企业与外部有关部门之间的财务和会计业务，加快了交易速度，提高了工作效率。

## 八、利用大数据评估企业品牌价值的案例

品牌价值是指品牌在某一个时点用类似有形资产评估方法计算出来的金额，但不能直接体现在企业的财务报表上，它可以告诉人们该品牌市场价值是多少以及在市场上所处的地位，反映了该企业为股东和投资方创造的品牌价值的大小，品牌价值提升表明该品牌在市场上获取了更多的认同，并能为股东和投资方持续创造更多的利润。但是评估企业品牌价值是个复杂的过程，目前主要的品牌价值评估方法有成本计量法、市价计量法、收益计量法、十要素综合评估法。

不论使用哪一种评估方法，都要涉及巨大的数据收集、整理、计算与分析，这要耗费企业大量的人力、物力和时间。如果在这一评估过程中使用大数据技术，就可在极短的时间内收集到有关品牌价值评估指标需要的海量数据，通过大数据的流计算和分析系统对品牌价值做出精准评估，实时向企业决策者动态报告该品牌价值的变动情况，为企业品牌投资、融资、市场开拓、形象扩张做出合理的决策。

1. 大数据评估企业品牌价值的机理

企业每天都在面对来自客户、互联网、物联网、平板电脑、手机、PC、传感器、职能芯片的大量商品品牌信息，如世界第一零售店沃尔玛每小时要处理超过100万笔客户交易，其数据库存储了大约2.5PB的数据，相当于美国国会图书馆全部书籍中所含信息的167倍。如此海量数据而且价值密度又低，要寻找到有价值的数据如同大海捞针，这就要通过大数据技术去提炼数据价值、发掘有价值的数据，为企业品牌价值评估与提升提供决策支持。在大数据平台上把有关品牌价值评估的各项复杂、无序的数据指标，变成简单、有序的信息，基于在线评论和其他网络数据，构建商品品牌价值评价机制，将逻辑性、文字性的信息转化为可视化、图形化的信息，进而引导或影响消费者品牌倾向，对品牌价值评估做出合理的判断与回应。

2. 大数据品牌分析系统的运行过程

第一步数据收集，在端前通过目标客户、电子商务、社交网络、传感器等方式，去探测客户、收集和提取有关企业品牌的海量数据。

第二步运用 Hadoop 技术分析 PB 级的结构化信息和非结构化数据的处理、

挖掘及历史存储，如分析企业财务报表。

第三步流计算，分析流数据和激增的大型数据，动态收集多个数据流，使用先进的算法来提供近乎瞬时的分析，获得实时洞察。流计算对需要立即做出决定的复杂动态情况，进行动态捕捉信息、进行实时分析，对静态数据的处理提供有效补充。以移动公司的客户洞察为例，多种类型的数据（如消费、通话、位置、浏览、使用等数据），借助各种算法，通过分析形成了360度的客户视图，利用各种联系记录形成社交网络，发现客户的各种圈子，通过分析影响力，寻找关键人员，用来发现关键客户的情况。

第四步品牌数据仓库，储存大量来自Hadoop和流计算的有关品牌数据，帮助企业保持在原有的系统的基础上，以最小成本、最大能力提高信息安全和质量。

第五步生成品牌价值分析报告，对品牌信息开展整合与治理，提供完整的品牌价值分析报告。

3. 大数据在企业品牌价值评估中的实践

运用大数据技术分析评估企业品牌价值是以企业的年度平均销售额为基础，减去各项投入成本、应交的税费、资本收益等非品牌因素，得出企业因品牌而获得的实际收益，即品牌收益，用公式来表示：品牌价值＝品牌收益×品牌强度乘数。每个品牌的品牌收益是一个静态的财务数据，来源于企业的财务报表；而品牌强度乘数是一个动态数据，它来源于品牌综合能力的指标评价体系，该体系分为四个维度共13项指标。这13项指标基本覆盖了与品牌价值相关的各种动态要素。

第一个维度是品牌连续性，包括品牌名称、品牌个性、品牌寿命。这一维度用于测量品牌形象力和优秀的历史传承带来的品牌文化价值增长。

第二个维度是品牌认知度，由知名度、联想度、美誉度三项指标构成。这一维度用于测量沟通与传播，能够促进品牌获利的品牌价值。

第三个维度是品牌体验度，由关联度、差异度、感知度、更新度构成。这一维度用于测量因差异化带来顾客偏好，最终产生利润增长的品牌价值。

第四个维度是品牌忠诚度，由满意度、依赖度、传承度构成。这一维度用于测量品牌在获取和保留顾客方面的功能，从而增加业务量的持续上升的品牌价值。

　　虽然以上四个维度（13 项指标）作为重要的评估因子引入到目前常用的品牌价值评估方法中。但其数据收集、整理与分析是一项复杂而艰巨工作，需要耗费企业大量的时间、人力和资金。如果应用大数据系统来做这项工作，除了速度变快以外，数据分析的准确度也会大大提高。

　　假设 V 代表该品牌价值，大数据利用在端前互动系统，通过互联网、客户、销售网络、社交网络、手机、传感器、电子商务收集以上 13 项指标数据。基于 Hadoop 系统对品牌近三年的财务报表分析计算该品牌的品牌收益 P，基于流计算对 13 项指标数据进行分析，得出该品牌强度乘数 y；因为 V=P·y，由此可以得出，当 P 不变时，y 数值越大，品牌价值就越高。可见，运用大数据可以对企业品牌价值进行快速精准的评估，将市场、品牌、竞争者和财务数据整合成统一的、以价值为基础的分析报告，诊断品牌运行中出现的问题和需要改进的地方，衡量品牌投资带来的财务影响，帮助品牌管理者确定品牌提升的优先级。这有利于金融市场对企业的价值实施正确的评价，以此激励投资者信心；有利于提升企业的担保信誉度，从而获取银行大笔贷款；有利于品牌价值资产化，降低企业负债比例；有利于企业决策者对品牌投资做出决策并合理分配资源，减少投资的浪费。企业拥有较高的品牌价值，向外展示了企业正在健康、可持续发展，向内形成了优秀的企业文化，激励员工不断开拓创新。

# 第四章 财务管理与大数据的关系

财务战略作为企业资源配置的决策体系，它在企业整体目标的引领下，融合了财产的购置、投资、融资以及管理，大大促进了财务部门对企业业务变化的洞察力。一方面，大数据除了海量数据能为财务管理带来了更多的益处外，通过对数据的分析、处理，提取出有价值的信息，为企业的管理、决策带来更有利的支撑条件；另一方面，大数据也对传统的财务系统、财务人员素质提出了更高的要求，企业财务管理在信息的删选、提取及分析方面要不断加强，同时，财务人员应不断提高从海量数据中提取对企业有用信息的能力。普华永道对大型跨国公司高级管理人员的一项调查显示，超过70%的管理人员表示数据是其"最有价值和非常有价值的资产"，然而，只有40%的人表示能够有效地使用这些数据。这表明，企业在感觉到数据有价值和从数据中得到实际价值之间有很大的差距。产生这个价值差距，是由一系列因素，如数据是否一致、企业能否抓住这些数据、数据是否最新、数据是否受保护、数据的准确性如何等造成的。如果我们能在这些方面进行完善，就能更有效地利用更多有价值的数据，促使决策更科学合理。

## 一、企业财务管理现状

### 1. 财务管理理念陈旧

大多数企业在生产经营过程中过分关注利益最大化，使得经营者更重视生产和销售等业绩，而疏于对企业的管理，特别是对财务部门的管理。在这样的环境下，企业的财务部门一般都是直接执行经营者的命令，而缺乏在财务数据中提取对于企业的决策有价值的信息的能力。同时，传统的企业财务管理更重视有形资产，轻视无形资产对于企业的价值及其决策意义，从而在很大程度上限制企业在大数据时代下的发展运营。

### 2. 财务信息的质量不符合要求

处于信息化高速发展的时代，大多数企业仍然存在对于财务管理的信息化核心地位认识不到位的现象，即没有意识到对海量数据集合的整理、分析及其有价值信息的提取的巨大价值所在。传统的会计电算化并不是财务管理的信息化处理手段，财务管理的思维和模式需要及时更新及变革。在实践中，存在一部分企业的财务管理基础薄弱，缺乏进行集中管理的财务管理理念，财务管理体制分散，因此，很难对企业的资产进行有效的管理。而大数据时代的到来，给企业的财务管理带来了更大的挑战，传统的财务管理方式及理念在很大程度上影响了企业财务水平的提升。另外，我国财务评价体系局限于货币计量的财务指标，缺乏对影响企业竞争力的其他诸多因素的考虑，会计披露也难以保证及时性和层次性，难以满足财务信息使用者的要求。

### 3. 财务信息时效性差

网络化管理在我国起步晚，到目前为止，虽有部分大中型企业开始实施，但难以形成规模，再加上财务部门架构越来越复杂，财务管理流程越来越长，导致信息的沟通主要依靠人工，难以实现共享和企业资源的优化整合。从需求方面来说，专门设立财务管理机构的企业比较少，财务管理多与会计核算结合在一起，这就导致企业能够开展高层次财务管理的人才较少。财务管理专门人才的缺失随着企业规模的扩大弊端日显，企业对财务管理人员的需求量越来越大。从供给层面来说，由于监管的缺失，财务队伍的整体素质下降，财务人员的供给弱化。

### 4. 财务管理共享性差

企业要推进财务管理水平的提升，进行信息化的财务管理，必须建立高效的财务管理系统，采取有效的财务管理信息化方式，建立高效的财务信息反馈方式。但是目前，我国大多数企业不具备自主创新精神，也不存在自主开发信息化财务管理软件的情况。同时，企业存在着信息不对称、不共享的情况，导致财务管理的低效率。财务会计部门与其他部门的信息往来较少，企业各部门间基于自身利益关系不会进行及时沟通；企业内部与企业外部没有形成统一的信息标准，导致内外部之间信息不匹配，信息及数据的传递、沟通不及时，这在很大程度上会影响企业的管理决策。

### 5.财务决策风险意识淡薄

在大数据时代，企业面临更大的挑战与风险，对企业财务数据信息的处理、分析及反馈也提出了更高的要求。企业对数据进行披露后，若披露的内部信息与企业现有的外部信息存在着不对称、不充分等问题时，将会导致企业运营风险。同理，在企业的管理过程中，特别是对财务信息的管理，如果不能及时跟上大数据的发展步伐，不能及时应对变革，不能增加相应的危机、风险意识，则在很大程度上将会导致企业的危机。

因此，随着大数据管理、社交媒体、移动应用等数字新技术的快速发展，企业在创新管理思想、实施流程再造、完善经营模式、提升管理效率等方面取得了较好的成效。作为企业管理的重要组成部分，财务管理也迎来了创新性变革，主要表现在战略型财务、融合式财务、精益化财务、信息化财务等方面。财务管理的边界在不断拓展，与外部融合的趋势也日益明显。这种融合趋势不仅体现在财务与会计的融合、管理会计与财务管理的融合，还体现在财务管理与业务经营的融合、产业资本与金融资本的融合等新领域。为了适应大数据的发展，传统财务管理中的各个环节有必要进行相应的调整及变革，跟上大数据时代的步伐。

## 二、大数据时代的财务决策需要新思维

### 1.重新审视决策思路和环境

财务决策参与者及相关决策者在大数据的背景下依然是企业发展方向的制定者。但是大数据的思想颠覆了传统的依赖于企业管理者的经验和相关理论进行企业决策模式，拥有数据的规模、活性以及收集、分析、利用数据的能力，将决定企业的核心竞争力。而以前企业的经营分析只局限在简单业务、历史数据的分析基础上，缺乏对客户需求的变化、业务流程的更新等方面的深入分析，导致战略与决策定位不准，存在很大风险。在大数据时代，企业通过收集和分析大量内部和外部的数据，获取有价值的信息。通过挖掘这些信息，可以预测市场需求，最终企业将信息转为洞察，从而进行更加智能化的决策分析和判断。

## 2. 基于数据的服务导向理念

企业生产运作的标准即为敏锐快捷地制造产品、提供服务，保证各环节高效运作，使企业成为有机整体，实现更好发展。企业不断搜集内外部数据，以提高数据的分析与应用能力，将数据转化为精炼信息，并由企业前台传给后台，由后台利用海量数据中蕴藏的信息分析决策。数据在企业前台与后台间、企业横向各部门间、纵向各层级间传输，使得企业运作的各个环节紧紧围绕最具时代价值的信息与决策展开。同样，大数据使得全体员工可以通过移动设备随时随地查阅所需信息，减少了部门之间的信息不对称，使企业生产运作紧跟时代步伐，在变化中发展壮大。在社会化媒体中发掘消费者的真正需求，在大数据中挖掘员工和社会公众的创造性。

## 3. 采用实时数据以减少决策风险

多源异质化的海量数据来源打破了以往会计信息来源单一、估量计算不准确的情况，使企业能够实时地掌握准确的市场情报，获得准确的投资性房地产、交易性金融资产等公允价值信息。同时，云会计对数据信息具有强大的获取与处理能力，且一直处于不断更新的状态。通过对市场信息的实时监控，可及时更新数据信息，从而保证会计信息的可靠性和及时性，有效避免由于信息不畅造成的资金损失。JCPenny公司是一家服装公司，该公司采用大数据分析工具，实现了对企业内部流程的全面提升，包括全面实现价格优化和流程管理，灵活实现即时分析计算，缩短工作周期时间，提高数据质量和预算业务流程的效率，并利用数据分析工具灵活调整动态预测信息，将组织货源、定价优化以及供应链等环节整合在一起。这种方法使公司的毛利增加了五个百分点、库存周转率提高了10%，连续四年实现了经营收入和可比商店销售额的增长，公司的经营利润也实现了两位数的增长。

# 三、大数据引发的无边界融合式财务管理

## 1. 无边界融合式财务管理的含义

随着信息技术的进步和管理理念的发展，企业的内外部边界在不断扩展，财务管理的内涵和外延也在不断扩大。大数据时代，企业的所有部门都必须根据新环境的变化做出调整甚至变革，财务管理也不例外，将体现出多部门、

多领域、多学科融合的特点。

企业根据产品和市场不同细分为多个业务单元，决策者如何有效地进行资源配置，很难通过经验来判断，最终还要依赖于数据分析。大数据是根据大量真实的最新业务数据进行计算预测，在加工处理信息上利用独特优势，能够有效进行数据挖掘，帮助企业根据自身需求定制财务决策支持系统，对企业进行科学合理的决策建议。借助大数据实现财务信息与非财务信息的融合后，财务决策过程将更加科学合理，避免了单纯依靠财务信息决策带来的不可控风险。此外，大数据的便捷性也使得财务信息的提取更加智能化，充分挖掘潜在信息辅助决策，将资源更好地配置在优势增长领域，提高财务处理效率。

无边界管理理念最早由通用电气原 CEO 杰克·韦尔奇提出，该理论并不是指企业真的没有边界，而是强调组织各种边界的有机性和渗透性，以谋求企业对外部环境的改变能够做出敏捷并具有创造力的反应。无边界融合式财务管理是以企业战略为先导，强调财务以一种无边界的主动管理意识，突破现有工作框架和模式，在价值链的各个环节进行财务理念的沟通与传导，形成财务与其他各个部门的融合，促进企业整体价值可持续增长的财务管理模式。无边界融合式财务管理通过将财务理念渗透到生产经营的各个环节，使信息沟通能打破部门和专业的壁垒，提高整个组织信息传递、扩散和渗透的能力，实现企业资源的最优化配置及价值的最大化创造。

2. 打破财务管理的边界

根据杰克·韦尔奇的描述，企业组织中主要存在垂直边界、水平边界、外部边界、地理边界四种类型的边界，这四种边界将对组织职能的实现造成阻碍。要实现无边界融合式财务管理，必须打破财务管理的这四种边界，然而需要注意的是，此处提到的打破并不是指消除所有边界，而是要推倒那些妨碍财务管理的藩篱，具体内容如下。

（1）打破财务管理的垂直边界。

财务管理的垂直边界是指组织内部严格的管理层次。传统的财务管理组织架构普遍具有严格的内部等级制度，界定了不同的职责、职位和职权，容易造成信息传递失真和响应时间迟滞。无边界财务管理则要求突破僵化的定位，采用一种部门内部的团队模式，上下级之间彼此信任、相互尊重，力争最大限度地发挥所有成员的能力。此外，减少财务部门的管理层次、实现组织的扁平化管理、建立富有弹性的员工关系、营造创新的文化氛围等都是打破财务管理垂直边界的路径。

（2）打破财务管理的水平边界。

财务管理的水平边界是指财务部门与其他部门之间的分界线。现代企业的组织结构往往围绕专业来安排，如分成研发部、制造部、销售部、财务部、人力资源部等。在严格的水平边界下，由于每个职能部门有其特有的目标和方向，都在各自的领域内行使职责，久而久之各个职能部门可能会更多地考虑本部门的利益而忽视企业的整体目标，甚至会因为互相争夺资源而内耗不断。无边界模式下的财务管理则强调突破各个职能部门之间的边界，使财务部门与其他部门互通信息，实现企业价值链和财务链的同步。例如，构建不同部门间的工作团队、进行工作岗位轮换等都是对打破水平边界的有益尝试。

（3）打破财务管理的外部边界。

自20世纪早期以来，价值链上的大多数企业都一直从独立、分割的角度看待自己的地位，企业间更多的是斗争而非合作。然而如今，战略联盟、合作伙伴以及合资经营的发展速度大大超过了以往任何时候，企业单凭自身的力量已经很难在市场中竞争。作为企业信息管理最重要的部门，财务管理不能只局限于企业内部分析，还要将财务管理的边界进行外部扩展，实现价值链上的财务整合。如将相关企业的信息变动纳入财务管理系统，为产业链上的供应商和客户提供财务培训等帮助，与合作伙伴共享信息、共担风险。

（4）打破财务管理的地理边界。

随着企业规模的扩大和全球化进程的加快，企业各个分部的地理位置越来越分散，财务部门的分散也随之形成。而作为整体战略和节约成本的需要，要打破各个地区的财务边界，形成新的财务管理模式——财务共享服务，将企业各业务单位分散进行的某些重复性财务业务整合到共享服务中心进行处理，促使企业将有限的资源和精力专注于核心业务，创建和保持长期的竞争优势。

3. 无边界融合式业财融合创新

业财融合也称业务财务一体化，其强调将财务管理理念融入业务活动的全流程中，借助信息系统进行财务治理。业务和财务的融合不是简单地将财务人员分派到业务团队中，而需要以企业前期充分的信息化建设和人才培养为前提，在价值文化的指导下重塑财务流程，对业务全程进行财务管理，通过业财联动为管理层提供决策支撑，在合理有效的绩效考核体系下对业财团队进行监督和激励，使所有的活动都贯穿价值文化理念中，最终确保企业战略目标的实现。

企业的财务管理目标经历了从利润最大化、股东价值最大化向企业价值最大化的演变。业财融合模式下，企业所有的管理活动仍要以价值最大化为目标，将战略管理与财务管理紧密结合，更加注重财务目标的高度和远度。在业务活动和财务活动中都以追求价值为目标实现融合，使业财融合对公司战略推进和业务发展的决策支持与服务功能得以充分发挥。业财融合最主要的特点就是将财务触角深入到公司经营的各个方面，因此需要重塑财务流程，实现全业务流程的业财联动，保证业务信息和财务信息的及时转化。

## 四、大数据背景下企业的财务决策框架

### 1. 财务决策的基础

大数据影响着企业整个架构和企业的分析战略结果。其中，财务数据是大数据中影响企业战略决策的重要因素之一，所以企业在制定战略决策时必须考虑现有资产、负债的总量等财务数据。财务数据对市场营销管理影响很大，在考虑大数据分析的时候不仅仅要从公司的整体层面去考虑，还要参考财务报表情况，进而优化企业决策结果。大数据下的财务决策是基于云计算平台，将通过互联网、物联网、移动互联网、社会化网络采集到的企业及其相关数据部门的各类数据，经过大数据处理和操作数据仓储（ODS）、联机分析处理（OLAP）、数据挖掘/数据仓库（DM/DW）等数据分析后，得到以企业为核心的相关数据部门的偏好信息，通过高级分析、商业智能、可视发现等决策处理后，为企业的成本费用、筹资、投资、资金管理等财务决策提供支撑。

### 2. 财务决策框架

大数据下的财务决策框架由数据来源、数据处理、数据分析和企业财务决策组成，自下向上构成一个完整的财务支撑体系。财务决策的数据源主要从企业、工商部门、税务部门、财政部门、会计师事务所、银行、交易所等

数据部门获取。这些数据包括结构化、半结构化和非结构化三种数据类型。对处理后的大数据进行数据分析和提取，形成以企业为中心，覆盖工商、税务、财政、会计师事务所、银行、交易所等企业相关数据部门的有价值的信息。企业财务决策层主要是对各数据部门的偏好信息，借助文本分析和搜索、可视发现、高级分析、商业智能等决策支持工具，实现面向企业的生产、成本费用、收入、利润、定价、筹资、投资、资金管理、预算和股利分配等财务决策。

大数据下的财务决策除了有益于企业，还可为会计师事务所、工商部门和税务部门等数据部门提供业务支撑。基于云计算平台收集和处理数据，将运营数据保存在各个云端而不是企业自己的服务器上，这给会计师事务所的外部审计带来了方便，减少了企业临时篡改数据的可能性，使审计结果更加可靠。同时，企业在运营过程中产生的财务数据和非财务数据可实时接受工商和税务等政府部门的监管，从根本上避免了做假账和偷税漏税等违法行为的发生。

# 第二部分

## 大数据如何影响企业财务决策

大数据打破了企业传统数据的边界，改变了过去商业智能仅仅依靠企业内部业务数据的局面，使数据来源更加多样化，不仅包括企业内部数据，也包括企业外部数据，尤其是和消费者相关的数据。大数据时代，企业所面临的问题不仅仅是大数据的技术问题，更是管理问题。未来的新型管理模式将会充分利用大数据、系统集成、计算实验、仿真等方法，提高顶层设计和战略体系的科学性，凡事都将用数据说话。

# 第五章　大数据对市场有何影响

## 一、传统的市场结构及研究思路

### 1. 传统的市场结构及变化

小数据时代，要素、产品的供给和需求无法精确到每一个个体，要素的供给和需求只能按照市场平均价格定价，对每个厂商的特殊要素要求无法实现，因此会造成资源的浪费和利润的损失；对产品的需求和供给在消费市场上有营销的"长尾效应"。在短头部分存在着为数不多的大规模需求，而在长尾部分存在着很多不同的需求，但每种需求的消费者群体都不多，如果按照这种需求情况投产，生产者只能生产大规模的同质产品，消费者只能消费同质化的产品。这对生产者来说，意味着无法实现利润最大化，对消费者来说，意味着消费者剩余无法得到满足。大数据时代，基于大量存在的数据和高超的数据分析技术，以及第三次工业革命导致的制造业呈现出的数字化、智能化、定制化、互联化和生态化等特点，传统的产品要素需求和供给结构已经被打破，为满足消费者个性化的需求提供了契机。市场将提供给每个消费者所需要的异质化产品，由此将导致厂商的利润实现最大化，而消费者的消费需求也将得到满足，消费者将得到最大的消费者剩余，整个社会将会实现帕累托最优，达到经济增长的最优状态。

### 2. 市场调研的理论基础

成熟的分析方法能够显著改善决策过程、实现风险最小化，以及揭示本来隐藏着的洞见。大数据可以提供算法研究或者算法执行所需要的原始材料。有些企业已经通过分析来自客户、雇员甚至嵌入产品中的传感器的整个数据集而做出更有效的决策。大数据让企业能够创造新产品和服务，改善现有产品和服务，以及创造全新的商业模式。医疗保健领域通过分析病人的临床和行为数据，创建了预防保健项目。制造企业通过内嵌在产品中的传感器获取数据，以创新售后服务并改进下一代产品。实时位置数据的出现已经创造了一套全新的从导航应用到跟踪的服务体系。

3. 大数据带来的方法创新

大数据的调研方法为市场研究人员提供了以"隐形人"身份观察消费者的可能性，超大样本量的统计分析使得研究成果更接近市场的真实状态，同时具有丰富性、实时化、低投入等特点。大数据时代新的市场研究方法使"无干扰"真实还原消费过程成为可能，智能化的信息处理技术使低成本、大样本的定量调研成为现实，这将推动消费行为及消费心理研究达到一个新的高度，帮助企业更为精准地捕捉商机。

## 二、大数据时代的市场演变方向

### 1. 粉丝经济的重要性

利用大数据使组织能够对人群进行非常具体的细分，以便精确地定制产品和服务以满足用户需求。这一方法在营销和风险管理领域广为人知。随着技术的进步，许多公司已经将客户进行微观细分，以便锁定促销和广告方式。在公共部门，如公共劳动力机构，利用大数据，为不同的求职者提供工作培训服务，确保采用最有效和最高效的干预措施使不同的人重返工作岗位。

大数据时代使得一方面数据数量急速增加，质量却变得冗杂难以捕捉。另一方面是产品和服务更加定制化，消费者市场并不是一个简单的划分，而是通过数据做到精细划分，企业所面临的是一个个消费者，并非一群消费者，个性化营销成为企业应对大数据时代的主体营销方式。在这点上，小米公司就取得了巨大的成功。广泛的社会调研为小米提供了第一手数据和粉丝经济的带动，使小米公司不但成为成长最快的互联网公司，也为小米以后的转型及产业链发展积累了底气。小米粉丝文化的盛行，可以看到现今互联网市场是一个以客户为导向定制产品的过程，品牌与粉丝文化已经融为一体，经营粉丝已经成为经营品牌、经营企业非常重要的一环。

运用大数据能够起到帮助企业重新定义目标市场、精细划分目标市场的作用。大数据对于用户行为、信息、关系的追捕，能够有效推动并构建大数据平台，也能给作为合作伙伴的商户消费者反馈。新影数讯公司是一家基于网络社交媒体数据分析，应用于影视娱乐行业的技术型公司，是业内领先的数据服务提供商。在其开发的软件的数据库当中，存放了两万部电影、六万名艺人、四千位导演的信息，以及公众对他们的评价。除此以外，数据库中还包含了约 8 000 万人，涵盖微博 80% 活跃用户的偏好分析。有了这些海量数据作为基础，该软件可以通过全面分析个体用户对于某部特定影片的喜好，在电影公映之前准确预测电影票房，准确度达到 85% 以上。

2. 如何进行精确营销

2005 年，营销大师菲利普·科特勒提出精准营销就是利用信息技术和数据处理技术对客户进行精准的细分，实行一对一的准确营销，提高顾客让渡价值，充分满足客户的个性需求。可见，精准营销是迎合市场内外环境的变化，在 4P 的理论基础上，融合了 4C 营销组合理论来适应新环境的发展。精准营销绕过复杂的中间环节，直接面对消费者，通过各种现代化信息传播工具与消费者进行直接沟通，从而避免了信息的失真，可以比较准确地了解、掌握他们的需求和欲望。精准营销是渠道最短的一种营销方式，由于减少了流转环节，节省了昂贵的店铺租金，使营销成本大为降低，又由于其完善的订货、配送服务系统，使购买的其他成本也相应减少。

精准营销商经常向顾客提供大量的商品和服务信息，顾客不出家门就能购得所需物品。精准营销实现了与顾客的双向互动沟通，这是精准营销与传统营销最明显的区别之一。在大数据时代，通过对顾客和企业的信息的双向推荐，实现顾客界面与企业界面的对接，增强其联系度，实现通过"用户画像"进行精准营销。在如此激烈而又庞大的市场中，电商们迫切想知道的想必就是用户需求。随着互联网和电子商务的快速发展，"用户画像"这个概念悄然而生，它抽象地描述了一个用户的信息全貌，是进行个性化推荐、精准营销、广告投放等应用的基础。

大数据下的用户思维通过线上、线下、交易、交互等各种结构化和非结构化的数据，让用户更加完整的展现在企业面前。在完整的用户画像面前，零售企业相对于面对"裸泳"的用户，用户需要什么，怎么获取，怎么营销一目了然。未来的经济将越来越是一个消费者体验式经济，谁能在精准刻画消费者画像的同时提升消费者体验，谁就将引领并占有市场。通过不同用户评价、产品介绍和统计数据，消费者更容易发现产品真实、客观的质量，在此情况下，消费者对品牌的依赖度越来越低，不再将品牌作为衡量产品质量的重要依据。在大数据挖掘中，关键的顾客需求包括顾客对隐私保护的基本诉求、顾客核心价值的发掘和利用，以及顾客行为的培养与转化等。企业营销创新必须充分考虑来自顾客方面的正负效应，而让顾客全程参与创新实践是大数据时代营销创新的重要特征。

以房地产营销为例，数据资源是房地产企业提升竞争力的关键之一，庞大的数据来源保证了精准的客户定位，为房地产企业成功营销提供了可能。房地产企业可以通过信息系统实现精确营销，凭借房地产商自身的数据优势，建立客户信息系统，将客户进行分类，通过挖掘大数据，提炼出客户信息，有针对性地实现精确营销。大数据在房地产营销中的应用示例详见表 5-1。

表 5-1  大数据在房地产营销中的应用

| 相关企业 | 数据来源 | 数据应用 | 营销成果 |
|---|---|---|---|
| 新峰 | 产品信息 | 房谱网等应用系统 | 房源自动推荐、预测房价等 |
| 中金 | 市场流通信息渠道 | CFNS 房地产大数据系统 | 全面、实时、客观的房地产数据共享 |
| Realty Mogul | 投资者资质 | 网络众筹平台 | 助力小规模房地产投资 |
| 易居中国 | 历史交易信息 | 克尔瑞房价分析系统 | 房地产流通服务商理念 |
| 好屋中国 | 开发商、房地产经纪人 | 房地产大数据库 | 匹配购房需求与房屋信息 |
| 凤凰房产 | 用户访问日志 | 凤凰房产网 | 实现精确营销定位 |
| 腾讯 & 碧桂园 | 社交软件用户资料 | 大粤房产网 | "十里银滩"创纪录开盘 |

资料来源：杜丹阳，李爱华.大数据在我国房地产企业中的应用研究[J].中国房地产.2014（12）：66~75

3. 品牌忠诚度降低

研究已经表明，如今有 25% 的顾客会十分忠诚于使用同一品牌，而有 25% 的顾客会尝试不同的品牌，同时几乎所有的品牌指标都在下降，包括品牌知名度下降 20%、品牌可信度下降 50%、品牌威望下降 12%。大众品牌影响力的下降和大众媒体接触的减少是大众市场"碎片化"的两大特征。消费、品牌、媒介、生活方式也正朝着"碎片化"方向发生着相应变化。从消费者的角度来看，这是追求自我、追求个性的必然发展方向。从生产者的角度来看，这是未来产品宣传、品牌定位、媒介选择的主要依据。碎片化的社会大众被各种媒体、各种信息无限分割，营销者与广告商很难再通过某一单一媒体全面覆盖到各种目标人群，营销成本逐年上升。

随着大数据时代的来临，企业可强化利用社交媒体加强口碑营销的可能性。移动互联应用是提升受众黏性和营销层次的重要手段，改变了传统的营销模式，将自身的内容资源与多平台、多媒介、多渠道有效整合。社交媒体中形成的社群化，已经成了目前最重要的社会关系。而这种社群化的强大黏性和稳定性正是口碑营销得以运作并达到较好效果的基础。利用议程设置制造话题，通过大 V 等意见领袖舆论引领，经由社交成员口碑扩散，最终在互联网上迅速放大，这通常是社交媒体口碑营销的常见手段。企业要做的就是真正把自己的产品或者服务做好，市场又回到了"酒香不怕巷子深"的时代。

在大数据时代，产品都是以信息形式存在的，真正好的产品都会自传播，消费者会替企业去宣传产品，过去以企业和产品为中心打造品牌的模式逐渐显得不合时宜，企业要逐渐转变为以终端消费者为中心的商业模式，只要是真正的好产品、好服务，消费者都会通过互联网轻易找到。从另一角度来看，大数据时代，借助发达的互联网技术，消费者品牌转移的成本极大降低，很多情况下，只需要鼠标的瞬间点击。

提炼目标人群是营销最有吸引力的竞争优势点，每个成功的品牌都将品牌的功能性与消费者的心理需求紧密联系起来，以准确将品牌定位传达给消费者。随着客户要求的日益严苛，未来企业卖的不只是产品，还有体验。客户可以通过网络随时随地分享他们对企业的"牢骚抱怨"和"吹捧赞扬"，这也说明了客户体验对企业而言十分重要，它能有效帮助企业进行口碑营销。

在微信普及以后，微信将用户数据信息还原成了一个个真实的"人"，企业可以通过微信号知道用户的性别、地理位置等基本资料，具备了建立用户数据库的可能性，为品牌准确定位找到了方向。微信平台不仅仅是自媒体平台而且兼备用户功能管理，具有其他社交媒体所没有的服务，因此，重视服务也成为微信营销不同于其他营销的重要方向。做好服务，应从建立社区、重视沟通两个方面入手。微信平台作为一个综合多媒体平台，品牌可以在微信营销账号中建立一个"消费者社区"，将忠实客户、潜在客户都聚集在一起。"消费者社区"的价值在于"制造口碑""话题互动""信息传播"。

在"社区"中的消费者交流更平等，角度也更为多样化，问题也更为集中化，用户更容易指出品牌的不足和对品牌的要求，最终汇成有益信息。粉丝与公众账号是有比较强烈的交流意愿的，但由于公众账号需要登录PC端才能使用，所以沟通起来并不方便。当粉丝发送信息后，后台可以利用关键词自动回复，让粉丝知道稍后就会回复他，随时给予粉丝一个互动的状态，在服务中凸显营销，能发掘更大的空间。营销过程中要把握好度，策划人员要把精力花在更好的内容策划上，在用户不反感的前提下，不断给用户以刺激和新鲜感，保持长期稳定的联系。这样拥有的忠实粉丝除了可以直接带来消费收益之外，还是最佳的口碑传播源，甚至会在搞活动的时候他们会积极参与其中。

需要注意的问题是，当微信成为每个智能手机使用者的"必备工具"，微信平台就提供了一个拉近卖方与买方的"捷径"。然而越来越多的使用者加入公众平台，成为企业的"粉丝"，他们所期待的是什么，这一问题并没有被大多数品牌企业所考虑。专业的推送内容吸引基数较少的专业用户，而覆盖率最高的则是内容相对浅显的文章。不考虑使用者想看什么，而只一味提供"我想让你看的内容"，成为企业微信平台的"通病"。品牌微信营销不是洗脑，也不是广告，而是通过微信这一渠道去传播品牌，充分利用微信用户、用户关系结构、兴趣点和影响的切入点，传播品牌。只有挖掘自己的大数据，分析粉丝的关注心理，从关注者的角度去看待微信平台，将"我想让你看的内容"转变为"你想从我这里获得的内容"，这才是微信营销的关键。

# 第六章　大数据如何影响企业竞争优势

战略论大致可以分为以下两种：以哈佛商学院教授迈克尔·波特为代表的"定位论"；以密歇根大学商学院教授普拉哈拉德与伦敦商学院客座教授哈默尔为代表的"核心竞争力理论"。

定位论认为，企业或者以产品种类为基础，或者以用户需求为基础，或者以与用户的接触方式为基础，确立其成本领先、差异化或目标聚集的竞争优势模式，进而制定防御型或进攻型战略。

核心竞争力理论主张企业关注客户长期价值，明确自身独树一帜的优势，并沿着这两个相对稳定的主线去拓展产品和业务。

两者的思维模式均是在准确预测和判断未来的基础上定战略，在战略框架内抓落实，两者的决策主体都是商业精英而非员工和社会公众，两者的决策依据均是相对静止的、确定的结构化数据。

殊不知，社会化媒体和大数据动摇了战略论的决策基础。一是决策主体正从商业精英转向社会公众。社会化媒体的出现加速了信息传播的范围和效力，社交网络的普及增进了知识的共享和信息的交互，社会公众及其意见领袖已经成为企业决策的中坚力量。他们通过意见的表达、信息的传递，迅速形成信息共同体和利益共同体，成为商业经营决策的依据，也成为其决策的外部压力。二是决策的依据正从结构化数据转向非结构化、半结构化和结构化混合的大数据。在互联网经济时代，原材料、生产设备、顾客和市场等因素的定义越来越不固定，科技正走向跨领域融合，产业界限正在模糊，充斥其中的则是大量的非结构化数据。根据 Gartner 预测，未来五年中，企业数据将增长八倍，其中 80% 的是非结构化数据。

大数据将成为竞争的关键性基础，并成为下一轮产品生产率提高、创新和为消费者创造价值的支柱。这把数据的重要性提到了竞争性要素的高度。

信息时代的竞争，不是劳动生产率的竞争，而是知识生产率的竞争。企业数据本身就蕴藏着价值，企业的人员情况、客户记录对于企业的运转至关重要，但企业的其他数据也拥有转化为价值的力量。一段记录人们如何在您的商店浏览购物的视频、人们购买服务前后的所作所为、如何通过社交网络联系客户、是什么吸引合作伙伴加盟、客户如何付款等，所有这些场景都提供了很多信息，将它们抽丝剥茧，通过特殊的方法观察，将其与其他数据集进行对照，或者以与众不同的方式分析解剖，就能让企业的业务拓展发生翻天覆地的转变。因此，数据是所有管理决策的基础，带来的是对客户的深入了解和竞争优势。

## 一、竞争战略是否过时

### 1. 竞争战略是什么

企业的战略管理主要是通过对企业及社会市场的变化进行管理来实现的。企业的战略管理者往往也是不断寻找和发现变化的人，他不仅需要寻找变化，还需要能够快速适应这种变化，并且不断地告诫企业中的所有人这样一个理念：变化是必然的，不可避免并且时刻存在的。从 20 世纪初，西方的战略管理研究领域就已经开始了对企业战略变化问题以及由其引起的企业组织变化问题展开了细致深入的研究，并且始终是战略管理领域中的研究热点，而在大数据时代背景下，社会的需求、经济市场的变化可谓是瞬息万变，竞争日益激励，在这样的发展现状面前，加强对企业战略管理变化的研究就显得十分重要和必要了。

以竞争为本的战略思维的产生，源于 20 世纪 80 年代以迈克尔·波特教授为代表的学者提出的竞争战略理论。迈克尔·波特基于影响企业的五种作用力的假设，即新进入者的威胁、供应商的议价能力、替代品或服务的威胁、客户的议价实力，以及产业内既有厂商的竞争，提出了三种竞争优势模型，包括成本领先、差异化和目标聚集。在该理论的指导下，竞争成为企业战略思维的出发点。竞争战略理论认为，行业的赢利潜力决定了企业的盈利水平，而决定行业赢利潜力的是行业的竞争强度和行业背后的结构性因素。因此，产业结构分析是建立竞争战略的基础，理解产业结构永远是战略分析的起点。企业在战略制定时，重点分析的是产业特点和结构，特别是通过深入分析潜在进入者、替代品威胁、产业内部竞争强度、供应商讨价还价能力、顾客能力这五种竞争力量，来识别、评价和选择适合的竞争战略，如低成本、差异化和集中化竞争战略。在这种战略理论的指引下，企业决策者认为企业成功的关键在于选择发展前景良好的行业的战略思维。

2. 大数据时代的商业生态

传统的企业战略管理模式是一个解决问题的正向思维模式，先发现问题再通过分析、找到因果关系来解决。但是，大数据环境下企业战略模式则不同，其是按收集数据、量化分析、找出相互关系、提出优化方案的顺序进行。它是一个使企业从优秀到质的飞跃的积极思维模式，是战略层次的提高。

大数据环境中基于互联网的连接、海量数据的存储和云计算平台的融合，使得商业生态系统在数据获取、传递、处理、共享和应用方面，更加频繁与便利，更有助于知识溢出和协同创新。对企业战略决策而言，不仅要适应系统内环境，参与系统内开放性竞争，而且还能进一步影响和改变环境。大数据环境中商业生态系统的企业实体网络与虚拟网络相融合，随着数据与交易网络效应的放大，促进数据量能和用户数量的迭代增加，实现资源共享和优势互补，进一步强化商业生态系统的盈利模式和可持续发展。

（1）市场洞察的实时与精准。

大数据的实时处理与反映已经覆盖商业生态系统各个链条的各个节点，在既竞争又协同的非线性相互作用下，对于某一方所产生的任何需求及供给都能及时地做出反应，实时并精准地洞察市场的需求和用户的变化，指导企业提升产品与服务创新速度，缩短产品生命周期，基于个性化和差异化数据实现目标市场的细分，与行业耦合。

（2）企业运作的竞合与协同。

商业生态系统内企业边界、行业边界愈发模糊并几乎融合，开放性也更加明显，大数据背景下，以互联网和电子商务为平台的企业合作伙伴选择范围更广，商业生态系统的成员结构具有动态性，其合作关系表现为非线性的网络化企业运作，一方面体现在传统的大规模企业群体以原有的供应链为基础，向网络生态价值链转变，企业间分工协作、互利共生；另一方面体现在基于协同商务模式构建企业间的密切合作关系，使地域上异地分布、结构上平等独立的多个企业共同组成动态的"虚拟企业"或"企业联盟"。大数据环境下深入剖析商业生态系统新型企业间协同组织形式和运作机制，从而实现商业生态系统资源的优化、动态组合与共享。

（3）社会公众的互动与反馈。

大数据背景下商业生态系统各成员之间竞合关系的非线性作用更加具有不确定性，其网络结构也更具脆弱性，以用户参与为核心要素的创新模式对商业生态系统涨落的冲击力更大。大数据环境中海量数据主要来源于由互联网用户自主创造的信息和数据，新的产品或服务从最初的创意设计、生产制造、质量保证、营销策划、销售等价值创造环节都会注重公众的参与、互动和反馈，从而促进产品与服务的持续改进与迭代创新，实现企业与社会化群体的和谐一致与共同发展，全面摒弃传统的"闭门造车"管理模式，进而推动商业生态系统的持续优化和协同发展。

## 二、大数据时代对企业核心竞争力的挑战

### 1. 核心竞争力的要素

大数据时代，企业大数据和云计算战略将成为第四种企业竞争战略，并且企业大数据和云计算战略将对传统的企业三大竞争战略产生重要影响。企业管理者要对大数据和云计算高度重视，把其提高到企业基本竞争战略层面，企业大数据和云计算战略可以作为企业基本战略进行设计。因此，数据竞争已经成为企业提升核心竞争力的利器。来自各个方面零碎的庞大数据融合在一起，可以构建出企业竞争的全景图，洞察到竞争环境和竞争对手的细微变化，从而快速响应，制定有效竞争策略。

企业传统的竞争力包括人才竞争力、决策竞争力、组织竞争力、员工竞争力、文化竞争力和品牌竞争力等。在大数据时代，数据正在逐步取代人才成为企业的核心竞争力，数据和信息作为资本取代人力资源成为企业最重要的具有智能化的载体。这些能够被企业随时获取和充分利用的信息和数据，可以引导企业对其业务流程进行优化和再造，帮助企业做出科学的决策，提高企业管理水平。

根据 IDC 和麦肯锡的大数据研究结果的总结，大数据主要在以下四个方面挖掘出巨大的商业价值：

（1）对顾客群体细分，然后对每个群体量体裁衣般地采取独特的行动；

（2）运用大数据模拟实境，发掘新的需求和提高投入的回报率；

（3）提高大数据成果在各相关部门的分享程度，提高整个管理链条和产业链条的投入回报率；

（4）进行商业模式、产品和服务的创新。

可见，大数据对企业核心竞争力带来了挑战，对数据的收集、分析和共享带来了影响，为企业提供了一种全新的数据分析方法，数据正成为企业最重要的资本之一，而数据分析能力正成为企业赢得市场的核心竞争力。因此，企业必须把大数据的处理、分析和有效利用作为新常态下打造企业核心竞争力的重要战略。

2. 产业融合与演化

企业运用财务战略加强对企业财务资源的支配、管理，从而实现企业效益最大化的目标。其中，最终的目标是提高财务能力，以获取在使用的财务资源、协调财务关系与处理财务危机过程中超出竞争对手的有利条件，主要包括以下条件或能力。

（1）创建财务制度的能力、财务管理创新能力和发展能力、财务危机识别的能力等。

（2）通过财务战略的实施，提高企业的财务能力，并促进企业总体战略的支持能力，加强企业核心的竞争力。

伴随着大数据时代的到来，产业融合与细分协同演化的趋势日益呈现。一方面，传统上认为不相干的行业之间，通过大数据技术有了内在关联，以及对大数据的挖掘和应用，促进了行业间的融合。另一方面，大数据时代，企业与外界之间的交互变得更加密切和频繁，企业竞争变得异常激烈，广泛而清晰地对大数据进行挖掘和细分，找到企业在垂直业务领域的机会，已经成为企业脱颖而出形成竞争优势的重要方式。在大数据时代，产业环境发生深刻变革，改变了企业对外部资源需求的内容和方式，同时也变革了价值创造价值传递的方式和路径。因此，企业需要对行业结构，即潜在竞争者、供应商、替代品、顾客、行业内部竞争等力量，进行重新审视，进而制定适应大数据时代的竞争战略。

3. 数据资源的重要性

大数据时代，数据成为一种新的自然资源。对企业来说，加入激烈竞争的大数据之战是迫切的，也是产出丰厚的。但是数据如同原材料，需要经过一系列的产品化和市场化过程，才能转化为普惠大众的产品。企业利用大数据技术的目的是为增强企业决策管理的科学性，实质是新形势下人机结合的企业战略决策系统。通过企业内部决策系统的采集、分析、筛选、服务、协调与控制等功能，判断企业及所在行业的发展趋势，跟踪市场及客户的非连续性变化，分析自身及竞争对手的能力和动向，充分利用大数据技术整合企业的决策资源，通过制定、实施科学的决策制度或决策方法，制定出较为科学的企业决策，保证企业各部门的协调运作，形成动态有序的合作机制。

另外，将企业的决策系统与企业外部的环境结合起来，有利于企业制定科学合理的经营决策，从而保持企业在市场上的竞争优势。毫无疑问，大数据的市场前景广阔，对各行各业的贡献也将是巨大的。目前来看，大数据技术能否达到预期的效果，关键是在于能否找到适合信息社会需求的应用模式。无论是在竞争还是合作的过程中，如果没有切实的应用，大数据于企业而言依然只是海市蜃楼，只有找到盈利与商业模式，大数据产业才能可持续发展。

4. 企业不同生命周期中的财务战略与核心竞争力的关系

要提高企业核心竞争力就要处理好资源的来源与配置问题，其中资源主要指的就是财务资源，因此，财务战略的管理对企业核心竞争力的提升起到了重要的推动作用。

（1）企业竞争力形成的初期采取集中的财务战略

企业在竞争力形成的初期，已经具备了初步可以识别的竞争力，在这一时期企业自己的创新能力弱而且价值低，企业可以创造的利润少而且经营的风险比较大。同时，在这个阶段对市场扩展的需求紧迫，需要大量的资金支持。在这个时期由于企业的信誉度不够高，对外的集资能力差，所以在这一阶段企业可以采用集中财务的发展战略，即通过集中企业内部资源扩大对市场的占有率，为企业以后核心竞争力的发展提供基础。在资金筹集方面，企业应实行低负债的集资战略，由于企业这个阶段的资金主要来源于企业内部以私人资金为主，因此在这一时期最好的融资办法是企业内部的融资。在投资方面，企业为了降低经营风险，要采用内含发展型的投资策略，挖掘出企业内部实力，提高对现有资金的使用效率。这种集中财务的发展战略重视企业内部资源的开发，所以可以在一定的程度上减少企业经营的风险。在盈利的分配方面，企业最好不实行盈利的分配政策，把盈利的资金投入到市场开发中来，充实企业内部的资本，为企业核心竞争力提升准备好充足的物质基础。

（2）企业在核心竞争力发展阶段采用扩张财务的战略

企业核心竞争力在成熟、发展的阶段，由于此时核心竞争力开始趋于稳定并且具有一定的持久性，这个时候的企业除了要投入需要交易的成本之外，还要特别注意对企业知识与资源的保护投入。在这一时期，企业要利用好自己的核心竞争力并对其进行强化，在财务上要采用扩张财务的战略，实现企业资产扩张；在融资力方面要实行高负债的集资战略；在投资方面采用一体化的投资；在盈利分配方面实行低盈利的分配政策，来提高企业整体影响力。

（3）企业在核心竞争力稳定的阶段采用稳健的财务战略

企业在这一阶段要开始实施对资源的战略转移，采取稳健的财政战略来分散财务的风险，实现企业资产的平稳扩张。在该阶段，企业可采取适当的负债集资法，因为此时企业有了比较稳定的赢利资金积累，所以在发展时可以很好地运用这些资金，以减轻企业的利息负担。在投资方面，企业要采取多元化的投资策略；在赢利的分配方面可以实施稳定增长的赢利分配法。企业的综合实力开始显著加强，资金的积累也达到了一定的数值，拥有了较强的支付能力，所以企业可以采用稳定增长的股份制的分红政策。

## 三、大数据时代企业竞争优势的演化方向

### 1. 对企业内外部环境的影响

大数据已经渗透到各个行业和业务职能领域，成为重要的生产因素，大数据的演进与生产力的提高有着直接的关系。随着互联网的发展，数据也将迎来爆发式增长，快速获取、处理、分析海量和多样化的交易数据、交互数据与传感数据，从而实现信息最大价值化，对大数据的利用将成为企业提高核心竞争力和抢占市场先机的关键。大数据因其巨大的商业价值正在成为推动信息产业变革的新引擎。大数据将使新产品的研发、设计、生产及工艺测试改良等流程发生革命性变化，从而大幅提升企业研制生产效率。对于传统服务业，大数据已成为金融、电子商务等行业背后的金矿。大数据不仅是传统产业升级的助推器，也是孕育新兴产业的催化剂。数据已成为和矿物、化学元素一样的原始材料，未来大数据将与制造业、文化创意等传统产业深度

融合，进而衍生出数据服务、数据化学、数据材料、数据制药、数据探矿等一系列战略性新兴产业。

2. 获取竞争情报的新平台

大数据环境具有典型的开放性特点，企业利用大数据能够极大限度地突破时间和空间的束缚，为企业的发展创建更高的平台。同时，企业经营环境的随机性与变动性不断增强，企业经营模式也应不断随之进行调整，只有做到与外部大环境的发展同步，才能使企业在竞争中站稳脚跟。

大数据的应用为企业的决策提供了客观的数据支持，企业决策不再单单依托管理者的思想和经验，而是更多地依托于完善的数据体系，从而提高了企业的决策准确性，为企业的发展战略指明了道路，增强了企业的竞争力，扩大了企业的可持续发展空间。

在大数据时代，企业的关键情报主要来源于以下两个大的方面。一方面，来源于网络渠道。企业可以利用免费或者付费的方法，获取包含了竞争信息、宏观经济、政策机遇、标杆前沿的数据信息。其中竞争信息指的是，可以利用电商网站得到同行竞争对手的产品、售价与营销方式，利用新闻媒体活动、公开的企业专利栏、企业数据库实时了解竞争对手的状态；客户数据是指可以利用电商网站、内在门户获取消费者在网络或是移动客户端之间反馈的意见与评论；政策的读取是指可以利用国务院所有部委的公告、所有地方政府发布的产业政策信息、地方上的规划准则、所有地方产业园的信息开采机会渠道，利用渠道直接获得更加系统的情报信息。另一方面，来源于自身渠道。企业可以利用内部的信息系统、门户网站或网页、客服系统来分析开采出自身的数据信息。针对自身的核心业务，考虑到数据的安全性，应该运转在企业自己的平台上，给集团与各级公司一致带来运转环境，尽可能不让各层下级机构在基础设备上进行投入。

3. 实践中的创新尝试

大数据，可以说是史上第一次将各行各业的用户、方案提供商、服务商、运营商，以及整个生态链上游的厂商，融入到一个大的环境中，无论是企业级市场还是消费级市场，亦或政府公共服务，都开始使用大数据这一工具。以企业供应链为例，通过大数据运营可以实现供应商平台、仓储库存、配送和物流、交易系统、数据分析系统等供应链的全环节整合与优化，实现数据统一管理、全面共享，最终达到供应链管理创新。IBM 对全球多位经济学家调查显示，全球每年因传统供应链低效损失相当于全球 GDP 的 28%。

零售企业基于大数据的智慧商务平台，可以根据顾客购物行为模型进行订单化采购与销售，合理进行线下线上配送、交易，实现库存管理动态分析预警，同时能保证库存、价格信息的动态实时更新。零售企业百思买的经验值得借鉴，百思买通过建立集成多个订单管理模块的单一平台，能够对客户引流、选择、购买、支付、提货和服务等零售购买的各环节在线上线下任意组合，通过后台系统各环节数据的打通与共享也极大节约了成本，并提高了库存的准确性和服务水平，最终提升了客户全渠道购买体验。

# 第七章　大数据时代的财务战略决策目标

## 一、保证大数据环境下的数据质量

### 1. 管理环境的挑战

大数据时代下，每个个体都是数据的产生者，企业的任何一项业务活动都可以用数据来表示，如何保证大数据的质量，如何建模、提取并利用隐藏在大数据中的信息，从数据收集、数据存储到数据使用，企业必须制定详细、缜密的数据质量管理制度，在数据库设计时要考虑大数据在各个方面可能发生的种种意外情形，利用专门的数据提取和分析工具，任命专业的数据管理人才加强对大数据的管理，提高员工的数据质量意识，以保证大数据的数据质量，从而挖掘出更多准确、有效、有价值的信息。

在云计算的基础上，大数据环境对企业的信息收集方式、决策方案制定，以及方案选择与评估等内容具有一定的影响，从而进一步影响企业管理决策内容。基于研究内容以及研究现状表明，我国当前企业在发展过程中，运用数据驱动的企业，其内部内容以及财务状况良好，凸显出财务状况的具体实效。大数据当中的数据内容具备先进性特点，对知识经济各项生产要素的发展具有重要作用。大数据的运用已经成为企业实现现代化发展的重要因素，大数据为企业管理决策方面的内容提供了新环境。

### 2. 流程视角的挑战

从流程的角度，即从数据生命周期角度来看，可以将数据生产过程分为数据收集、数据存储和数据使用三个阶段，这对保证大数据质量分别提出了不同的挑战。

首先，在数据收集方面，大数据的多样性决定了数据来源的复杂性。大数据的数据来源众多，数据结构随着数据来源的不同而各异，企业要想保证从多个数据源获取的结构复杂的大数据的质量，并有效地对数据进行整合，是一项异常艰巨的任务。来自于大量不同数据源的数据之间存在着冲突、不一致或相互矛盾的现象，在数据量较小的情形下，通过编写简单的匹配程序，甚至是人工查找，即可实现多数据源中不一致数据的检测和定位，然而这种方法在大数据情形下却显得力不从心。另外，由于大数据的变化速度较快，有些数据的"有效期"非常短，如果企业没有实时地收集所需的数据，有可能收集到的就是"过期的"、无效的数据，在一定程度上会影响大数据的质量。数据收集阶段是整个数据生命周期的开始，这个阶段的数据质量对后续阶段的数据质量起着直接的、决定性的影响。因此，企业应该重视源头上的大数据质量问题，为大数据的分析和应用提供高质量的数据基础。

其次，在数据存储阶段，由于大数据的多样性，单一的数据结构（如关系型数据库中的二维表结构）已经远远不能满足大数据存储的需要，企业应该使用专门的数据库技术和专用的数据存储设备进行大数据的存储，保证数据存储的有效性。据调查，目前国内大部分企业的业务运营数据仍以结构化数据为主，相应地主要采用传统的数据存储架构，如采用关系型数据库进行数据的存储，对于非结构化数据，则是先将其转化为结构化数据后再进行存储、处理及分析。这种数据存储处理方式不仅无法应对大数据数量庞大、数据结构复杂、变化速度快等特点，而且一旦转化方式不当，将会直接影响到数据的完整性、有效性与准确性等。数据存储是实现高水平数据质量的基本保障，如果数据不能被一致、完整、有效的存储，数据质量将无从谈起。因此，企业要想充分挖掘大数据的核心价值，首先必须完成传统的结构化数据存储处理方式向同时兼具结构化与非结构化数据存储处理方式的转变，不断完善大数据环境下企业数据库的建设，为保证大数据质量提供基础保障。

最后，在数据使用阶段，数据价值的发挥在于对数据的有效分析和应用，大数据涉及的使用人员众多，很多时候是同步地、不断地对数据进行提取、分析、更新和使用，任何一个环节出现问题，都将严重影响企业系统中的大数据质量和最终决策的准确性。数据及时性也是大数据质量的一个重要方面，如果企业不能快速地进行数据分析，不能从数据中及时提取出有用的信息，就将会丧失预先占领市场的先机。

3. 技术视角的挑战

技术视角主要是指从数据库技术、数据质量检测识别技术、数据分析技术的角度来研究保证大数据质量的挑战及其重要性。

大数据及其相关分析技术的应用能够为企业提供更加准确的预测信息、更好的决策基础以及更精准的干预政策，然而如果大数据的数据质量不高，所有这些优势都将化为泡影。

在数据规模较小的情况下，关系型数据库就能满足企业数据存储的需要，一般企业信息系统数据库中的记录通常会达到几千条或上万条，规模稍大的企业，其数据记录能达到几十万条，在这种情况下，检测数据库中错误、缺失、无效、延迟的数据非常容易，几分钟甚至几秒钟就能完成对所有记录的扫描和检测。

然而在大数据时代，企业的数据量不仅巨大，而且数据结构种类繁多，不仅仅有简单的、结构化的数据，更多的则是复杂的、非结构化的数据，而且数据之间的关系较为复杂，若要识别、检测大数据中错误、缺失、无效、延迟的数据，往往需要数百万甚至数亿条记录或语句，传统的技术和方法常常需要几小时甚至几天的时间才能完成对所有数据的扫描与检测。

从这个角度来讲，大数据环境为数据质量的监测和管理带来了巨大的挑战。

这种情况下，传统的数据库技术、数据挖掘工具和数据清洗技术在处理速度和分析能力上已经无法应对大数据时代所带来的挑战，处理小规模数据质量问题的检测工具已经不能胜任大数据环境下数据质量问题的检测和识别任务，这就要求企业应根据实际业务的需要，在配备高端的数据存储设备的同时，开发、设计或引进先进的、智能化的、专业的大数据分析技术和方法，以实现大数据中数据质量问题的检测与识别，以及对大数据的整合、分析、可视化等操作，充分提取、挖掘大数据潜在的应用价值。

4. 管理视角的挑战

管理视角主要探讨企业高层管理者、专业管理和技术分析人员对保证大数据质量的重要性。

首先，大数据的管理需要企业高层管理者的重视和支持。只有得到了企业高层管理者的高度重视，一系列跟大数据有关的应用及发展规划才能有望得到推动，保证大数据质量的各项规章制度才能得到顺利的贯彻和落实。缺少高层管理者的支持，企业对大数据管理、分析和应用的重视程度就会有所降低，大数据的质量就无法得到全面、有效的保证，从而将会大大弱化大数据价值的发挥，不利于企业竞争能力的提升。因此，企业应该在高层管理者的领导和带领下，加强大数据质量意识，建立完善的数据质量保证制度。

其次，专业数据管理人员的配备是保证大数据质量不可或缺的部分。由于大数据本身的复杂性增加了大数据管理的难度，既懂得数据分析技术，又谙熟企业各项业务的新型复合型管理人员是当下企业应用大数据方案最急需的人才，而首席数据官（Chief Data Officer，CDO）就是这类人才的典型代表。CDO 是有效管理企业大数据、保证大数据质量的中坚力量。企业要想充分运用大数据方案，任命 CDO 来专门负责大数据所有权管理、定义元数据标准、制定并实施大数据管理决策等一系列活动是十分必要的。

CDO 的缺失是国内数据管理方式落后的直接体现，而落后的数据管理方式是影响大数据应用、阻碍大数据质量提升的重要因素之一。传统的数据管理方式已经远远不能满足大数据环境下数据质量的要求。以往大部分企业在运营过程中均由业务部门负责掌管数据，IT 部门负责信息技术的应用，这种分离式的运营管理方式容易造成业务人员不了解分析不同数据所需的不同 IT 工具，而 IT 人员在运用 IT 技术分析数据时不了解数据本身的内涵，甚至会做出错误的数据解释，影响了企业决策的准确性和有效性。

为此，企业应该对组织架构体系及其资源配置进行重组，让数据管理与分析部门处于企业的上游位置，而设立 CDO 便是企业重组的成功标志之一。

大数据环境下，还应配备专业、高端的数据库设计和开发人员、程序员、数学和统计学家，在全面保证大数据质量的同时，充分挖掘大数据潜在的商业价值。此外，在大数据生产过程的任何一个环节，企业都应该配备相应的专业数据管理人员，通过熟悉掌握数据的产生流程进行数据质量的监测和控制，如在数据获取阶段，应指定专门人员负责记录定义并记录元数据，以便于数据的解释，保证企业全体人员对数据的一致、正确理解，保证大数据源头的质量。

## 二、大数据对管理决策的影响

### 1. 大数据环境下的数据管理

在大数据环境下，企业的管理决策内容的技术含量以及知识含量得到丰富，数据已经成为企业管理决策的重要内容。有效对数据质量以及数量内容进行管理，对企业发展具有重要作用。一旦企业不重视数据内容的处理与存储，将造成大量数据内容流失，严重影响企业通过数据分析当前市场环境，市场竞争力下降。

传统上，我们认为会计的基本职能是核算与监督。企业中会计人员的主要职能和精力放在了会计单据的审核、记账、报告、归档等基础工作上。这种格局在大数据时代将发生也正在发生着变化，会计由"核算财务"向"价值提升"转化。大数据的数据管理过于繁琐，需要对整体的解决方案内容进行筛选。抽取与集成，保证多数据处理的质量与可靠性，在此基础上对各项信息及内容进行总结；数据的产生与处理需要满足处理的根本性需求，将数据实时分析的内容作为处理核心内容，发现实时数据的具体作用。在这一层面上，实时数据的及时处理则需要予以充分重视，数据之间的关系内容呈现出关联性特点。大数据的出现，使得数据之间的各项内容呈现出关联性特点，转变了传统的因果关系体系。这种方式的转变，使得大数据能够实现信息挖掘，提升信息的可靠性，发现大数据的具体价值。

### 2. 大数据的知识管理

基于知识管理的角度进行分析，数据当中蕴含着大量知识内容，同时也是影响决策内容的重要因素。在大数据时代下，企业想要获取管理决策方面的知识内容，需要大数据对各项数据进行挖掘，从而获得丰富的知识体系。通过上述各项分析内容得知，数据管理与知识管理在一定程度上能够体现企业对大数据的应用状况，保证两方面的协调发展，使得企业在运用大数据的过程中深入挖掘其中内涵，更新企业发展模式，提升企业综合竞争力。

大数据时代，以知识为核心要素的企业创新速度更快、产品生命周期更短；以互联网和电子商务为平台的合作伙伴选择范围更广，企业生态系统的成员结构呈现出一定的动态性；以知识共享和流程优化的生态系统成员合作关系表现为非线性的竞合关系；以差异化数据为导向的市场细分与行业耦合更趋偶然性。这些非平衡态因素促进了企业生态系统内外的信息、资源、能量等要素的流动，有助于产生自组织现象，以知识为核心要素的技术创新对企业生态系统涨落的冲击力更大。因此，有价值的数据是企业制定战略决策、技术创新、挖掘顾客需求的指南针，也是改变企业生态系统的有序结构、形成企业生态系统耗散结构的触发器，从而促使企业生态系统偏离原有的稳定状态，进入新的稳定状态。

## 三、对管理决策参与者的影响

### 1. 凸显数据分析师的价值

在大数据环境下，数据分析师在企业管理决策的具体参与中呈现出重要的作用。数据分析师能够运用统计分析以及分布式处理等各项执行手段，在大量数据的基础之上对整个业务操作方面进行有效的整合，通过易于传达的方式将信息传递给决策者。但由于数据分析师人才的大量欠缺，需要多年的培养，在这方面存在一定不足。大数据内容改变了长期以来单纯依靠经验，以及自身具备知识水平与决策能力的决策形式，直觉的判断方式也让位于精准的数据分析内容，使得决策者的自身职能手段发生相应变化。基于企业内部的高层管理人员进行分析，由于传统企业生产经营过程中对于数据方面的应用较为欠缺，并且数据缺乏全面性的特点，高层管理者只能凭借自身的经验进行管理决策内容的制定与判断。

大数据的出现，能够基于数据的基础分析之上，从事实角度出发，结合管理者的管理经验，对决策准确性具有促进作用；对于企业的一般管理者与员工，能够为其提供决策所需要的信息内容，以提升决策能力和决策水平，使决策内容更加倾向于企业的员工。

互联网信息时代，科技水平的发展正在促进各个领域之间的融合，使得产业界限逐渐模糊，社会化的决策内容正在崛起。因此，多元化的大环境内容更加突出，决策来源呈现出广泛的发展趋势，全员参与的管理决策方式也已经被广泛关注。

### 2. 创新以大数据为基础的关键业务和活动流程

大数据背景下，企业生态系统的主体、资源、结构、价值、边界网络等要素进行不断的动态演化和重构，创新以大数据为基础的关键业务和活动流程是企业生态系统获取竞争优势的动力源泉。

创新以大数据为基础的关键业务和活动流程主要包括：

（1）基于大数据的流程优化，提高业务流程的处理效率，如物流企业通过对合作伙伴多维大数据的分析，找出企业物流配送的最优运输模式和路线，提高物流配送效率；（2）应用大数据作为企业活动的关键资源，创新企业生态系统的价值活动，如玩具制造企业，通过挖掘企业生态系统中合作伙伴的交易数据、客户购买行为数据、产品质量数据等关键资源，改进产品的设计和性能，创造企业新的价值增长点；（3）以大数据活动取代企业传统的业务和流程，形成企业生态系统新的经营方式和合作模式，如沃尔玛和宝洁公司，通过对商业数据的分析形成联合库存管理，改变了传统的库存管理的业务类型和活动流程。

## 四、对管理决策组织的影响

### 1. 重构决策权

大数据之下的全员参与内容，使得企业决策中的参与决策内容发生转变，对决策权的内容进行重新分配，严重影响企业的决策组织和决策文化的内容。企业管理决策组织方面分析，主要包含两方面：一方面为集中决策与分散决策的选择；另一方面为决策权的分配问题。

基于集中决策与分散决策的内容进行分析，从组织理论层面来看，可预测的环境对于企业的组织过程施加的影响较小，有利于形成集中分层的决策结构，在不可预知的环境中，分散决策结构对于管理决策具有重要的指导作用。但基于动态变化的环境下，那么分散决策则更能够发挥出与集中决策所不能够发挥的作用，为企业管理决策制定提供便利。

除此之外，企业组织结构当中的内容还在一定程度上受到知识分布以及知识转移成本方面的影响，一旦企业内部的高层领导者处于集中状态，就需要通过集中决策结构对管理决策内容进行制定。

基于决策权的具体分配进行分析，企业在进行市场经济竞争中不具备优势的主要原因是由于没有将具体决策权分配给个人，并未准确评估个人的基本因素，严重影响管理决策内容制定的质量。员工在企业生产经营过程中所掌握的各项技能以及基本的信息量越多，理论上决策权应该越大，知识与权力内容在协调性方面的匹配程度越高，则说明在进行各项管理决策指标方面的内容越好。信息技术与网络技术在现代的发展，应该基于金字塔型代表的传统的管理组织模式，其已经逐渐转向人本思想管理内容和扁平化组织结构。

在大数据的发展环境下，企业的内部基层员工也能够掌握相应的主动权内容，使得扁平化的发展趋势更加明显，决策分配顺应相应变化。在企业管理决策制定的过程中，有效的吸纳管理决策当中存在的各方面内容，探析大数据环境下组织结构的建设措施。

2. 重塑企业文化

大数据下的企业管理决策文化方面受到一定冲击。但需要注意的是，大数据时代并不是运用大数据去得到具体内容，而是通过应用大数据能够知道哪些内容。将大数据运用在企业管理决策方面，有效地转变思想观念方面的内容，遇到重大决策时，需要对数据内容进行收集与分析，保证各项内容进行准确、有效的决策，在思想转变的同时提升对数据运用的具体执行能力，并且企业内部的管理人员也需要通过数据促进企业内部管理策略文化的形成，并基于具体数据做出合理分析，优化内部文化的管理决策过程。在企业发展过程中，企业管理人员为应用大数据提升内部管理决策方面的环境，在大数据的基础之上对整体企业文化制度以及各方面内容进行创新，提升决策的客观性。

企业从海量的大数据中要挖掘出对企业决策有参考价值的数据，需要经历发现、提取、加工、创新等一系列复杂过程，同时需要企业全体成员参与数据的管理和控制，形成以数据为支持的决策导向。这就需要完善企业生态系统的数据处理制度，形成重视数据处理与应用的企业生态系统文化，主要措施包括建立数据收集和处理的制度文化，如数据收集、存储制度、数据传递、共享制度、保障数据安全制度等。建立起企业员工对数据处理和应用的理念，通过员工技能培训、学习、讨论、考核等方式深化企业员工对数据开发和应用的意识，让企业生态系统全体成员普遍接受以数据应用为核心的工作方式。在企业生态系统成员之间建立行之有效的知识激励机制，包括知识明晰机制、知识绩效机制、知识奖惩机制，以形成特有的、规模化的、不断创新的知识资产和核心生产要素，培育重视大数据处理和应用的企业生态系统文化。

## 五、基于大数据支持的企业决策管理系统的构建

### 1.基于生态系统及其协同共生的决策创新

大数据为现代企业的运营管理模式带来了深刻变革，使得企业可以整合产业生态链资源，进行产业模式创新；可以重塑企业与员工、供应商、客户、合作伙伴之间的关系进行企业管理创新；可以整合资源，创新协同价值链，提供新的产品与服务，打造新的商业模式。事实上，基于企业大数据的新型企业管理理念和决策模式正在商务管理实践中涌现。现代企业将逐渐摒弃"以产品为中心"、注重微观层面的产品、营销、成本和竞争等要素的传统管理模式，转变为"以服务为中心"、注重宏观层面的资源、能力、协同发展、价值创造和产业链合作等要素所面向的"社会媒体—网民群体—企业群"三位一体、和谐共生的"企业网络生态系统（enterprise ecosystem）"的新型管理模式。因此，结合社会媒体和网民群体产生的丰富的企业大数据，研究企业群体的共生/竞争协同演化，建立可持续发展的企业网络生态系统，对于企业管理与决策具有重要意义，同时应重点关注基于社会化媒体的企业众包与协同发展、基于网络大数据的企业生态系统建模、企业生态网络中的协调运作与分配机制等。

### 2.大数据支持的企业决策管理系统

在大数据背景下，海量而复杂的数据对企业决策管理系统原有的技术体系结构提出了挑战，同时也要求具备更强的数据分析处理能力及数据驱动业务的能力。为了更好地利用大数据技术并将之运用到企业决策管理中，需要构建新型的基于大数据支持的企业决策管理系统模型，对企业原有的业务流程进行优化重组，对各类数据等进行整合。构建基于大数据支持的企业决策管理系统，将之分为三个层面，即数据的获取层、数据的处理层及数据的应用层。数据获取层主要有四个来源，即访问数据、交易数据、网络数据和购买数据。数据的处理层又称为决策协调控制系统，分为五个子系统，分别是决策数据采集子系统、决策数据分析子系统、决策数据筛选子系统、决策数据服务子系统，以及协调控制子系统，其功能依次是数据采集、分析、筛选、服务和协调控制。数据的应用层是基于大数据的企业经营策略，具体包括生产策略、营销策略、财务策略、运营策略、客服策略、公关策略。

## 六、大数据背景下企业决策管理的现实困境

### 1. 环境更加复杂

大数据一方面为企业决策管理提供了更为广阔的空间，在企业决策过程中，提供更多的决策信息来源；另一方面，企业面临的决策环境变化速度越来越快，各种与企业相关的数据信息，特别是偶发事件导致数据的不断产生、传播与储存，从客观上要求企业通过云计算平台尽快实现数据的集中整合，构建高度集成的企业决策管理系统，充分挖掘、采集、分析、储存形成海量的企业数据资产。因此，在大数据环境背景下，错综复杂的环境因素影响到企业决策信息的采集与分析、决策方案的制定与选择，从而影响企业对大数据的统一管理，客观上增加决策者进行决策管理的难度。

### 2. 与企业决策相关的信息价值甄别难度大

大数据时代，互联网上的数据呈现爆炸式增长的特征，人类每年产生的数据量已经从 TB 级别跃升为 PB、EB 乃至 ZB 级别。数据中所蕴含的信息量超越了一般企业管理者数据处理能力的范畴，不仅使处理信息的工作量加大，传统的数据管理和数据分析技术难以有效挖掘这些数据潜在的价值，导致判断该信息的价值困难程度加大，从而导致企业在进行决策管理时，如何判断、取舍和利用信息价值的难度增大。只有构建基于大数据技术新型的、功能强大的企业管理决策系统，才能为企业更好地采集、甄别、分类、筛选有价值的数据，从而有利于企业决策的制定更加科学化。

### 3. 企业决策的程序滞后于市场变化

传统企业决策程序，一般都要通过长时间的搜集资料、调查研究、分析论证、方案选择与评估，由于决策程序的复杂很可能导致决策的滞后性，最终企业会错失发展的良机。大数据时代，企业需要制定科学的决策，决策程序要高度简化，市场的激烈竞争要求企业能先他人而动，迅速做出决策，抢占市场制高点，在市场中占有一席之地，即企业未来的竞争主要就是基于大数据的竞争。通过应用大数据中的数据挖掘与分类整合功能，找出对企业决策有价值的数据参考，并迅速进行判断。

#### 4. 企业决策的主体更加多元化

在进入信息化工业时代，由于企业决策要求的技术化和知识化不断加强，以及数据的不断增多，不少专家、学者，甚至是技术人员也加入到这个决策群中。随着企业决策主体的增加，决策智库成员的多样化与知识的多面化，在一定程度上，可以使企业决策中集体主观判断的失误率下降。为提高决策管理的科学化程度，企业级决策管理系统应尽快构建，以更广泛地应用大数据中的数据采集、分析、筛选技术，形成科学的决策数据指标，更好地为管理决策服务。

#### 5. 传统的企业决策方法有待创新

大数据时代，企业决策的制定必须以决策数据为依据，大数据研究不同于传统的逻辑推理研究，其要对数量巨大的数据做统计性的搜索、比较、聚类、分类等分析归纳，关注数据的相关性或称关联性，通过构建大数据支持的企业决策管理系统，在数量众多的数据中找出某种规律性与隐藏的相互关系网，一般用支持度、可信度、兴趣度等参数反映相关性。只要从数据挖掘中发现某种方法与增加企业利润有较强的相关性，就可能为企业决策管理提供战略支持。数据的相关性及其对于企业决策的重要性，就从客观上要求企业管理者应顺应形势及时改进决策管理的方法。

## 七、大数据时代应如何通过财务战略优化资源配置

#### 1. 利用大数据优化财务分析

要想更好地提升企业的财务管理能力，企业就必须进一步明确财务分析和大数据的关系，统筹兼顾，实现资源的优化配置。众所周知，财务数据是企业最基本的数据之一，其积累量较大，其分析结果直接影响着企业财务管理的最终质量。因此，企业在进行决策分析时，必须坚持客观公正原则，以财务数据为基础，制定明确的分析指标和依据，以保证企业财务管理的平稳推进和运行。在进行财务分析时，财务管理人员应先查找和翻阅当期的管理费用明细，并将其与前一阶段的数据进行对比，找出二者之间的主要差异，从而找出管理费用的变化规律，最终得出变化原因。在进行原因分析时，财务管理人员可以建立一个多维度的核算项目模型，并在模型中做好变化标记。

在整个分析过程中，财务人员往往要花费大量时间用于管理费用的核算与验证，同时查找相关资料。在财务软件中，上述系列动作要切换不同的界面。而如果利用大数据技术，只要通过鼠标的拖拽，就可以在短短几秒钟内分析出所有管理费用明细发生在每个部门的情况。对于企业的决策者而言，通过对财务信息的加工、搜集和深度分析，可以获得有价值的信息，促使决策更加科学、合理。

2. 利用大数据加强财务信息化建设

大数据可能对会计信息结构产生如下两个方面的影响。

（1）会计信息中非结构性数据所占的比例会不断提高。大数据技术能够实现结构性和非结构性会计信息的融合，提供发现海量数据间相关关系的机会，并以定量的方式来描述、分析、评判企业的经营态势。因此，我们越来越有必要收集非结构化数据，并加以解读和理解。

（2）在特定条件下，对会计信息的精准性要求会降低。大数据时代，会计信息的使用者有时可以接受非百分之百精确的数据或者非系统性错误数据，这可能会对会计信息的质量标准提出新的观察维度：会计人员需要在数据的容量与精确性之间权衡得失，是强调绝对的精准性，还是强调相关性。

为此，在财务信息化的建设上，第一，在企业内部逐步建立完善的财务管理信息化制度。制度保障是企业信息化的第一步，因为信息化并不是一蹴而就的，只有从制度层面做出规定，才能保障信息化切实有效的推进。构建网络化平台，实现企业的实际情况和网络资源的有机结合，达到解决企业信息失真和不集成的目的。构建动态财务查询系统，实现财务数据在不同部门之间的迅速传递、处理、更新和反馈。第二，加强监管力度。发挥互联网的优势，利用信息化的手段实时监控各部门的资金的使用情况，将资金运行的风险降到最低，使资金的使用效率最大化，同时要注意保障财务数据安全。

3. 构建科学的财务决策体系

为建立科学的大数据财务管理决策体系，第一，要强化企业决策层对大数据的认识。因为在传统决策中依靠经验获得成功的案例比比皆是，再加上大数据需要投入大量的人力、物力，短期内很难给企业带来明显的效益提升，所以很多决策者认为企业财务决策与大数据关系不大。这种认识是片面的，企业只有正视这种变化，才能够从数据中获得自己想要的信息，认识到自己面临的风险，从而做出合理的决策。第二，要结合企业的实际情况，建立有效的基于大数据的财务决策流程。要改变过去"拍脑袋"做决策的模式，通过积极地收集企业相关数据，建立大数据平台，利用先进的技术从数以千万计甚至亿计的数据中收集、处理、提取信息，挖掘问题背后的相关性，探索企业隐藏的风险和商机，找出问题的解决方案，实现由数据引领决策的目的。

## 八、阿里巴巴集团基于大数据的财务决策案例

大数据是数据分析的前沿技术，涉及数据的获取、存储、处理以及应用。构建大数据产业链有利于企业掌握信息技术发展的主动权，提高信息的使用效率。财务决策作为企业财务管理的核心，重在解决企业发展过程中投资、融资以及财务资源再配置的问题，以满足企业构建产业链过程中对资源的需求。阿里巴巴集团成立于 1999 年。自成立以来，集团建立了领先的消费者电子商务、网上支付、B2B 网上交易市场及云计算业务，成为中国最大的网络公司。随着大数据时代的到来，阿里巴巴集团提出了大数据战略，并进行了适时的财务决策。

### 1. 持续引进风险投资为产业链提供资金支持

风险投资（VC）主要是指面向新兴的、迅速发展的、具有巨大竞争潜力的企业所进行的权益性投资。风险投资更符合高新技术产业发展的客观规律，它拓宽了高新技术产业的融资渠道，是高新技术企业十分重要的资金来源。阿里巴巴集团就是高新技术企业运用风险投资的典型代表，在构建大数据产业链的过程中持续利用风险投资来获得资金支持。

在初创时期，阿里巴巴集团获得了来自高盛的 500 万美元的天使基金，解了燃眉之急；2000 年，互联网行业处于低谷，阿里巴巴集团获得了来自软银的 2 000 万美元风险投资资金，顺利度过难关；2005 年，阿里巴巴集团引入雅虎 10 亿美元的投资。由此可见，风险投资在阿里巴巴集团的发展道路上扮演了重要的角色，集团将这些资金集中用在了技术研发和产业链的构建上。在提出大数据战略计划之后，阿里巴巴集团面临产业链构建中的技术、资金、市场以及管理结构等多方面的问题，企业的经营风险、技术风险、管理风险进一步加大，与此同时，产业链的构建要求以丰厚的资金作为基础。2012 年2 月，阿里巴巴从银团获得 30 亿美元、贷款利率在 4% 左右的 3 年期的贷款，

银团成员包括澳新银行、瑞士信贷集团、星展银行、德意志银行、汇丰控股有限公司以及瑞穗金融集团。2012 年 9 月，阿里巴巴集团获得来自中投联合中信资本、国开金融等 20 亿美元风险投资资金。这些资金注入企业，集中用于企业技术研发和创新、产业内资源的并购和整合、疏通产业链的现金流，在此基础上阿里巴巴集团形成了广阔的大数据资源、先进的技术和专业的管理团队，同时实现了大数据的存储、分析、应用的连通和推广，加速了产业链构建的步伐。

2. 设立云基金以投资于产业链核心技术领域

从技术角度看，大数据与云计算的关系就像一枚硬币的正反面一样密不可分，大数据产业链的构建必须以云计算技术为依托。2009 年 9 月"阿里云"作为阿里巴巴集团的子公司成立，致力于打造云计算平台，为集团大数据产业链的构建提供核心技术支持。2011 年，阿里云公司正式对外提供云计算服务，云计算平台的稳定性和成熟度也在日益完善。阿里云计算取得的骄人成绩和阿里巴巴集团创新使用云基金为云计算投资是密不可分的。2011 年，阿里云公司联合云锋基金启动总额达 10 亿元人民币的"云基金"，云基金的宗旨为支持开发者基于阿里云计算的云引擎开发应用、服务和工具，扶持、引导其成为各自领域内的独立、伟大的公司。阿里巴巴集团创立云基金，为云计算的开发和应用环节持续注资，提高了云计算的发展和应用速度，进而加快了大数据产业链的构建步伐。在云基金的支持下，阿里巴巴集团加紧了布局云生态圈的步伐，阿里云公司先后开展了弹性计算云服务、淘宝云服务、阿里云地图服务、阿里云 OS 等服务。同时，阿里巴巴集团还以云基金为支柱，帮助云计算技术上的合作伙伴，支持他们转化为云开发商，从而丰富云计算上的产品和服务。这样做使得阿里巴巴集团和产业链各环节企业之间的交流合作更加紧密，为技术的创新和应用提供了强大的动力。

3. 兼并同产业优质企业，构建"大数据拼图"

2009 年到 2013 年，阿里巴巴集团以 5.4 亿元人民币分两期收购中国万网。中国万网在互联网基础服务行业中的领先地位非常明显，并在"产业布局、客户基础、技术地位"等多方面都具有领先优势。合并中国万网对阿里巴巴集团在中小企业电子商务产业链上的布局有重大促进作用。2012 年 11 月，阿里巴巴集团以 4 000 万美元投资陌陌，重在获取后者基于位置的群组社交功能。2013 年 5 月，阿里巴巴集团以 5.86 亿美元购入新浪微博公司发行的优先股和普通股，占微博公司全稀释摊薄后总股份的约 18%。阿里巴巴集团通过收购新浪微博和陌陌的股份，拥有了丰富的社交数据。2013 年 4 月，阿里收购虾米网，随之而来的是充足的音乐数据。2013 年 7 月，阿里巴巴投资穷游网，获得了大量在线旅游数据。2014 年 4 月，高德控股有限公司正式与阿里巴巴集团达成并购协议，阿里巴巴将占高德截至 2014 年 3 月 31 日总发行在外股份的 28.2%。阿里巴入股高德后，将进一步加深两者在数据建设、云计算等多个方面的合作步伐，为大数据产业链带来宝贵的地理数据。2014 年 6 月，阿里巴巴集团宣布收购 UC 优视公司全部股份。截至 2014 年 5 月 7 日，阿里巴巴集团一共持有 UC 公司 66% 的股份，累计投资金额超过 6.86 亿美元。UC 将持续为阿里巴巴的产业链提供移动浏览数据。阿里的并购活动和大数据产业链的构建紧密联系在一起，并购为产业链的构建引进了海量的数据，实现上溯产业链的目的；通过资源的整合为产业的技术发展注入了新鲜的血液，加速了大数据的处理和分析过程，以实现产业链中游的畅通无阻。同时，还拓宽了大数据的应用，让更多的企业和人员参与到大数据蓝图中来，为大数据向产业链下游的延伸奠定了基础。

4. 优化组织结构，密切配合产业链整合

产业链的构建涉及新业务的开发，以及对原有业务的创新。为了顺应大数据产业链的发展，阿里巴巴集团对产业链内的核心优质资源进行了并购和整合，集中投资于产业链的核心技术领域，努力开发并形成了初具规模的大数据应用市场。同时，大数据产业又是一个竞争异常激烈的产业，新技术、新市场、新业务以及外部环境的新变化要求更新、更有效的组织结构与之相匹配。为了应对产业链构建过程中内外部环境的变化，阿里巴巴集团适时地进行了组织结构的调整。2012 年，阿里巴巴集团设立首席数据官 CDO，对数据进行集中的管理和管控。2013 年，阿里巴巴集团专门成立了数据委员会，为集团所有事业部提供数据支持。2013 年 9 月，阿里巴巴集团成立包括数据平台事业部、信息平台事业部、无线事业部、阿里云事业部在内的 25 个事业部。2014 年，阿里巴巴集团又对组织结构进行了大调整。阿里巴巴集团组织结构的调整为大数据产业链的全面形成提供了组织上的支持和保证。

# 第八章　企业决策的基础有何变化

大数据成为许多公司竞争力的来源，从而使整个行业结构都改变了。大公司和小公司最有可能成为赢家，而大多数中等规模的公司则无法在行业调整中受益。掌握着大量数据的大公司通过分析收集到的数据，成功实现了商业模式的转型。苹果公司进军移动手机行业是个很好的例子，它在与运营商签订的合约中规定运营商要给它提供大部分有用数据。通过来自多个运营商提供的大量数据，苹果公司得到的用户体验的数据比任何一个运营商都多。苹果公司的规模收益体现在了数据上，而不是固有资产上。大数据也为小公司带来了机遇，其能享受到非固定资产规模带来的好处。重要的是，因为最好的大数据服务都是以创新思维为基础的，所以它们不一定需要大量的原始资本投入。

## 一、大数据提高了决策的针对性

大数据时代，企业管理者应建立现代化的信息交流沟通平台，与员工进行有针对性、有效的良好沟通，甚至进行决策。企业在重大的策略调整和重要事件发生时，可以通过信息交流沟通平台，优化决策信息沟通的渠道和路径，使决策的程序简化、速度加快，同时鼓励决策参与者快速参与沟通、提出合理化建议并参与决策方案的制定，从而缩短上传下达的沟通时间。企业应尽量减少信息链的长度，强化对信息链的优化整合力度，以达到企业运作流程的优化，减少内部沟通的偏离程度，从而减小管理决策制定的复杂程度。通过使用虚拟的网络平台来完善和提升企业决策管理，使之规范运作、管理科学、高效发展更具有综合竞争能力。

## 二、增强预测的信息基础

随着大数据时代的到来，企业的市场分析、运营策略、目标客户等一系列具体而重要的参数都受到大数据信息的影响，企业的运作模式也会发生巨大转变。大数据时代的到来既是机遇也是挑战，它推动着各行各业不断调整思路，改变运作机制，重视群体因素、个体影响。人们应该重视和关注大数据应用带来的影响，应用技术进步带来的新机遇，克服困难，运用好大数据，把握好企业改革和再发展的新时机。

通过大数据的预测可以让企业从众多杂乱的信息中非常轻松简单地挑选出有效可靠的信息，摆脱过去繁琐的搜索监测与分辨信息的业务，把大量的信息变为了引导行动的洞察力，节省了大量的时间，从而更加高效、准确地做出了合适的决策。

通过大数据智能预测系统，企业可以在非线性化数据中开掘出意外的数据方式与联系，创建指导业务一线交叉的形式。同时，大数据智能预测还能有效避免优质客户的流失，给目前的顾客提供更多的服务购买选项，研发出更加优秀的新型产品，提升企业的运转效率，及时发现且防范存在的欺诈与风险。大数据智能预测可以完成高级分析、信息开采、文本开掘、社交媒体分析与核对分析（如集群分析、关联分析、回归分析等）、信息的搜集与在线查实探讨、信息建模与预测建模。大数据智能预测给每一项技能水准的客户提供自主定义的业务，包含了对于高级管理层面看得见的菜单页面、对于更加有资质的分析员的命令预防页面与高级功能。大数据智能管理与布置企业的所有财产与债款，给运转体系与决策拟制人员带来更加可靠的决策。

## 三、大数据促进了动态化决策

大数据如巨浪般冲击着我们的生产与生活，一切传统企业模式将会被推翻，企业通过先进的数据挖掘技术，完成数据增值，从而创造更有价值的商机。当今社会每天每时都会产生巨量的数据，这些数据也悄然记录着世界变化的轨迹，信息时代的竞争已经不再是劳动生产率的竞争，而是基于知识的数据竞争。大数据环境的动态性对企业提出了更高的要求，每个环节的改变都引导着企业的变革，企业必须通过最有效的方式实现数据最大化的价值增值。同时，基于数据的客观性及信息量大的特点，对企业在数据保密及备份、保障客户信息安全等方面提出了更高的要求。

## 四、构建新的竞争优势

在大数据的环境下，企业需要应对数据的更新与变化，以不断调整企业内部的管理决策内容，提升企业的综合竞争力水平。传统企业的决策过程往往是被动的，即通过简单的个人经验以及个人想法所左右，知识决策内容经过长期实践之后出现偏差。因此，现代企业发展模式需要向着预判式的发展道路前进，对市场的发展状况进行预判，充分掌握未来市场发展规律、客户需求以及竞争对手的各项信息，在大数据的竞争中获取竞争优势地位。企业在大数据时代下，应用大数据进行预判制定管理决策内容至关重要。对企业的自身发展而言，大数据不仅仅是一项技术手段，更是一项全新的发展模式。大数据的出现，使得企业管理决策内容知识获取方式、决策参与者以及组织内容发生了巨大变化，为企业管理决策的发展提供新的发展途径。同时，有效的运用大数据内容，能够在激烈的市场竞争中保证企业自身战略优势地位，提升企业综合竞争力。

## 五、决策中应规避使用大数据的几个误区

### 1. 中小数据没有挖掘的价值

大数据规模的标准是持续变化的，当前泛指单一数据集的大小在几十 TB 和数 PB 之间，显然若按照上述标准，日常的数据集绝大多数都不可能入围大数据，但其规模则占了全球数据集数据总量的 90% 以上。企业应更多地引导人们对数据资源获得与利用的重视，事实上，对未到 TB 级规模的数据挖掘也有价值，目前报道的一些大数据挖掘应用的例子，不少也只是 TB 级的规模。

### 2. 要有解决非结构数据挖掘的技术才能开展大数据分析

除了消费者流量外，还有企事业单位的流量，其规模与消费者流量相当，2016 年全部互联网流量中 55% 将为视频。视频是非结构性数据，视频数据集的规模都很大，日积月累自然就成为大数据，有理由相信大数据中 90% 都是非结构数据。对非结构数据的分析需要有先进的语义技术和基于元数据的标

签算法等，尽管语音的机器翻译有了进展，但视频图像的智能识别仍然不成熟。目前国内外有很多大数据应用成功的例子，但基本上还是针对结构性数据，所以不必等待非结构数据挖掘技术的成熟，对结构性数据的挖掘是大数据应用的切入点。

### 3. 数据样本的规模比普遍性更重要

这里涉及对被观察对象取样数据的密集度和时间或空间跨度问题，例如，将一个人每分钟的活动数据记录下来，对了解该人的身体状况是有用的，但如果将他每秒的活动数据都记录下来，数据量将较前者高 60 倍，但与按分钟记录的数据相比，其价值并不能增加。在相同规模下，例如收集约 86 400 次数据样值，以秒为间隔的话，大概就一天，以分钟间隔的话就是两个月。从保健的角度，后者的数据更有价值。统计一个人每分钟的身体状况数据与统计 60 个人每小时的身体状况数据相比，可能后者在统计上更有意义。数据挖掘需要有足够规模的数据，但前提是这些数据要有一定的时间或空间跨度，即具有普遍性。数据样本密度与被观察事件或对象有关，例如风力发电机装有多种传感器，每隔几毫秒测一次，用于检测叶片、变速箱、变频器等的磨损程度。

### 4. 所有数据都同等重要

可以用多种类型的传感器检测环境污染，虽然各类传感器都是有用的，但不是同等重要的，需要依据检测不同的指标来对不同类型的传感器结果加权处理。例如，根据蓝藻爆发强度与水质相关程度，在分析蓝藻可能出现时，将溶解氧、水温和电导率的数据加权值取得高一些，对氨氮、硝酸盐和 pH 值的数据加权值则可以取得低一些。此外，每一类数据的重要性会随关注点不同而变，一个人的身体状况可以用多种指标来衡量，显然所关心的疾病不同，与不同指标对应的数据其重要性也不同。同一类型的传感器在不同位置和不同时间收集到的数据，其重要性也不同。以城市交通监控摄像头为例，在路口的摄像头，其作用就比非路口的重要，在没有车辆和行人的深夜，记录的摄像数据没有保留价值，无需存储，但需要加上时间标签注明舍弃了哪一时段的图像帧，有些情况下需要对每一帧感兴趣的区域增加分辨率，而其他区域降低比特率。另外，同一类型的数据其价值也因收藏时间的长短而异，一般而言，时间间隔越久，其价值越小，因此存储的数据需要压缩以节省成本。

### 5. 数据都是可信的

传感器收集的数据并非都是可信的，特别是该传感器上的历史数据与同类的其他传感器报出的数据差异很大时，该数据就应弃用。过去往往认为"有图有真相"，事实上图片可以移花接木、张冠李戴、时空错乱，或者照片是对的，可是文字解释是捏造的，这样的事情已屡见不鲜。一些网站规定所有帖子不论是否真实一律对转发次数设置一个上限，从舆情收集效果看，人为的截尾导致失去真实性。基于微博的判断也不能代表所有年龄段的人群，如利用微博也能分析流感的发生，但微博的使用者大部分是年轻人，而季节性流感的袭击对象多为抵抗力较弱的老年人和儿童，因此基于微博的判断代表性不足。为了避免数据不可信，需要收集多源异构的数据，例如通过城市交通监控系统可以实时掌握交通流量，但如果加上政府数据和网民数据，就可能知道发生交通拥堵的原因。利用与历史数据的对比也容易发现数据的异常，通过用数学模型来检验，也有助于推断数据的可信性。

### 6. 大数据挖掘侵犯隐私

大数据确实存在安全与隐私保护的隐患，重要的数据存储和应用不能过分依赖大数据分析技术与平台，需要重视信息泄密的风险。大数据的挖掘与利用需要有法可依，既要鼓励面向群体而且服务于社会的数据挖掘，又要防止针对个体侵犯隐私的行为，既要提倡数据共享又要防止数据被滥用。美国政府公开数据是以城市的邮政编码街区为单元，给出统计的数据而屏蔽了具体住户的隐私。

### 7. 大数据挖掘全靠技术

大数据挖掘涉及数据获取、存储、计算、传送、分配、挖掘、呈现和安全等环节，每一个环节都需要技术支持，大数据技术已经成为国家间的竞争热点，也成为一门新兴的学科。但大数据又不仅是技术问题，前述大数据的挖掘需要法律支撑，大数据分析需要创新人才，大数据挖掘呼唤体制改革。如果一些部门和机构拥有大量数据，但以邻为壑，宁愿自己不用也不愿与有关部门共享，导致信息不完整或重复投资，要打破数据割据的局面，政府信息公开将起到很好的带头作用。

# 第三部分

## 大数据如何影响财务战略体系的建设

财务战略的作用就是以价值分析为基础，以促进企业现金长期均衡有效地流转和配置为标准，以维持企业长期盈利能力为目的的战略性思维方式与决策活动，它影响和决定着财务体系建设和财务分析的产生与发展。财务战略是制定财务报表的重要前提，财务报表为财务分析提供了众多的基础性数据。本部分将立足于大数据对财务战略体系建设的影响，谈谈企业该如何利用大数据制定更有价值的财务战略体系。

# 第九章　财务分析的数据基础发生了巨大变化

　　财务分析在发展的过程中形成了特有的管理机制，是一项具有高时效性的工作，其分析策略和分析结果会随着时代的发展而不断变化。所谓财务分析，就是指按照一定的专业方法对会计核算资料和报表资料等进行分析，从而准确评价和考察其经营活动、投资活动、分配活动、盈利能力、偿债能力等的财务活动。

　　财务分析可以为企业的投资和经营发展提供良好依据，使其投资人、经理人、债权人等更好地了解企业的发展历史，并预测其未来发展方向，从而做出科学的决策。会计技术是制定财务报表的基础和前提，财务报表则是财务分析的基础。管理者可以通过财务分析了解和掌握企业的运营状况，进而制定行之有效的管理制度和政策。财务分析的最终目标是使财务管理人员了解过去的经营业绩和当前的财务管理水平，从而进行科学决策，推动其财务管理的可持续发展。因此，财务分析实际上是让企业的财务人员对企业的历史和当今的经营状况有一个全面客观的了解，从而也就使得企业的财务管理工作更加科学和完善。财务报表内容的扩展也会提高财务报告的相关性，管理人员可以在这一过程中借助财务分析，对企业运营的基本情况予以了解和掌握，从而制定出一个更加科学有效的管理制度。

## 一、财务分析的新变化

### 1.财务分析的目标更加突出战略导向

　　在大数据时代，大数据信息化管理已经成为推动提升企业价值战略的重要杠杆，财务系统及资产管理部门需积极提升企业绩效管理能力与风险管理水平，推动企业关键信息的整合，实现更高的利润、增长和投资回报，以及会计由"核算型"向"价值提升型"的转变。而实现这一转变，企业需要从以下三个方面做出努力。

（1）在客户与业务方面，需要对客户的资金流程进行再造，实现产品、客户资源的最优化配置，使财务的参谋支撑作用得到最大化发挥。

（2）在战略方面，需要对财务管理进行创新，以价值提升为理念，在企业运营过程中全面运用价值管理，积极为企业整体战略出谋划策，充分运用产业价值链、商业模式等管理知识分析。

（3）在运营方面，需要集中管理财务，增强集团的管理力度，减少管理层级，同时财务共享中心要正确认识灵活运营与财务管控二者之间的关系。

在价值提升型财务体系中，财务人员的工作将聚焦于价值管理和创造，其角色也将变为企业中有资格的业务导向、主动的变革领导者和可咨询相关业务的合作伙伴。但是，由于计量的局限性，目前的财务报表体系并不能以结构化的价值数据反映一些对企业价值创造至关重要的经济资源，如对企业人力资源的反映，尤其是关键性人力资源的反映。在大数据时代，由于对价值评估模式的创新，原来不能量化的资源变得易于获取，这无疑扩大了财务报表的报告范畴，提高了相关性。

**2. 财务分析变革的方向更加聚焦体系创新**

随着大数据时代的来临，企业的财务分析活动也出现了一系列变化。在大数据背景下，对企业的财务管理模式进行创新，应着重考虑现有体制的协调。而财务数据分析作为企业财务分析的重要组成部分之一，其分析结果的准确度直接影响着财务管理水平。

在大数据时代，财务分析应基于大数据分析。在现有的财务管理体制上进行创新的同时，也要认识到财务管理系统信息化建设的协调性、持续性，保持原有体制的扩展性。信息化系统的建设是一个长期而渐进的过程，不能求快而对现有的系统进行颠覆性的创新，应着眼全局，在整体目标的控制下，不断推进，持续优化。企业可以借助财务云与其系统的协调统一，创建切合企业实际的财务管理中心，对海量的财务数据进行处理、分析，形成财务分析报告，指导企业的经营、决策，最终在企业不断提升信息化水平的同时，打造企业的核心竞争力，助力企业的不断发展。

### 3. 财务报告更加趋向实时化

目前，会计人员只有在企业生产经营业务结束后才编制财务报告，而且财务报告编制过程漫长，年度财务报告一般用几个月时间才能编制完成，严重影响了会计信息的及时性和利用效率。会计人员如采用这种事后编报财务报告的方式，对于反映日益频繁和复杂的企业经营管理活动的财务信息则显得过于迟缓，而大数据技术使实时财务报告成为可能。

实时财务报告是信息技术与大数据技术进行交叉融合的产物，是信息化条件下会计技术和方法发展的必然产物，尤其对业务数据和风险控制"实时性"要求较高的特定行业，如银行、证券、保险等行业，在这些行业中实施实时财务报告迫在眉睫。

在大数据时代，构建企业实时财务报告系统的步骤主要包括：一是将企业内部局域网中的会计信息系统与管理信息系统的数据整合，建立企业的中心数据库，并将企业生产经营活动的数据在企业中心数据库中及时添加和更新；二是建立企业实时财务报告系统网站，并将企业中心数据库与外部互联网连通，及时采集与企业生产经营活动相关的外部数据，实现数据共享和同步更新，并进行相互印证，分析发生差异的原因；三是由企业的会计人员和信息技术人员对数据库中的信息进行技术处理，然后上传至企业实时财务报告系统网站，供财务报告使用者及时阅读、分析和利用，为财务报告使用者提供实时的财务会计信息。

### 4. 财务分析要求更加具有科学性

财务数据是企业最基本的数据之一，其积累量较大，其分析结果直接影响着企业财务管理的最终质量。因此，企业在进行决策分析时，必须坚持客观公正原则，以财务数据为基础，制定明确的分析指标和依据，以保证企业财务管理的平稳推进和运行。大数据把传统财务分析内容进行充实和突破，运用大数据技术，财务分析将不囿于财务统计报表，并延伸到外部财务环境和企业生产经营的整个资金流通过程，真正实现财务管理全程解析。数据量的充实、财务管理全程资料的掌控、财务内外环境信息的结合，综合性的分析必然导致分析结果更加准确，更具有决策的指导意义，其科学性、可信度都将得到提高，为企业的投资和经营活动提供更加科学合理的依据，使得企业经营中的各方都能对企业有更加全面的了解，推动企业的科学决策。

在开展财务分析工作的时候，财务管理人员一方面应该对当期的管理费用细则进行详细了解和分析，同时还要在工作中将其与前一段的数据进行详细的分析和对比，从中总结出主要的不同点，这样也就可以更加科学合理的总结费用变化的规律，另一方面还能从这些规律当中找到出现这种变化的根本原因。为此，这就要求提高从业人员的综合素质，并变革思维模式。任何技术和行为的主体都是人，只有解决人的问题才能从根本上解决问题。

因此，树立大财务思维，重视大数据的开发和运用，扎实做好财务分析，使财务分析成为财务管理的核心环节，实现财务管理在企业管理中的中心地位；重视提高专业素质，同时学习信息技术，提高综合能力，才能使用大数据，适应时代发展。数据量的全方位扩展提出了数据甄别和分析方法变革的要求。云计算是当前解决问题的关键技术。大数据还可以使得传统上一些无法定价的资产与负债得以定价，从而使它们进入会计信息系统，如人力资源和环境资源。同时，会计人员需要对企业商业模式进行专业量化，改变在会计报表附注中文字描述的方式，保证信息使用者获得更多、更有用的数据化信息，提高信息透明度。

要想更好地提升企业的财务管理能力，企业就必须进一步明确财务分析和大数据的关系，统筹兼顾，实现资源的优化配置。在开展原因分析的时候应该建立一个多维度的模型，除了注重管理和核算费用的审核外，还要查找资料补充更多的数据和信息。但是如果要使用大数据技术的话，这些流程在短短的几秒钟之内就可以全部完成，这样一来也就大大提升了工作的效率。

## 二、大数据在财务决策应用中存在的问题

### 1. 数据来源方面

通常认为，数据是大数据要处理的对象，大数据技术流程应该从对数据的分析开始，实际上，规模巨大、种类繁多、包含大量信息的数据是大数据的基础，数据本身的优劣对分析结果有很大的影响。正是数据获取技术的进步促成了大数据的兴起，大数据理应重视数据的获取，如果通过简单的算法处理大量的数据就可以得出相关的结果，则解决问题的困难就转到了如何获取有效的数据。对于实际应用来说，并不是数据越多越好，获取大量数据的目的是尽可能正确、详尽地描述事物的属性，对于特定的应用数据必须包含

有用的信息，拥有包含足够信息的有效数据才是大数据的关键。

要在财务决策中真正实现大数据技术的应用，必须大量收集企业及其相关部门的各种财务和非财务数据。企业运营涉及工商、税务、财政、银行、会计师事务所和交易所等多个利益相关者，数据来源众多、渠道较多，需要一个长期的数据收集过程。同时，多方面数据来源易导致数据格式不一致，如 XBRL 标准、Excel 和 Origin 等数据软件都有自己的规定格式，难以兼容。这些问题将导致数据来源不足，使得分析结果存在误差，影响企业管理者及时准确地做出财务决策。因此，企业必须构建完整的数据源管理系统，建立相应的保障机制，保证企业数据收集工作能够长期持续地顺利进行。

2. 数据处理方面

数据分析是大数据处理的关键。数据处理是对原始的结构化、半结构化和非结构化数据进行分析、运算、编辑和整理的过程。大量的数据本身并没有实际意义，只有针对特定的应用分析这些数据，使之转化成有用的结果，海量的数据才能发挥作用。数据是广泛可用的，所缺乏的是从数据中提取知识的能力，当前，对非结构化数据的分析仍缺乏快速、高效的手段，一方面是数据不断快速的产生、更新，另一方面是大量的非结构化数据难以得到有效的分析，大数据的前途取决于从大量未开发的数据中提取价值，对多种数据类型构成的异构数据集进行交叉分析的技术，是大数据的核心技术之一。此外，大数据的一类重要应用是利用海量的数据，通过运算分析事物的相关性，进而预测事物的发展。

与简单生成报表的传统数据不同，大数据不是静止不动的，而是不断更新、流动的，其不仅记录过去，而且还反映未来发展的趋势。目前最先进的大数据处理软件主要有 Hadoop、HPCC、Storm、Apache Drill、Rapid Miner 和 Pentaho BI 等。这些大多是分布式处理软件，对结构化数据的收集计算技术已经比较成熟，但对半结构化、非结构化数据的处理技术还存在一定的缺陷，无法将大量的非结构化数据与结构化数据进行有效地统一和整合。而目前企业财务决策对于非财务数据表现出更强的依赖性，因此，如何有效处理半结构化和非结构化数据是大数据在财务决策应用过程中要解决的重要问题。财务共享服务运用标准的操作规范和技术标准，统一基础数据形式，整合了企业分散的业务支持部门，建立起完整一致的数据体系。这样，一方面，保证了会计记录和报告的标准化、流程化，提高管控的透明度，降低企业的信息处理成本；另一方面，提高了数据的可"组合性"，为满足个性化服务的需求提供了基本的信息单元和素材。

3. 数据显示方面

数据显示是将数据经过分析得到的结果以可见或可读形式输出，以方便用户获取相关信息。数据分析是从众多复杂的财务数据和非财务数据中发现有价值的信息，通过提炼、对比等发现数据的内在联系，对未来数据变化进行分析、预测的过程。由于数据量的急剧增多和数据类型的复杂性，关系数据库已经无法满足需求，企业需要使用多维数据库来提高数据处理速度，促进自身业务发展。

对于传统的结构化数据，可以采用数据值直接显示、数据表显示、各种统计图形显示等形式来表示数据，而大数据处理的非结构化数据，种类繁多，关系复杂，传统的显示方法通常难以表现，大量的数据表、繁乱的关系图可能使用户感到迷茫，甚至可能误导用户。利用计算机图形学和图像处理的可视计算技术成为大数据显示的重要手段之一，将数据转换成图形或图像，用三维形体来表示复杂的信息，直接对具有形体的信息进行操作，更加直观、方便用户分析结果。若采用立体显示技术，则能够提供符合立体视觉原理的绘制效果，表现力更为丰富。对于传统的数据表示方式，图表、数据通常是二维的，用户与计算机交互容易，而通过三维表现的数据，通常由于数据过于复杂，难以定位而交互困难，可以通过动作捕捉技术，获取用户的动作，将用户与数据融合在一起，使用户直接与绘制结果交互，便于用户认识、理解数据。数据显示以准确、方便地向用户传递有效信息为目标，显示方法可以根据具体应用需要来选择。

# 第十章　大数据时代，如何评判审视商业模式的优劣

大数据时代，企业的价值链在不断延伸的同时，数据将指导其向着更符合客户需求的方向发展，企业的盈利一定要依靠为客户提供更多的价值而实现。大数据的应用不仅为企业财务战略的执行奠定了客观依据，还应做相应的商业模式创新，让客户更愿意参与到企业的改变和创新中来，在不断创新中与客户携手享受大数据的便利，让企业得到更多的利益，让客户享受到更多的实惠，实现企业的良性循环，让客户的需求得到最大程度的满足。目前国际上最为推崇的应用方式是通过大量数据获取相应的信息，从而分析和发现问题，指导决策。

企业如何利用大数据对商业模式进行创新以获取持久盈利能力，已成为落实企业既定财务战略的最关键问题之一。关于商业模式的内涵也正由经济、运营层次向战略层次延伸，强调商业模式要能在特定的市场上创造可持续竞争优势。随着经济、社会的不断发展，各种新的商业模式不断涌现，商业模式的概念也在不断完善和提升，其内容也越来越复杂，包括产品、服务、市场、供应链等诸多要素，商业模式正逐步形成一个市场需求与资源紧密相连的系统。伴随大数据影响的不断深入，在大数据和商业模式有效结合的背景下，系统研究和分析大数据对商业模式的影响及大数据背景下商业模式的创新问题，这对商业模式适应大数据时代的发展意义重大。

## 一、商业模式的基本概念

商业模式（Business Model）一词最早于 1957 年出现在某一篇论文中，但这个概念在当时并未引起学术界的关注。直到 20 世纪 90 年代中后期，信息和通信技术的快速发展，带动了一大批基于互联网进行模式创新而使价值急剧扩大的公司。越来越多的战略和创新领域的学者开始研究商业模式。管

理学大师彼得·德鲁克说过当今企业间的竞争，不是产品的竞争，而是商业模式的竞争。Morris（2003）对之前学者定义的商业模式做了归纳，认为主要从三个角度进行定义，即经济、运营、战略。此外，他提出应整合三个视角，以更完整的视角重新认识商业模式，认为商业模式是一种简单的陈述，旨在说明企业如何对战略方向、运营结构、经济逻辑等方面一系列具有内部关联性的变量进行定位和整合，以便在特定市场建立竞争优势。

商业模式涵盖了在创造价值和传递价值过程中，商业战略和运营管理的所有核心要素。从商业战略层面分析商业模式，主要体现在商业模式对提升企业竞争优势的作用；从运营管理层面分析商业模式，体现在商业模式如何优化运营流程、提升生产率。

商业模式的构成要素包括市场提供、企业、客户和盈利模式四个界面。市场提供即价值主张，描述的是企业提供产品和服务的内在价值；企业界面包括商业伙伴、创造价值所需的资源和关键业务活动；客户界面包括客户细分、传递价值依赖的渠道和客户关系；盈利模式包括保证商业经济可行性的成本结构和收入流。

Osterwalde 等（2005）将学者们所研究的商业模式归纳为三类：（1）商业模式是一个抽象性的概念，它是包含了产品流、服务流与信息流的框架结构；（2）不同类型的商业模式都可描述一些有共同特征的企业；（3）某一特定的商业模式的某些概念，特指某些企业特定的商业模式，如 Amazon 商业模式等。

在总结之前学者研究的基础上，Osterwalde 给出了比较全面的商业模式的定义，认为商业模式是一个概念性的工具，它包括一组元素和它们之间的关系，并可以表示公司获利的逻辑；商业模式描述公司提供给一个或者若干客户群的价值，以及公司和其伙伴网络所组成的体系结构，这个体系结构致力于创造、营销和送达这个价值与关系资本，并以产生利润和可维持生存的收入流为目的。有效利用大数据浪潮，将会使企业获得从上层（战略）到下层（运营）的大量收益。大数据创造的价值，既体现在战略管理中，以提升战略决策能力，又体现在运营管理中，通过流程优化提高运营效率。

国内一些学者也对商业模式的概念做出界定。罗珉等（2005）在总结多个商业模式定义的基础上，认为商业模式应包含三层含义：（1）商业模式隐含假设成立的前提条件；（2）商业模式是一个结构或体系；（3）商业模式本身是一种战略创新或变革。最终，他将商业模式定义为"一个组织在明确外部假设条件、内部资源和能力的前提下，用整合组织本身、顾客、供应链伙伴、员工、股东或利益相关者来获取超额利润的一种战略创新意图和可实现的结构体系以及制度安排的集合"。

原磊（2007）从商业模式的概念、体系构成、评估方式等过程对国外商业模式做了论述，并参考 Morris 对众多商业模式定义的归纳，认为目前商业模式定义的视角是从经济向运营、战略和整合方向逐层递进的。从本质看，商业模式是企业的价值创造逻辑，其中包括顾客价值创造逻辑、伙伴价值创造逻辑和企业价值创造逻辑。

陈晓霞、徐国虎（2013）将商业模式定义为企业通过产品或服务与价值链上下游主体之间建立的一种商务关系，包括公司所能为客户提供的价值、公司的内部组织结构、合作伙伴关系网络等用以实现这一价值并产生可持续盈利收入的要素。综上所述，在商业模式构成框架中，最具代表性的是 Osterwalder 提出的"商业模式画布"，从市场提供、企业、客户和盈利模式四个方面描述企业的价值创造逻辑。

## 二、大数据给商业模式创新带来的机遇

大数据时代，企业商业模式变革将围绕大数据的获取、存储、分析、使用等过程展开。如何有效开发利用以海量、高速和多样性为特征的大数据，成为企业商业模式变革的关键。在商业模式中利用数据的方式有三种：一是将数据作为一种竞争优势；二是利用数据改进现有的产品和服务；三是将数据作为产品本身。

当大数据被正确使用时，企业可对诸多活动产生新的洞察力，发现运营活动中的障碍以促使供应链合理化，并通过更好地理解客户以便开发新的产品、服务和商业模式。在整个行业中，率先使用大数据的企业将会创造新的运营效率、新的收入流、差异化的竞争优势和全新的商业模式。商业模式中涉及到企业在市场中与客户、供应商及其他商业合作伙伴之间的商业合作关系，并由此给企业带来的盈利机会和盈利空间。随着经济全球化一体化、信息化、市场化和生态化不断加深，企业传统的商业模式面临着巨大的挑战，

企业对商业模式的创新势在必行。

只有在市场中为具有不同需求特点的客户提供满足其个性需求的产品和服务，才能够给企业创造更大价值。商业模式创新意味着改变要素内涵及要素间的关系。基于大数据背景，从价值主张、企业界面、客户界面和盈利模式四个方面变革商业模式。结合大数据情境，关键资源和关键活动这两个关键要素具有六大特征，即免费可得数据、客户提供数据、追溯/生成数据、数据聚集、数据分析、数据生成。大数据是一项重大的管理变革，不仅催生了许多基于大数据的新创企业的出现，也动摇了现有企业的价值创造逻辑。

在大数据时代，由于企业生产方式的变化，企业获取利润的条件和空间都随之发生了变化，企业可以近似精确地了解到市场主体的消费需求和习惯，能够预测到客户的需求及其变化，甚至做到比客户更了解他们的需求，将能够促进企业在提供标准化服务的能力和条件基础上创造个性化的新附加值，这是大数据时代企业利润最重要的源泉。

在大数据时代，随着企业信息化和智能化水平的提升，当数据积累到一定程度后，需要从大量存在的数据中挖掘出对人们更有价值的信息，来获得对客户需求的全面了解，及时发现和捕捉客户需求的新变化，这就需要加快企业商业模式的创新，从而建立新的盈利模式，使得企业以客户需求为导向，加快企业从过去的以生产为核心的盈利模式向以客户需求为核心的盈利模式转型。因此，大数据时代为推动中国新常态下的企业商业模式创新提供了机遇。

传统创新活动主要局限在企业内部，而开放性、网络化的创新方式提供了大量的在产品市场化之前进行互动设计的可能性。随着社会化媒体和移动互联网的日益普及，这将会越来越成为大数据时代产品创新活动的一个新的典型特征。大数据时代产品及服务创新的另一个典型特征就是实时化、个性化的产品及服务设计。在零售领域，电子商务中的实时价格比较服务也为顾客提供了更大的价格透明性，同时为顾客和企业创造了价值，借助大数据来设计具有差别化的产品和服务以满足不同细分市场需求，建立合适的运营系统以有效地提供新型产品和服务，以及如何制定运营系统中所涉及到的管理决策，以有效地实现供给和需求的匹配。新型商业模式请参见图10-1。

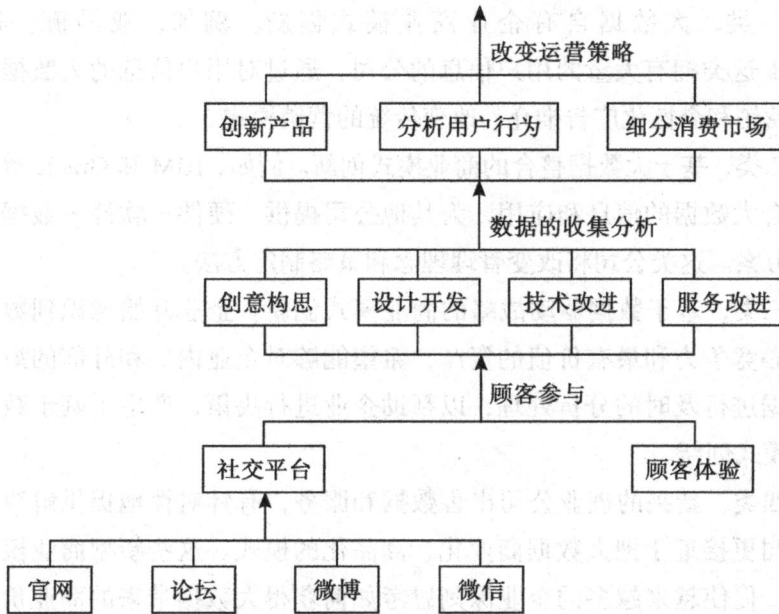

**图 10-1　新型商业模式的运行框架**

资料来源：陈志婷，张莉．大数据呼唤顾客参与的商业模式 [J]．企业研究．2014（17）：22~25

## 三、大数据时代下商业模式创新的特点

随着大数据影响的不断深入，数据已经渗透到多种行业的多个职能领域，并逐渐成为和劳动力、资本等同样重要的生产要素。商业模式的发展势必会受到大数据的影响，进而引起商业模式的变革或创新。大数据能够使企业改善、创新产品及服务，创造全新的商业模式，这是大数据创造价值的方式之一，也将成为未来企业竞争的关键。数据已经成为企业重要的资产和新商业模式的基石，甚至将大数据本身定义为一种全新的商业模式。Christian Hagen 等（2013）提出，大数据时代企业获得成功的关键是建立以数据作为资产的商业模式。

大数据具有对目前商业模式进行创造性破坏的潜能，大数据背景下商业模式创新的视角包括大数据资源与技术的工具化运用、商品化推动大数据产业链的形成、大数据所引发的商业跨界与融合。由大数据引发的新型商业模式基本可以分为以下四类。

第一类，大数据自有企业商业模式创新。例如，亚马逊、谷歌和Facebook这类拥有大量的用户信息的公司，通过对用户信息的大数据分析实现精准营销和个性化广告推介，改变传统的营销模式。

第二类，基于大数据整合的商业模式创新。例如，IBM和Oracle等公司，通过整合大数据的信息和应用，为其他公司提供"硬件＋软件＋数据"的整体解决方案。这类公司将改变管理理念和策略制定方法。

第三类，基于数据驱动战略的商业模式创新。企业开始意识到数据是企业的核心竞争力和最有价值的资产，希望能够对企业内部和外部的海量非结构化数据进行及时的分析处理，以帮助企业进行决策，产生了基于数据驱动的商业模式创新。

第四类，新兴的创业公司出售数据和服务，有针对性地提供解决方案。这些公司更接近于把大数据商业化、商品化的模式。这些新型商业模式的成功实现，促使越来越多的企业深刻思考如何获得大数据带来的商业价值，最终赢得独特的竞争优势。

大数据时代，商业模式创新目标包含四个方面。

（1）产品创新，是指引入新的或显著改善的产品与服务，包括在产品技术特性、构成要素等方面的显著改进。在大数据时代，产品或服务创新更多体现在利用数据仓库、数据挖掘等技术推进新产品的研发和新服务的提供。

（2）过程创新，是指实施新的或显著改善的生产和配送方法，如条码或无线射频识别技术的使用，改变了传统货物配送流程。在大数据时代，过程创新体现在诸如利用数据科学和大数据，重新设计供应链，优化企业生产运作流程。

（3）营销创新，是指实施新的营销手段，包括在产品设计或包装、产品渠道、产品促销或定价等方面的显著变化。大数据时代的营销创新更多体现在微市场细分、精准广告投放、差别定价等方面。

（4）组织创新，是指在企业的商业活动、工作场所中实施新的组织方法。大数据时代的组织创新体现为在企业内部或企业之间实现信息与知识共享，引入供应链管理、清洁生产、质量管理等先进管理系统，实现并行工程、协作开发，从而提升企业绩效。

大数据背景下商业模式的创新综合来讲有以下两个特点。

一是大数据基础之上的商业模式创新更注重从客户的角度出发看问题，视角更为宽泛，具有着重考虑为客户创造相应价值的特点。同时，商业模式创新即使涉及技术，也多与技术的经济方面因素、与技术所蕴涵的经济价值及经济可行性有关，而不是纯粹的技术特点。

二是大数据基础上的商业模式创新更为系统，不受单一因素的影响。它的改变通常是大量数据分析的结果，需要企业做出大的调整，它是一种集成创新，包含公益、产品及组织等多方面的改变和创新，如果是某一方面的创新，则不构成模式创新而是单一方面的技术或其他创新。

基于商业模式和大数据创造的竞争优势如图 10-2 所示。

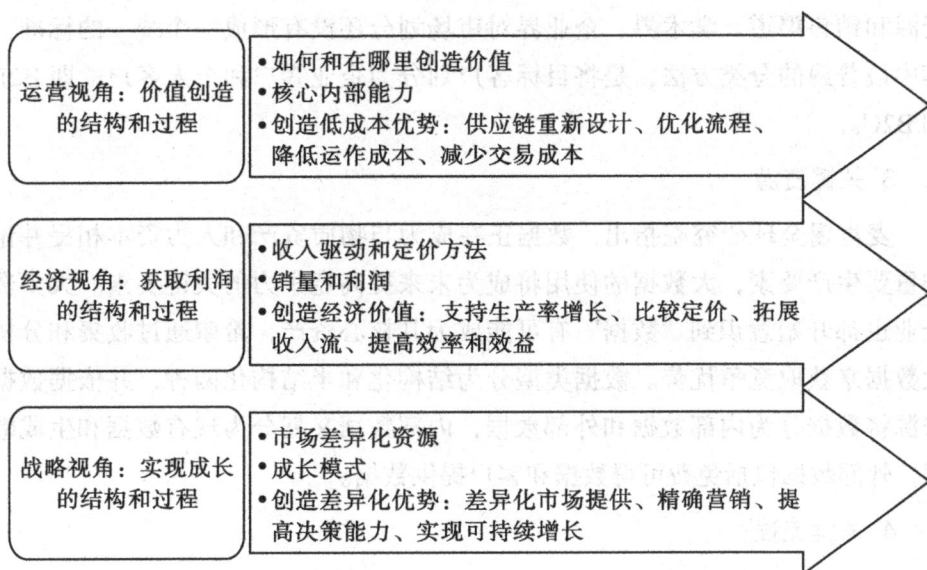

**图 10-2　基于商业模式和大数据创造的竞争优势的视角**

资料来源：荆浩. 大数据时代商业模式创新研究 [J]. 科技进步与对策. 2014（04）：15~19

## 四、基于大数据商业模式框架

基于大数据的商业模式框架包括价值主张、目标市场、关键资源、关键流程和盈利模式。

**1. 价值主张**

价值主张是商业模式的核心要素，它定义了企业创造何种价值。一个成功的企业往往能为客户提供优于替代者的更高满意度的价值。一些学者将高度依赖于大数据提供的服务分为两类，即数据服务和分析服务。数据服务是指通过与数据提供者的合作收集数据，进而向客户提供访问路径，如证券交易所向公众公开上市公司财务年报。分析服务则是对数据分析、追溯后生成商业情报、预测模型等信息。

**2. 目标市场**

目标市场界定了企业竞争市场的性质和范围，即向谁提供价值，同时也确定了企业的运营环境。客户的类型和地域分散性都会影响一个组织的结构、资源和销售渠道。学术界、企业界对市场划分还没有形成一个统一的标准，其中最普遍的分类方法，是将目标客户划分为企业客户和个人客户，即 B2B 和 B2C。

**3. 关键资源**

麦肯锡全球研究院指出，数据正在成为与物质资产和人力资本相提并论的重要生产要素，大数据的使用将成为未来提高竞争力的关键要素。大多数企业也都开始意识到"数据"有可能成为其核心资产，希望通过收集和分析大数据来获取竞争优势。数据类型分为结构化和半结构化两种，并依据数据来源将数据分为内部数据和外部数据，内部数据又划分为现有数据和生成数据，外部数据包括免费可得数据和客户提供数据。

**4. 关键流程**

大数据不仅指规模庞大的数据对象，也包含对这些数据对象的处理和应用活动，是数据对象、技术与应用三者的统一。大数据技术是从各种类型的大数据中，快速获得有价值信息的技术，包括数据采集、存储、管理、分析挖掘、可视化等技术及其集成。

**5. 盈利模式**

企业的盈利就是为如何在为客户提供价值的同时也为自己创造价值的蓝图，它包括收入模式、成本结构、利润模式和资源补给率四个方面。收入由产品或服务的价格和数量共同决定，其中数量又受到市场规模、购买频次以及辅助销售等影响；成本通常包括固定成本和可变成本两部分，成本结构是关键资产、经济规模等的函数；利润模式表明每笔交易需净赚多少以达到盈利目标；资源补给率则涉及生产前置时间、生产能力、资金周转率、资产利用率等变量。

## 五、大数据时代的商业模式创新机制

战略决策是战略管理中极为重要的环节，它决定着企业的经营成败，关系到企业的生存和发展。在动态、不确定的环境下快速制定正确的战略决策，确保企业获取竞争优势，仅凭决策者的学识、经验、直觉、判断力、个人偏好等主观行为进行决策是远远不够的，还要依赖大量来自于企业外部的数据资源。数据是所有管理决策的基础，基于数据的决策分析能实现对客户的深入了解和企业竞争力的提升。因此，大数据环境下的企业战略决策不仅是一门技术，更是一种全新的商业模式。

在管理实践中利用大数据对商业模式进行分析的过程，就是利用大数据对现有的繁杂的信息进行二次处理的过程。产品（或价值主张）、目标客户、供应链（或伙伴关系）以及成本与收益模式是商业模式的核心构成要素。针对于商业模式中的市场提供、企业、客户和盈利模式四个界面，其创新框架机理是从价值和战略两个纬度思量。在价值纬度，商业模式的创新就是企业对自身所处的价值系统的不同环节直接的调整或者整合。大数据能够对价值发现、价值实现、价值创造三个阶段产生直接的影响，从而引发商业模式创新。而商业模式是战略的具体反映、战略是商业模式的组成部分，商业模式和企业战略形成互补关系。企业战略是商业模式的具体实施，其阐释了商业模式应用市场的方式，以此区别竞争对手。利用大数据技术可以对现有数据进行重组和整合，根据大数据的实际运用价值，对企业的战略及其价值系统进行改造调整。

斯密斯将创新分为渐进式创新、创造性创新和商业模式变革三种类型，结合此分类可总结出大数据时代商业模式的创新机制。

（1）渐进式创新。采用传统方法进行商业决策时，需对结构化数据进行线性分析，传统结构化数据的重要性由此凸显出来。此时商业模式转型的重点在于通过整合及分析挖掘企业内部数据，提高企业在新产品和服务开发等方面的管理决策能力。

（2）创造性探索。采用新方法（数据挖掘、智能商务等）和新技术（分布式系统等）分析大数据，探索新的理念，揭示新的模式。此时，多元结构而非单纯的结构化数据被充分重视，企业处理数据流技术也实现了变革。此阶段商业模式转型的重点在于融合企业内外部数据，通过数据挖掘重新设计和管理供应链，深入分析用户行为模式，探索营销创新。

（3）商业模式变革。在前两个阶段的基础上，将非技术创新引入到组织中，产生新的价值源和收入流，颠覆传统商业模式，创造新的市场。此阶段商业模式转型的重点在于通过数据驱动进行以消费者为中心的企业组织变革。

渐进式创新和创造性探索更多体现的是技术型创新，即围绕大数据的获取、分析等技术，创新产品或服务，优化运营流程，而商业模式变革则体现的是非技术型创新，即变革重点更多围绕营销创新和组织变革展开。

## 六、大数据时代商业模式创新方向

### 1. 大数据引发服务模式创新

在大数据时代，以利用数据价值为核心，新型商业模式正在不断涌现。能够把握市场机遇、迅速实现大数据商业模式创新的企业，将在企业发展史上书写出新的篇章。大数据让企业能够创造新产品和服务，改善现有产品和服务，以及发明全新的业务模式。大数据技术可以有效帮助企业整合、挖掘、分析其所掌握的庞大数据信息，构建系统化的数据体系，从而完善企业自身的结构和管理机制；同时，伴随着消费者个性化需求的增长，大数据在各个领域的应用开始逐步显现，已经开始并正在改变着大多数企业的发展途径及商业模式。例如，大数据可以完善基于柔性制造技术的个性化定制生产路径，推动制造业企业的升级改造；依托大数据技术可以建立现代物流体系，其效率远超传统物流企业；利用大数据技术可多维度评价企业信用，提高金融业资金使用率，改变传统金融企业的运营模式等。大数据主要体现的是一种思维，即企业进行商业模式创新时应及时考虑到数据的作用，以此指导自身的改变，从而为企业带来新的商机。

商业模式的创新首先应以客户需求为出发点，其次要以产品或服务做支撑，它主要体现产品与客户的交互关系，也是双方价值的产生主体，当产品越符合客户需求，服务模式越迎合客户需求，企业盈利就越多。新一代移动互联网络，可使企业实时与客户接触，使企业及时收集客户的相关数据，经标准化后整合到统一的信息共享平台上，再利用云计算，对海量数据进行分析，并根据客户的规模及市场的竞争情况，组织协调联盟成员共同确定所提供的产品与服务的水平，同时也可以对企业客户的行为模式进行预测，最终指导企业服务模式的创新。通过对大数据的分析，企业可以采取相应的措施改变服务模式，使企业从中获利。

2.大数据引发联盟网络创新

联盟网络从本质上讲是引发商业模式获取价值的逻辑框架，它的创新对于想要模仿的追随者是极大的打击，同时新的网络结构牢不可破，可以让企业获得更多的优质资源，提升其竞争力。大数据背景下的联盟网络主要有以下两大作用。

其一，产生不同质量的资源。大数据背景下的资源丰富，企业通过大量客户群的拓展，让客户成为自己的重要资源。企业基于商务智能的数据分析平台获得深层次的"客户知识"，使"知识"产生了独立的价值；移动网络和互联网络的应用所获得的"位置"资源、物联网引致的"时间"资源，都成为商业模式的创新资源。这是联盟网络降低成本、带来收益的创新途径。

其二，构建优势价值网络。在当今大数据背景下，联盟网络通过移动互联网发展多种沟通平台，云计算的广泛应用让更多企业能够更经济、更轻松地获取资源。同时，联盟网络通过相应的广泛在线人机交流，极大地保证信息质量及效用，可以让信息指导企业的内在变化，保证企业商业模式的动态平衡，让对应的竞争对手难以模仿自己的变化。

以大数据为支撑，基于产业价值链的分解，可将各个成员企业的价值片段有机整合起来，形成适宜的价值网络，设计更加多样化的价值创造与传递方式，增加网络的灵活性；随着加入的网络结点越多，每个结点创造价值的能力越强，商业模式的整体价值创造能力就更强，也就越难模仿。

3.大数据引发客户价值提升

大数据引发的客户价值提升的效用是商业模式创新的又一大方向。

其一，大数据背景下可提高客户忠诚度。大数据的不断应用，对于客户

113

参与、客户互动等问题提出来新的设想。企业依靠大数据可以更多地提升客户体验度，增加客户体验价值，同时企业依靠大数据还可为客户提供自助化的服务，在不增加员工的情况下，提供更大范围、更便捷的服务；在新一代互联网平台上，通过企业和客户实时的在线交流，企业可提供有特色的"体验"服务，为客户营造一个友好的沟通环境，增进客户的亲切感，有利于收集客户信息并挖掘客户深层次的潜在需求。此外，企业可以通过大数据的分析对客户进行针对性的消费引导，不但可以更好地获取利润，而且可以提升客户忠诚度，在某种程度上达到解决成本的效用，这样有利于企业在创造客户价值的同时也让自己的利益得到保护。

其二，大数据背景下可提升客户参与意识。大数据背景下可以让客户更直观地看到自己对产品的感受是否正确，是否可以通过自己的努力让企业改变想法，这样不仅有利于培养客户的参与意识和黏性，也有利于企业提高客户感受度，可以帮助企业创造新型的"组合"资源，全面提高客户的满意度，使客户愿意付出较高的成本给企业以补偿，进而获得较高的客户定价，由此增加联盟的总价值，同时大数据下客户的广泛参与可以让企业将环境和客户两方面的资源进行完美整合，这样可以更好地满足客户需求，达到企业与客户双赢的局面。

4. 推进企业转换利润中心

在大数据环境下，利润来源逐渐从出售（出租）、授权许可等收费领域转向免费领域。企业利润中心转向免费，相比传统获利方式更容易吸引顾客、扩张顾客基础规模和锁定顾客。例如，Google 公司提供免费软件，吸引了大量顾客使用和访问网站。其利用顾客使用软件、访问网站留下的海量数据推送精准广告，将公司利润中心从软件转换到广告。Google 这种免费获利的进攻令微软等传统软件巨头无法应对，即便是苹果这样的智能手机巨头，在Google 的免费打击下也感到了巨大压力。

5. 重塑业务组合

大数据给企业创新商业模式提供的机会是重塑业务组合、扩展盈利空间及提升竞争力。企业在经营历程中积累的海量数据，可以通过大数据分析将其价值释放，给企业带来调整、增加业务单元的选择机会。劳斯莱斯是世界著名的飞机发动机制造商，出售发动机是其传统盈利方式。现在，劳斯莱斯运营中心监控全球范围内超过 3 700 架飞机的引擎情况，能在故障发生之前发现问题。大数据帮助劳斯莱斯从简单制造转变成了制造与高附加值服务的组合，出售发动机并以按时计费的方式提供有偿监控预警、维修和更换服务。其他领域的企业在大数据的影响下，也具有重塑业务组合的潜力。例如，VISA 和 MasterCard 公司，能够从自身服务网络获取大量交易和消费数据，通过分析该数据，其业务组合就从单纯支付处理转变为支付处理与基于数据分析结果应用的业务组合。

6. 渗透新业务

一些特定业务具有吸引力但经营风险大，而大数据提供的分析结果可以帮助企业化解经营风险，为企业提供以全新的商业模式经营该业务的机会。例如，电子商务小微企业是虚拟企业，没有实物资产，对其开展信用评价较为困难。阿里金融采用大数据分析方法，将阿里巴巴公司在电子商务平台上积累的客户数据映射到企业和个人的信用评价中，对企业的还款能力及意愿进行较准确的评估，建立多层次微贷风险预警和管理体系，向无法在传统金融渠道获得贷款的弱势群体批量发放"金额小、期限短、随借随还"的小额贷款，顺利渗透进信贷业务领域并有效地控制贷款风险。

7. 发展新交付方式

大数据催生了新价值交付方式，进一步扩大了企业商业模式创新的空间，这些交付方式可以统一用"××即服务"来表示。一种典型创新是分析即服务，如百分点公司依靠百分点推荐引擎（BRE）和百分点分析引擎（BAE），分析全网消费偏好，为电子商务企业提供精准的营销服务。顾客使用其推荐和分析引擎即可完成顾客服务交付，其服务对象包括凡客诚品、库巴网、唯品会、芒果网等。分析即服务创造顾客价值，为顾客提供分析的同时，利用顾客数据资源不断强化自身数据分析基础。目前，百分点的消费偏好平台已有超过1.1亿网购消费者的消费偏好，超过 200 亿个消费偏好标签。另一种典型创新是管理即服务。该创新与分析即服务的差异在于通过为顾客提供大数据的集中管理，即可完成顾客价值交付。

# 第十一章 大数据时代，如何做好企业定位

企业在采集和处理大数据时，将不同的海量数据源进行结构化管理、筛选和转化，引用可视化技术对结果进行分析，使之能够为企业的商业智能获取与应用。同时应该摒弃"从数据到信息再到决策"的研究思路，而应走"从数据发现价值直接到决策"的捷径。只要对企业重大经营决策有用的数据分析法，通过大数据技术的变量定义、不确定与价值建模，都可以对企业决策管理进行风险量化分析，进而提高决策管理的科学性。大数据为企业决策管理提供了崭新的环境和前沿的视角，给企业决策研究带来了深刻的影响并促使其不断地创新和变革，为适应企业在大数据时代获取核心竞争力的需求，企业决策管理将走传统决策方法与大数据技术相结合的发展道路。通过大数据技术增强企业在大数据环境下的数据分析与应用能力，提高企业决策管理的效率和能力。

## 一、市场容量：大数据助挖市场潜力

企业通过分析大量数据，可进一步挖掘市场机会和细分市场，对每个群体量体裁衣般地采取独特的行动。获得好的产品概念和创意，关键在于企业到底如何去搜集消费者相关的信息，如何获得趋势，挖掘出人们头脑中未来可能会消费的产品概念。用创新的方法解构消费者的生活方式，剖析消费者的生活密码，才能让吻合消费者未来生活方式的产品研发不再成为问题。如果你了解了消费者的密码，就可获知其潜藏在背后的真正需求。大数据分析是发现新客户群体、确定最优供应商、创新产品、了解销售季节性等问题的最好方法。因此，企业营销者的挑战将从"如何找到企业产品需求的人"变为"如何找到这些人在不同时间和空间中的需求"；从过去以单一或分散的方式去形成和这群人的沟通信息与沟通方式，到现在如何和这群人即时沟通、

即时响应、即时解决他们的需求，同时在产品和消费者的买卖关系以外，建立更深层次的伙伴间的互信、双赢和可信赖的关系。通过对大数据进行高密度分析，能够明显提升企业数据的准确性和及时性，从而缩短企业产品研发时间，提升企业在商业模式、产品和服务上的创新力，大幅提升企业的商业决策水平。大数据有利于企业发掘和开拓新的市场机会；有利于企业将各种资源合理利用到目标市场；有利于制定精准的经销策略；有利于调整市场的营销策略，大大降低企业经营的风险。

企业利用用户在互联网上的访问行为偏好，为每个用户勾勒出一副"数字剪影"，为具有相似特征的用户组提供精确服务以满足用户需求，甚至为每个客户量身定制。这一变革将大大缩减企业产品与最终用户的沟通成本。例如，一家航空公司对从未乘过飞机的人很感兴趣（细分标准是顾客的体验）。而从未乘过飞机的人又可以细分为害怕乘飞机的人、对乘飞机无所谓的人以及对乘飞机持肯定态度的人（细分标准是态度）。在持肯定态度的人中，又包括高收入有能力乘飞机的人（细分标准是收入能力）。于是这家航空公司就把力量集中在开拓那些对乘飞机持肯定态度，且还没有乘过飞机的高收入群体。最终通过对这些人进行量身定制及精准营销，取得了很好的效果。

## 二、方向选择：大数据提高响应能力

当前，企业管理者还是更多依赖个人经验和直觉做决策，而不是基于数据。在信息有限、获取成本高昂，而且没有被数字化的时代，让身居高位的人做决策是情有可原的，但是大数据时代，就必须要让数据说话。大数据能够有效帮助各个行业用户做出更为准确的商业决策，从而实现更大的商业价值，它从诞生开始就是站在决策的角度出发。虽然不同行业的业务不同，所产生的数据及其所支撑的管理形态也千差万别，但从数据的获取、数据的整合、数据的加工、数据的综合应用、数据的服务和推广、数据处理的生命线流程来分析，所有行业的模式是一致的。

这种基于大数据决策的特点如下。

一是量变到质变，由于数据被广泛挖掘，决策所依据的信息完整性越来越高，有信息的理性决策在迅速扩大，拍脑袋的盲目决策在急剧缩小。

二是决策技术含量、知识含量大幅度提高。由于云计算出现，人类没有被海量数据所淹没，能够高效率驾驭海量数据，生产有价值的决策信息。

三是大数据决策催生了很多过去难以想象的重大解决方案。例如，某些药物的疗效和副作用，无法通过技术和简单样本验证，需要几十年海量病历数据分析得出结果；做宏观经济计量模型，需要获得所有企业、居民以及政府的决策和行为海量数据，才能得出减税政策最佳方案，等等。在宏观层面，大数据使经济决策部门可以更敏锐地把握经济走向，制定并实施科学的经济政策；而在微观方面，大数据可以提高企业经营决策水平和效率，推动创新，给企业、行业领域带来价值。

在企业管理的核心因素中，大数据技术与其高度契合。管理最核心的因素之一是信息搜集与传递，而大数据的内涵和实质在于大数据内部信息的关联、挖掘，由此发现新知识、创造新价值。两者在这一特征上具有高度契合性，甚至可以称大数据就是企业管理的又一种工具。

对于任何企业来说，信息即财富，从企业战略着眼，利用大数据，充分发挥其辅助决策的潜力，可以更好地服务企业发展战略。大数据时代，数据在各行各业渗透着，并渐渐成为企业的战略资产。数据分析挖掘不仅能帮企业降低成本，如库存或物流，改善产品和决策流程，寻找到并更好的维护客户，还可以通过挖掘业务流程各环节的中间数据和结果数据，发现流程中的瓶颈因素，找到改善流程效率，降低成本的关键点，从而优化流程，提高服务水平。大数据成果在各相关部门传递分享，还可以提高整个管理链条和产业链条的投入回报率。

## 三、战略基础：大数据优化战略决策

### 1. 大数据能提供企业战略决策的丰富数据源

传统的决策因为数据稀缺，依赖于决策者的经验，而大数据可以保证从问题出发而不用担心数据缺失或者数据获取困难。进入 21 世纪以来，随着互联网技术和通信技术的发展，传感设备、移动终端等接入到互联网络中，各种传感数据、物联数据、统计数据、交易数据从各行各业源源不断地快速生成，并在网络中传输的各种图片、声音、文字以及这背后用户的习惯和轨迹形成了互联网上的海量数据资源，这为管理者进行决策分析和制定决策方案提供了丰富的数据来源。

　　大数据时代，企业的战略需求也发生了重大转变，关注的重点转向数据及基于数据的价值分析。如今，随着云计算、物联网迅速普及，各企业增强了对于数据资产保存和利用意识，以及通过物联网、大数据对产业进行变革的意愿，企业通过收集、分析大量内部和外部的数据，获取有价值的信息，通过挖掘这些信息，企业可以预测市场需求，进行智能化决策分析，从而制定更加行之有效的战略。

　　2. 大数据能提高企业战略决策的质量

　　企业经营的成败首先取决于战略决策的正确与否，而决策的正确与否则取决于数据和信息的质量。正确的数据与信息能减少决策的很多不确定性因素。企业管理的性质和外在环境都发生了巨大的变化，企业组织机构更加庞大，管理功能更加复杂。企业之间的联系越来越紧密，企业间的边界更加模糊，企业的人力、财力、物力资源必须在全球范围内重新组合和优化配置。另外，消费者需求个性化、差异化、异质化特征变化明显，影响决策的因素更加复杂和多样化。

　　决策者需要根据多个影响因素和相互间的关系进行决策，其难度越来越大，单凭其洞察力、智慧、知识和经验等为基础的传统决策方法已远远不能满足日益复杂的管理决策的需要，这将导致战略定位不准，存在很大风险。因此，现实管理的实践要求决策要走向科学化，要将定性决策与定量决策相结合，而大数据技术的发展为它提供了实现的可能性。

　　大数据时代，企业界对数据的依赖性有增无减，以数据为基础的定量分析方法逐渐取代以经验、直觉等为基础的定性分析方法。基于大数据的分析需要多种技术的协同，大数据的真正优势是对海量数据的自动化的、智能化的收集、统计和分析。基于大数据的分析报告更加全面、客观和直观，大数据也正在成为一种新的调研方式，以辅助管理者进行企业战略决策。

　　3. 大数据能提升战略决策者的洞察力

　　大数据时代，数据逐渐成为企业最重要的资产之一。企业越来越依赖于数据分析做出决策，而不是凭借经验和直觉，企业必须快速从积累的业务数据以及无处不在的网络信息中获得洞察市场和客户的能力。例如，著名电子商务公司亚马逊就是基于对大量的客户数据挖掘分析的基础上来制定营销策略的。当客户在亚马逊网上书店购买图书以后，其销售系统会自动记录下该客户购买和浏览过的书目。当该客户再次进入该书店，系统识别出他的身份后，就会查询该客户购买和浏览的记录、分析其经常购买的书的类别、推测该客户的图书喜好，最后在该客户打开的网页界面推荐目前该店可以满足客户喜好的图书。当客户购买行为发生后，该系统再次记录该客户购书的类别，以指导下次推荐书目，如此循环往复。这样，客户去亚马逊网上书店的次数越多，系统对该客户的了解也就越多，也就能更好地为该客户服务。企业可以通过分析积累的超大规模数据，利用大数据技术精准地掌握每位消费者不同的兴趣、偏好，从而设计出高度精准、绩效可高度定量化的营销策略，并提供其个性化、差异化的产品或服务。这将极大地提高战略决策者对顾客的洞察力和对市场的快速反应能力。

# 第十二章　如何构建大数据时代的企业财务体系

## 一、大数据环境下的决策变革

决策理论学派认为，决策是管理的核心，它贯穿于管理的全过程。企业决策是企业为达到一定目的而进行的有意识、有选择的活动。在一定的人力、财力、物力和时间因素的制约下，企业为了实现特定目标，可从多种可供选择的策略中做出决断，以求得最优或较好效果的过程就是决策过程。决策科学的先驱西蒙（Simon）认为，决策问题的类型有结构化决策、非结构化决策和半结构决策。结构化决策问题相对比较简单、直接，其决策过程和决策方法有固定的规律可以遵循，能用明确的语言和模型加以描述，并可依据一定的通用模型和决策规则实现其决策过程的基本自动化。这类决策问题一般面向基层管理者。非结构化决策问题是指决策过程复杂，其决策过程和决策方法没有固定的规律可以遵循，没有固定的决策规则和通用模型可依，决策者的主观行为（见识、经验、判断力、心智模式等）对各阶段的决策效果有很大影响，往往是决策者根据掌握的情况和数据临时做出决定。半结构化决策问题介于上述两者之间。而战略决策问题大多是解决非结构化决策问题，主要面向高层管理者。

企业战略管理层的决策内容是确定和调整企业目标，以及制定关于获取、使用各种资源的政策等。该非结构化决策问题不仅数量多，而且复杂程度高、难度大，直接影响到企业的发展，这就要求战略决策者必须拥有大量的来自于企业外部的数据资源。因此，在企业决策目标的制定过程中，决策者自始至终都需要进行数据、信息的收集工作。而大数据为战略决策者提供了海量和超大规模数据。

大数据时代，工商管理领域正在利用大数据创新商业模式，同时也在创造新的产业空间。在零售业方面，可以通过大数据分析掌握消费者行为，挖掘新的商业模式；在销售规划方面，可以利用大数据分析优化商品的价格与结构；在运营方面，能够利用大数据分析提高运营效率和客户满意度，优化劳动力投入，避免产能过剩；在供应链方面，可以使用大数据对库存、物流、供应商协同等工作进行优化；在金融业领域，利用大数据可以实现市场趋势预测、投资分析、金融诈骗识别和风险管理等功能。除此以外，大数据也可以为新兴的文化创意产业提供扎实有效的数据支撑。例如，超市的排货问题，传统的做法是遵循物以类聚的原则，但是在大数据环境下，依据数据相关性分析，还存在着更加合理的方式。世界最大的零售商沃尔玛通过对顾客的购物清单、消费额、消费时间、天气记录，以及超市货物销量趋势等各项数据进行全面的分析，发现每当飓风来临之时，某一种品牌的蛋挞销量就会相应的增加。以这种通过大数据分析显示出的飓风袭击和蛋挞销量之间关联，指导沃尔玛在商品摆放时将飓风应急用品与蛋挞相邻安排，就可以得到更高的收益，这充分体现了借助于大数据相关性分析所得到的结果可取得传统的人工决策不可能得到的效益改变。

## 二、财务管理体系应聚焦落实财务战略

大数据时代，设立单独的财务管理机构是十分必要的。因为企业的核心资源不再仅仅局限于货币资金、土地和知识产权等，商业数据也具有同等的地位。数量巨大、形式多样的商业数据最终会通过各种形式在财务数据中体现，而财务管理人员是处理商业数据最好的人选。将财务管理机构从会计部门独立出来，配备具有丰富经验的从业人员，可以在体制上保证财务管理人员从繁杂的会计核算中解脱出来。一般的财务人员并不擅长数据分析，所以企业在招聘时可以为财务管理机构配备一些数据分析人员，由其专门负责数据的解读。

财务数据作为企业最重要、最庞大的数据信息来源，在企业财务活动日益复杂、集团规模日益庞大的今天，其处理的效率、安全等问题考验和制约着企业集团的更高一层发展。而伴随着以云计算为标志的新时代的财务共享模式，能够为大数据时代下企业集团再造财务管理流程、提高财务处理效率提供帮助。

共享服务中心（Shared Service Center，SSC）是一种新的管理模式，是指将企业部分零散、重复性的业务、职能进行合并和整合，并集中到一个新的半自主式的业务中心进行统一处理。业务中心具有专门的管理机构，能够独立为企业集团或多个企业提供相关职能服务。共享服务中心能够将企业从琐碎零散的业务活动中解放出来，专注于企业的核心业务管理与增长，精简成本，整合内部资源，提高企业的战略竞争优势。共享中心的业务是企业内部重复性较高、规范性较强的业务单元，而且越容易标准化和流程化的业务，越容易纳入共享中心。

财务共享即依托信息技术，通过将不同企业（或其内部独立会计单元）、不同地址的财务业务（如人员、技术和流程等）进行有效整合和共享，将企业从纷繁、琐碎、重复的财务业务中剥离出来，以期实现财务业务标准化和流程化的一种管理手段。

福特公司在20世纪80年代建立了世界公认最早的财务共享服务中心，整合企业财务资源，实现集中核算与管理，并取得了巨大成效。随后财务共享服务中心模式在欧美等国家开始推广，并于20世纪90年代传入我国。而随着我国企业的快速发展和规模的扩张，以及信息化技术的普及，许多国内大型企业集团已经组建了自己的财务共享服务中心，如海尔集团、中国电信等。

一项来自英国注册会计师协会的调查显示，超过50%的财富500强企业和超过80%的财富100强企业已经建立了财务共享服务中心。财务共享模式能够为企业带来规模效应、知识集中效应、扩展效应和聚焦效应，实现企业会计核算处理的集中化运作，整合企业内部的知识资源，提高企业财务模式的扩展和复制能力，将企业财务管理人员从琐碎的财务数据处理中解放出来，专注于企业的核心业务。另外，财务共享模式的集约式管理能够提高数据处理的屏蔽性和安全性，控制企业财务风险，降低生产管理成本，提高经营效率，提升企业财务决策支持能力，优化企业的财务管理模式。

有了大数据的基础，精益财务分析就有了充分的发挥空间。比如说库存周转率，之前每月10日前做一次分大类的上月库存周转分析，但这种分析方法既粗放又滞后，对管理的改善相当有限，使财务分析失去了意义。

就库存周转率来说，当已有细至每一天、每一种物料、每一次进出库、每一个批次的数据时，系统就可以结合次日的生产计划计算出即时的细到每一个库存量单位的存货周转率。这种大数据基础之上的精益财务分析赋予了数据新的实在意义，并实际突破了学术上的库存周转率的限制。传统的用月度平均库存来算库存周转，是因为当时的数据基础和计算条件所限，大数据时代，财务分析的方式与方法也要与时俱进。

## 三、如何提升大数据时代的财务战略管理水平

### 1. 合理利用数据

大数据并不是万能的，在企业管理中，数据只能作为参考或者作为指向性的方针。其并不能解决企业任何方面的问题，尤其在当前条件下，基础数据的真实程度十分低，如果说在数据处理的过程中错用了这些数据，那么得出的结论往往有所偏差，企业如果盲目地相信这些数据，那么所造成的后果会十分严重，所以企业的运营管理还是需要结合自身发展经验和当前的社会现实的。大数据并不是万能钥匙，迷信盲从的结果往往是自毁前程，企业应合理利用大数据，同时更加需要智慧。

### 2. 注重防范危机

大数据不仅仅影响着人们的日常生活同时也影响着企业的各项决策，企业对数据的依赖程度越来越高，对数据的处理技术也越来越成熟，但是现实的情况却是由于对数据的过分使用，导致企业在主观判断上失去了方向，造成很多企业出现决策失误的现象。这种现象的出现是由当前数据资源的现状所造成的，在这个信息大爆炸的时代，各种信息数据种类繁多、数量庞大，对这些数据进行严格筛选、提炼并通过各种精确的算法得出结论却是十分困难的。在当前的条件下，对社会上的数据资源进行筛选是一件十分困难的事情，何谈科学处理计算这些数据呢？原始的数据出现失误，那么结果自然不会正确。同时在对大数据的处理上，主观色彩十分严重，对同一条数据有的人抱着乐观的心态，有的人却保持着悲观的心态去看，那么这样分析得出的结果自然是大相径庭的。因此，企业对大数据的判断需要更加理性，同时需要时刻注意对大数据危机的防范。

### 3. 以企业实际需求为出发点

由于大数据的利用需要大量的硬件设施投入和人力成本，所以在企业管

理中,利用大数据的时候需要做一个全面的把控,结合自身的实际制定适合自己的大数据框架体系。就国内目前对大数据使用的现状来看,我国商业智能、政府管理以及公共服务方面是大数据利用最多,同时也是贡献最多的领域,而企业需要结合自身的实际去使用大数据。从投入成本来看,大部分企业没有足够的能力来使用大数据进行企业管理变革,企业方不要一味地去追求建立自己内部的数据系统,可以考虑用其他的方式来解决,如将自己的企业数据外包出去。

# 第十三章　财务决策流程在大数据时代的重要性

财务流程可分为三种基本形式。

一是财务战略流程，即组织、规划和开拓未来重大事项的财务流程，包括财务战略规划、产品 / 服务开发以及新财务流程的设计等内容；

二是财务运营流程，即组织、实现日常财务活动功能的财务流程，包括生产、供应、销售、现金收支管理、财务报告等日常财务管理活动；

三是财务保障流程，即保证财务战略流程和财务运营流程顺利实施而提供保障的流程，包括人力资源价值管理、财务信息、系统管理等内容。

这三种基本流程构成统一整体，形成整体财务流程。财务管理流程既是各种管理工具有效运用的基础，又是财务管理聚合的重要手段。

## 一、财务管理与决策职能的变化

### 1. 财务管理职能的定位

企业的财务职能部门一直专注于分析财务报表的数据，因而为管理者提供的信息是十分有限的。在大数据时代，财务部门仅对自己公司财务报表的数据进行分析是不够的，而要面对范围更宽、规模更大的数据，企业的现状以及存在的问题可以被更全面的了解到，财务状况以及经营的成果也可被及时的评价。企业财务能够进一步实现自动化和智能化。例如，对于客户的经营情况的分析不仅需要了解其财务报表，还需要综合其他部门的数据，收集更多信息，将数据加工、整理，得出准确的信息，为管理者做决策而做准备。财务管理者要将其职能扩展到提升整个企业的绩效方面，使财务流程更高效，以支持企业的决策。

### 2. "云会计" 引发会计核算的革命

云计算主要解决两个大数据问题，一是将大量异构和本质小同数据源结构化；二是对这些数据进行管理、处理和转换，为商业智能（BI）和企业决策服务。企业可利用基于云端的服务来满足数据分析需求，提升在复杂大数据环境下的信息服务质量，加快决策问题求解。对于决策来说，数据结果的展示和解释也非常重要，可以通过引入可视化技术对结果进行分析，用形象的方式向用户展示使其更易理解和接受。

"云会计"是指构建于互联网上，并向企业提供会计核算、会计管理和会计决策服务的虚拟会计信息系统。在会计领域，云会计作为一种新兴的基于云计算技术和理念的会计信息化模式，可实现企业信息系统的有效集成，提高企业的管理能力，增强企业的竞争优势。企业会计信息化建设最好的体现就是在会计信息系统中采用云计算，云会计应用在企业财务活动中能保证企业长期发展的动力。为更好地推动会计工作发展，企业管理会计和财务决策应重点应用云会计。为更好地把工作重心放在经营管理上，一般对会计信息化服务都采用外包形式。

在大数据时代，云会计在企业会计信息化中的应用具有较大优势。企业管理者能利用云会计进行业务信息和会计信息的整理、融合、挖掘与分析，整合财务数据与非财务数据，提高企业财务决策的科学性和准确性；同时大数据下的云会计可以借助主流的大数据处理软件工具，对来自企业内部和外部海量的结构化数据和非结构化数据进行过滤，并以众多历史数据为基础进行科学预测；云会计还可根据这些海量数据，将其应用于企业成本控制系统，分析企业生产费用构成因素，为企业进行有效的成本控制提供科学的决策依据。

大数据下云会计的应用优势之一就是保证企业财务流程顺利实施。云会计模式所构建的财务模式可体现出事件驱动的特点，这不同于传统的财务信息系统账表的驱动方式。财务流程在云计算的影响下都转至线上，通过云系统存储相关企业数据；借助云计算全面支持生成合同、购销业务、会计人员业务记录等，便于所有业务流程传至云端，从而完成相关存储及自动运算，并能形成数据报表。对其外部协同部门来说，在云计算系统的支持下，企业将数据存储在云中，并将购销业务、生成合同、会计人员记录业务等信息传至云端，从而形成报表以及各种指标数据；管理层及税务部门、会计师事务所等外部协同部门都可以共享云空间的数据，满足各自需要，以更好地进行企业财务管理。

3. 财务管理与决策更加注重效率

大数据新技术的应用催生了新的管理工具和业务模式，传统的财务业务一体化以及物流、资金流、信息流"三流合一"真正成为可能。通过大数据的应用，不仅可以实现对企业内部各项信息的分析、处理和控制等，更能通过运用大量的财务信息以及非财务信息来帮助企业发展，为企业做出正确的发展决策提供可靠的信息。传统的财务工作存在着单据处理流程繁琐、记录过程耗时耗力、数据的处理易出错等问题，导致财务工作成本增加、财务信息的时效性低，往往无法满足企业的发展。在财务管理流程繁琐的情况下，企业的扩大会增加财务部门的负担，在出现问题的时候，会导致问题处理时间长、效率低下，增加企业运营方面的成本。而大数据时代的到来，将会提高财务信息的处理效率。大数据海量处理数据集合的技术，实现了财务系统智能，将帮助企业的财务管理建立信息化的共享平台，并在云端大量储存，大大降低企业的人工成本。

## 二、浪潮公司的"财务云"系统

"财务云"，这是浪潮公司提出的大数据与财务系统高度融合的精准型财务核算系统。财务云可以实现与其他系统的集成，对收集到的财务信息进行动态处理，减少人工操作流程，以确保数据处理的高效性及精确性。与此同时，财务云有望实现资产管理、财务管理、财务信息共享的三位一体，建设公司的高效财务处理中心，实现为企业提供预算、财务分析评估、风险控制等财务管理方面的信息，并为企业提供有价值且具有时效性的信息数据以供决策。浪潮财务云系统以业务系统为起点，利用网上报账系统、支付申请、应收应付的管理等，通过与业务系统的协同应用，实现财务信息的采集来源于业务，进而实现整个账务的动态过程处理，形成整个账务及报表管理和资金的电子支付。在整个过程中，可以借助影像系统，实现原始票据的电子影像采集，借助于银企直联平台，实现不落地的在线电子支付处理。同时，为提高整体易用性，系统提供电子档案系统。

浪潮财务云系统在财务管理层可以为企业提供预算控制、财务分析及报告、风险内控、审计、税务、运营分析等财务管理功能，强化集团管控力度。浪潮财务云系统在接入层面，可以和协同门户、社区、知识管理等进行集成应用，支持平板电脑、手机、桌面等多终端接入方式，满足用户灵活应用、随时随地接入的需要。

财务云系统的价值如下。第一，提高财务服务效率和服务质量。通过业务标准化、人员专业化、服务柔性化，提高财务工作效率，提升财务服务质量。第二，对员工服务的柔性化程度提高，员工业务处理不再受组织、地域限制，可以就近进行信息采集及业务处理。第三，灵活应用，随时随地接入处理业务。第四，降低财务运营成本。通过财务资源的共享，减少机构和财务人员重复设置，以及相关软硬件系统的重复建设，降低财务总体运营成本。第五，共享中心设立、接入的灵活性提高，降低了系统投资及维护成本。在财务云模式下，只需建立一个云数据中心，服务资源就可按需随时进行扩展和收缩，使得共享中心的设立、接入的灵活性提高。第六，强化财务管控力度。通过共享服务实现了数据集中，能够为管理层提供准确、及时和完整的会计信息，辅助决策分析；同时，通过强化管理会计建设，使财务人员有更多的精力深度参与业务运营，更好地为业务服务，提高运营能力。第七，提升企业整合能力。在财务云模式下，企业新业务的建立不必考虑新建财务等职能支撑部门，而且将复杂工作变得更简单、更标准，支持企业核心业务的整合与快速扩张。浪潮公司财务云架构示意图如图 13-1 所示。

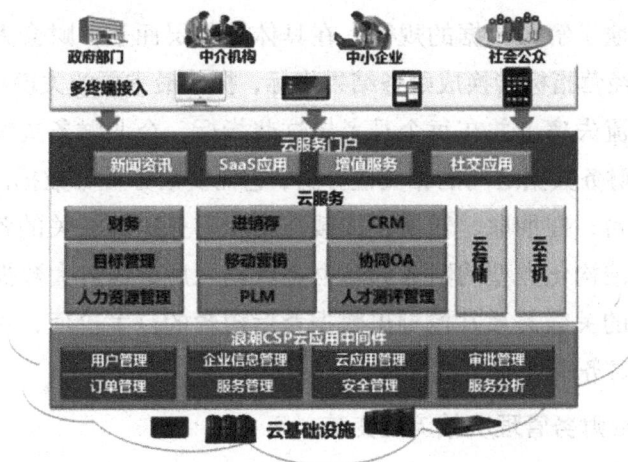

**图 13-1　浪潮公司财务云架构示意图**

### 三、大数据时代的财务决策流程

#### 1. 财务数据与财务决策

海量的数据资源背后是对传统人类行为分析工具的彻底突破，过去的商业决策更多依赖于经验、直觉或小样本调查的统计推论，而大数据时代的决策更多要依靠全面的数据分析，大数据背景下，消费者各种行为与特点的发展变化更容易被记录、观察、分析和了解。因此，大数据时代快速满足消费者需求成为企业的核心竞争力。

大数据将推动来自各个渠道的跨界数据进行整合，促使价值链上的企业相互连接，形成一体。地理上分布各异的企业以消费者需求为中心，组成动态联盟，将研发、生产、运营、仓储、物流、服务等各环节融为一体，协同运作，创造、推送差异化的产品和服务，形成智能化和快速化的反应机制。大数据时代，企业间通过信息开放与共享、资源优化、分工协作，实现新的价值创造。大数据时代的到来给企业财务工作带来了新的思路，利用分析工具可以从海量数据中挖掘出有用信息，并以科学的分析预测方式帮助企业规避风险，进行精准的财务管理与决策。云会计结合大数据技术在企业财务领域中的应用，将给企业带来更多的经济价值，提高企业在全球经济一体化下的核心竞争能力。

为了更好地了解大数据的规律，在具体操作层面上，财会人员所面临的挑战是需要将经营指标转换成财务结果指标，抓住最重要的关键绩效指标（如转换率、客户流失率）并在每个月考核这些指标。企业财务决策离不开各种财务数据和非财务数据之间的相关性分析，它需要财务业务数据的有机融合。基于云会计平台，在抽取、转换、加载与企业财务决策相关的各种结构化、半结构化、非结构化类型的财务和非财务数据之后，通过大数据技术和手段分析数据之间的关联关系并挖掘出数据背后蕴含的巨大价值，可以为实现企业科学合理的财务决策提供支撑。

#### 2. 促进企业财务管理决策流程变革

大数据时代，企业财务管理决策不同于之前的管理与决策方式，这种变革影响着企业对于数据的态度和运用，促进了企业间及企业内部的信息传导与交流。在种类繁多的数据下，企业的决策者和管理者对于决策的能力及效率有所提高,进而影响了企业的内部结构及新形式的学习型组织的构建。同时,大数据的出现对于企业决策技术提出了更高的标准,影响着企业的销售策略、企业的网络生态建设、企业的商业模式的转变等。因此,对于财会行业来说,深入挖掘数据,不仅是对数据规律的探索,也是对传统的财务计划和分析缺陷的弥补。从一般意义上讲,传统的财务分析能做的仅是分析财务结果、了解不同产品或业务的盈亏状况,分析的主要对象是相对后端的数据。但如果财会人员要挑起重任,给决策者提供信息,那必须要到前端的数据中去挖掘。决策是企业财务管理的重要职能,贯穿于企业财务管理的各个环节和职能系统中,科学决策是财务管理的核心,而决策的关键是决策的程序和流程。

传统的财务决策流程包括四步,具体内容如图 13-2 所示。

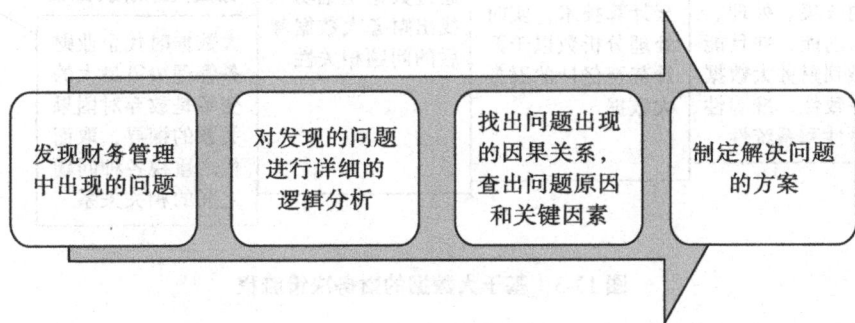

| 发现财务管理中出现的问题 | 对发现的问题进行详细的逻辑分析 | 找出问题出现的因果关系,查出问题原因和关键因素 | 制定解决问题的方案 |

**图 13-2　传统的财务决策流程**

企业财务决策所依赖的数据源,可以通过互联网、物联网、移动互联网、社会化网络等多种媒介,借助云会计平台,从企业、工商部门、税务部门、财务部门、事务所、银行等财务决策利益相关者中获取;同时,借助大数据处理技术和方法实现对获取数据的规范化处理,并通过数据分析与数据挖掘技术提取企业财务决策相关的政府监管、纳税、会计和审计等信息,然后通过商业智能、可视发现、文本分析和搜索、高级分析等技术服务企业的各种财务决策。在这种变与不变之中,财务人员需要放眼企业的整体运营,通过财务流程对企业的现金流、资源配置、风险管控、收购兼并等进行管理,利用大数据等工具深度挖掘分析数据,达到前后端数据的完美衔接。要在正确的时间从海量的数据库中提取正确的数据难度较大,财会人员的职责将管理企业数据库内的所有数据(包括财务数据和非财务数据),目的是提供高效的数据质量保证，用合理的成本释放企业价值。财会部门需要与企业各部门密切配合，将分散孤立的内部数据进行有效整合，通过制定有效的数据质量控制和报告制度等措施，保证数据符合相关规范以及满足企业自身要求和质量保证标准，从而提高内部数据集的安全性和完善度，从而提升数据价值。因此，在大数据时代，企业财务管理决策的流程将发生根本性变革，基于大数据的财务决策流程包括四步，具体内容如图 13-3 所示。

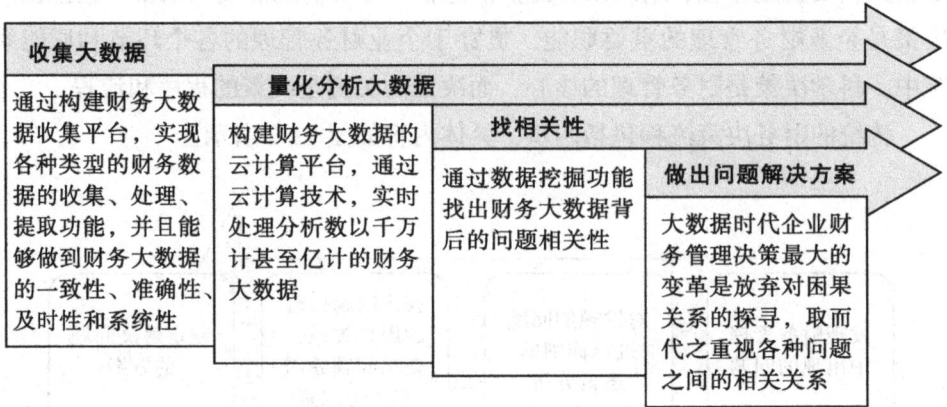

**收集大数据**

通过构建财务大数据收集平台，实现各种类型的财务数据的收集、处理、提取功能，并且能够做到财务大数据的一致性、准确性、及时性和系统性

**量化分析大数据**

构建财务大数据的云计算平台，通过云计算技术，实时处理分析数以千万计甚至亿计的财务大数据

**找相关性**

通过数据挖掘功能找出财务大数据背后的问题相关性

**做出问题解决方案**

大数据时代企业财务管理决策最大的变革是放弃对因果关系的探寻，取而代之重视各种问题之间的相关关系

**图 13-3　基于大数据的财务决策流程**

资料来源：郭锐.基于大数据和云计算的企业财务管理研究 [J].知识经济.2014（18）：109~110

# 第十四章　财务战略如何应对大数据的变化

基于大数据的新型企业管理理念正在迅速发展，这种新理念也将为企业带来新的、更高的商业价值。因此，在企业从注重微观层面转向宏观层面，从以产品为中心的传统管理模式转向基于服务的、能够与其他元素和谐共处的新型管理模式的过程中，财务战略也必须随之而变。其转变方向之一就是要聚焦提升企业对客户增值服务的附加值，突出以数据为基础的管理模式，不仅实现财务管理战略的更加合理科学化和客观性，更是为了增强了企业竞争力和提高企业管理效率。

## 一、聚焦战略思维的变化

### 1.定量思维特征

战略思维是指企业高层管理者摆脱日常管理事务，获得对组织不同愿景规划以及环境变化的认识。战略思维的本质是企业决策者关于企业战略的决策思维，关系到企业战略决策的成败。战略思维的形成，始于战略决策者对企业及其所处的客观环境的认知。在大数据背景下，企业与外界环境之间的边界日益模糊，信息共享和知识溢出成为企业与利益相关者之间合作竞争与协同演化的主要方式；在这样的竞争背景下，信息和知识成为企业管理中的重要生产要素，也是决定企业创新力的关键。基于大数据平台与外界建立社会网络，从外界获取有价值的信息，是企业获得竞争优势的关键。因此，重视和利用大数据这种战略资源以获得竞争优势，是以资源为本的战略思维需要拓展的重心。大数据时代的战略思维特征主要表现为定量、跨界、执行和怀疑。

定量思维是指一切都可测量。虽然现实经营管理的情况不是都可以测量，但是企业决策者要持有这样的理念。例如，现在很多餐饮连锁企业都有消费会员卡，但是一般只记录顾客的消费金额，关于顾客消费什么则并没有记录。如果有了这样的记录，每位顾客来消费时，就不仅可以判断出他的消费水平，也能分析判断出他的消费偏好。管理者如果具备定量思维，秉承一切都可测的思想，记录有用的顾客信息，将会对企业的经营和战略决策产生积极作用。引领企业实现大数据转型的企业决策者，在进行企业重要决策时，应该养成看数据怎么说的思维习惯，参考数据分析结果进行管理决策，既能有效避免仅凭直觉判断的不足和风险，也能改变企业内部的决策文化，将企业经营模式从依靠劳动生产率转移到依靠知识生产率上来。

2. 跨界思维特征

跨界思维是指一切都有关联。企业经营的各方面之间都有相关性，应该发挥领导者的想象力，将看似不相干的事物联系起来。例如，移动终端和 PC 终端的跨界，微信社交网络和电子商务的跨界，通过跨界能够开创新的商业模式，构建新的价值链。如果说通过大数据挖掘消费者需求考验的是企业的洞察力，那么高效地满足客户需求考验的是企业内在的整合与优化能力。企业要想获得价值最大化，就要善于利用大数据提升价值链的效率，对其商业模式、业务流程、组织架构、生产体系等进行跨界整合，以进一步提升为客户服务的效率和企业竞争力。基于大数据的思维不仅可以提升企业的内在效率，还能帮助企业重新思考商业社会的需求，从而推动自身业务的转型，重构新的价值链。阿里巴巴集团就是充分利用大数据，成功地由一家电子商务公司转型为金融公司、数据服务公司和平台企业，它的转型给金融、物流、电子商务、制造零售行业带来了深刻影响。

3. 执行思维特征

执行思维是指一切都可利用。执行思维强调充分发掘利用大数据。企业收集了大量的数据，但若不加以利用，则属于资源浪费。企业应该注重实效，将大数据蕴含的市场信息发掘出来，并执行下去，及时对市场和利益相关者做出反应。在大数据时代取得成功的企业，并不是简单地拥有大数据，而是通过对大数据的分析，发现市场机会，从而开发新的市场。企业依托大数据分析获得的创意，为市场提供相当独特的产品和服务，通过高效的组织运作与执行，最终赢得顾客、赢得市场。

### 4.怀疑思维特征

怀疑思维是指一切都可试验。企业获取了大数据，在进行分析获取一定信息之后，有时会导致决策产生更大的偏差，认为有了数据的支持实际情况就是如此，从而忽略了深入的思考。实际上，有的时候数据会产生误导，所以不能对数据有盲从的思想，相应地还要有怀疑试验的思想。例如，航空公司经常根据顾客在本公司的消费情况计算其顾客价值，进而根据顾客价值的大小采取不同的营销策略。假如顾客在某航空公司年消费金额为 2 000 元，公司可能将其归类为低价值顾客，实际上该顾客在其他航空公司年消费额超过 2 万元。面对这样的情形，航空公司仅仅根据自己掌握的顾客消费数据进行决策，难免会产生错误或偏差。因此，管理者还需要有怀疑试验思维，要思考获得的大数据是否全面，来源是否精准，不能盲目认为只要拥有大数据，就能够进行精准的决策。

## 二、大数据环境下财务管理的转型

大数据时代，数据的核心将是挖掘蕴藏在数据中的宝贵信息，而要发现数据中所蕴藏价值的唯一途径就是对数据进行合理、深入分析。因此，能够从大量的数据中挖掘出有价值的信息，并对企业的运营产生积极的作用，将成为未来企业的核心竞争力。而深入挖掘信息、合理分析数据也将成为财务管理转型的目标。因此，为了提升财务管控的效率，提高财务管理的效果，需要引入系统的解决方案，以解决由于数据激增所带来的及时性和灵活性的问题。

面对大数据的挑战，财务管理转型首先是要解决财务管理信息化的问题。企业要从信息化入手，将传统的账务处理、数据收集和分类等机械性的工作通过系统来完成，从而让财务人员有更多的时间来运用和分析数据，为企业的经营和决策带来更多的价值。随着财务自动化程度的提高，财务管理有更多的精力去洞察业务的变化。财务分析是以数据说话，因此凭借专业敏感性，可以通过数据分析来更好地对业务发展趋势做出准确的判断，对管理层做出准确的决策给予更好的支撑。如果抓住大数据的机遇，充分利用大数据分析结果，会促使财务管理的转型，使财务管理为公司带来更多的价值，财务部门的地位和影响力在企业中也将得到进一步提高。要实现这一点，深化信息化工作只是一个基础，关键是财务人员的数据分析能力和业务融合能力的提升。

大数据时代，财务管理所面临的不仅仅是财务数据，还需要采集和分析业务数据，这样综合起来，才能对数据背后的业务实质有着更为深刻的理解。在大数据时代下，财务管理不能仅局限在财务部门内部，不能仅针对财务数据进行分析，而是需要"走出去"，与企业的其他业务部门更好地融合，要打破"数据孤岛"，将业务数据和财务数据有效地融合起来，这样才能为提升企业整体绩效提供帮助。这也将是大数据时代下，财务管理所面临的挑战。传统的财务核算业务在信息化水平提升下，其重要性将越来越弱化，大部分的财务核算工作将通过系统来实现。如果财务管理仍固守报表核算和报表分析，在大数据时代下必然难逃被淘汰的命运。只有管理转型和创新才能让财务管理抓住时代的机遇，为企业的经营发挥更大的价值。

财务管理转型，一方面可以通过"财务跨界"来实现。财务管理不再拘泥于财务数据，而是"跳出财务看财务"，把企业经营的财务数据、业务数据及企业所在市场的市场环境等综合起来，通过深入分析，提出有洞察力的建议，实现财务管理价值的提升。另一方面，财务管理需要拓展思维，有所创新。传统的财务管理仅仅是财务指标的分析。

如今，随着数据信息量的增多以及系统分析手段的增加，财务分析的水平要有一个质的提高。通过财务分析，对未来的经营有一个更为准确的预测，将"事后分析"转为"事先引导"。而且分析要更富有洞察力，支持管理层做出准确的决策，将企业的资源有效配置在增长的领域，支持企业持续发展。大数据时代下，财务管理将面临前所未有的挑战，但是如果能很好地应对这次挑战，这又将是财务管理实现转型并提升自身价值的一个很好的契机。提高数据利用，提升数据价值，不仅是企业信息化程度的提高，更应该是企业内外部数据资源整合的一个过程。而在其中，财务管理应发挥主要作用，借助数据应用和分析的主导者，推动财务管理由会计核算逐步向决策支持转型。

云计算改变了 IT，而大数据则改变了业务。大数据必须有云作为基础架构，才能得以顺畅运营。大数据引领一场新的信息革命。云计算使数据变得更加分散，传统数据库对于海量数据的多样化需求难以满足。大数据本身就是一个问题集，云技术是目前解决大数据问题集最重要、最有效的手段。大数据时代带来的挑战已深入各行各业的业务体系。财务系统及资产管理部门需积极提升企业绩效管理能力与风险管理水平，推动企业关键信息的整合，实现更高的利润、增长和投资回报。

在云计算应用模式下，新的管理方式能够被很快集成在云中，企业可以根据自己的需求选择相应的服务。由于系统部署在云端，软件服务、业务服务均可在云端进行。财务管理的云服务化，使财务管理可以在任何地域实现。财务管理活动中，企业内外部的相关数据信息都要通过财务流程来进行相应的处理，生成有利于决策的财务报表，其处理的数据量是巨大的。数据仓库、数据挖掘等技术的发展，为财务信息系统实现智能化、远程化、实时化提供了有力的技术支持，使得财务信息系统提供实时财务信息成为可能。由于国内企业信息化多发端于财务部门，原有的财务管理体系正按照信息系统的架构方式逐步进行配置与展开，信息化管理已经成为推动提升股东价值战略的重要杠杆，使得企业从管理型财务向价值型财务体系转型。

在价值型财务体系中，财务人员的工作将聚焦于价值管理和价值创造。财务人员在企业中扮演有资格的业务导向、主动的变革领导者和可以咨询相关业务的合伙人的角色。在这个过程中，以云计算为代表的新一轮技术，会对完成向价值创造型财务的转型起决定性的催化作用，在迈向"财务智慧新时代"的进程中，以云计算、大数据和共享中心为代表的主流 IT 应用成为价值创造型财务体系的重要技术支撑。

# 第十五章　大数据如何影响企业的成本

企业现实中的情况是，一项产品不论是由企业自身生产还是从市场上购买都将产生两种成本。

如果企业自己生产，即纵向一体化，将产生两方面的成本：一是内部生产成本，即生产耗用的原材料、设备损耗、职工薪酬等；二是内部协调成本，也称内部交易成本或内部管理成本，是企业用于生产管理的设备费用、管理人员薪酬等。

如果选择外购，即专业化生产，也将产生两方面的成本：一是外部生产成本，即支付给供应商的购买价格；二是交易费用，即外部协调成本，指的是为了完成交易而发生的各种协调费用，如搜索信息费用、通信费用、律师费、差旅费等。

因此，企业的纵向边界取决于内部生产成本与内部协调成本之和与供应商生产成本与外部协调成本之和的比较。大数据将影响企业和市场的运行效率，随之而来的问题是，大数据是如何影响企业边界变动的？实践中，大数据已经并将持续对企业纵向边界的变动产生影响，这种影响源自大数据对若干成本（包括协调成本和生产成本）决定因素的作用结果，以及由此产生的成本变动情况。

一般认为，企业的生产成本要高于外部供应商的生产成本，这是因为市场上存在着专业化的产品或活动的供应商，与企业相比，它具有规模经济和学习曲线的优势，因而其生产成本要低于企业的生产成本。但是，由于企业内部生产成本及供应商的生产成本都会受到大数据的影响。因此，研究忽略大数据对生产成本的影响，只考虑大数据对内部协调成本和外部协调成本的影响。

以朝阳大悦城为例，其开业之时，正处于零售环境的大变革时期。在电子商务的冲击下，传统的做法已经无法再满足需求，加上所处的地区商业氛围明显不足，朝阳大悦城曾面临很大压力。在巨大的压力下，大悦城很快意识到了未来互联网领域蕴含的巨大潜力，2012 年，朝阳大悦城就在商场的不同位置安装了将近 200 个客流监控设备，并通过 Wi-Fi 站点的登录情况获知客户的到店频率。如今，大悦城已经建成了包括 POS 收银、CRM 会员、MI 商业智能管理、ERP 系统、客流统计、客流属性分析、车流统计、Wi-Fi 系统、广告发布系统、APP 管理在内的十大系统，并组建了专门的团队，进行数据的深度挖掘工作。通过对车流数据的采集分析，朝阳大悦城信息部发现，具备较高消费能力的驾车客户是朝阳大悦城的主要销售贡献者，而通过数据测算每部车带来的消费，客单超过 700 元。商场销售额的变化与车流变化幅度有将近 92% 的相关度。为此，大悦城对停车场进行了改造，如增加车辆进出坡道、升级车牌自动识别系统、调整车位导识体系等，力争吸引驾车客户。此外，他们还调整了停车场附近商户的布局，极大提高了优质驾车客群的到店频率。

## 一、大数据对企业成本的影响

### 1. 大数据对内部协调成本的影响

企业的内部协调成本包括代理成本和决策信息成本。代理成本包括：订约成本；监督和控制代理人的成本；确保代理人做出最优决策或者保证委托人由于遭受次优决策而得到赔偿的保证成本；尽管签订了合约或强制执行，但由于仍然不能完全控制人的行为而引起的剩余损失（福利损失）。

企业通过应用大数据技术，一方面，能够实现信息公开、规范化运营，可以及时发现和解决问题，有助于完善内部控制制度；另一方面，使得内部信息传递、分析更加便捷、快速，同时也使得信息在社会中得到快速扩散，降低了代理人和委托人之间的信息不对称，进而减少了不确定性，节约了代理成本中的监督成本和保证成本。

基于大数据的企业内部监督机制相比传统方式具有明显的优越性，并且提高了相关治理过程的效率。由于信息传递的方便、快捷，也使委托代理双方更容易协调，使剩余损失减少。

内部协调成本的另一个重要因素是决策信息成本，它包括信息处理成本和因信息质量低下引致的机会成本。信息处理成本指的是企业日常经营活动中，因各种沟通需要而产生的成本，以及大量经营资料的记录和存储成本；信息质量低下引致的机会成本，指的是利用较低质量的信息做决策的企业往往不能取得较佳信息时的决策效果，由此产生了机会成本。

大数据时代，与大数据相关的数据采集、存储、变换、分析、挖掘等一系列工具、技术，使得企业信息处理效率显著提高，信息处理的成本也大大降低。同时，大数据背景下，社会信息的产生和传播方式发生了巨大的变化，企业可以拥有关于创意、生产、销售、消费者关系管理等环节的海量信息和数据，以往"闭门造车"的管理模式正在被摒弃，而且有先进的数据交换技术、数据处理技术，在很大程度上解决了以往决策的信息质量低下产生的问题，降低了机会成本。

在全球化经济形势下，各种成本因素上升，进入微利时代，如何获得高于竞争对手的利润，如何获得成本优势是财务管理的重要内容之一。成本的相关性就企业内部而言，成本计算的主要目的在于为企业管理部门的决策和控制职能服务，从而在逻辑上强调成本信息应该是与具体决策或控制问题相关的，将无关成本计入成本计算是不必要的且可能导致错误的结论。无关成本是指过去已发生或虽未发生但对未来决策没有影响的成本。以往乃至现在，由于受数据收集处理技术的影响，企业收集的成本数据与产品真正发生的成本数据之间存在很大偏差。大数据通过给我们找到一个现象的良好关联物，相关性分析就能帮助我们扑捉现在和预测未来。在运输企业、大型化工企业中，设备成本和维护成本一直是控制的难点，企业设备一旦出现故障就会导致停产，或产生大量不合格产品，这时维修成本和固定成本大幅度增加，使得企业的竞争力减弱。现在通过设备传感器等数据收集技术的应用，将设备的各项运行指标数据化，通过收集和分析这些数据，可以发现皮带磨损、螺丝松动、管路漏堵等故障相关数据，事先一个个地将问题解决，可以避免大的故障，从而提高了生产效率，降低了产品成本。

2. 大数据对交易费用的影响

交易费用理论认为，交易费用即外部协调成本影响企业的纵向边界。交易费用主要由资产专用性、信息不对称性和机会主义行为这三个因素所决定；当交易所需的关系性投资的专用性程度越高，交易双方的信息越不对称，机会主义行为越盛行，则交易费用就越高。资产的专用性主要有三种类型，即特殊地点资产的专用性、特殊资产的专用性和特殊人力资本的专用性。数据的特性使其基本不受地理位置的限制，降低其因地理位置限制而产生的专用性程度。数据分享的越多，产生的越多，使用的人越多，其价值就越大。数据具有天然的公用性和价值性。经过一定的学习，企业可以利用数据技术较方便地对数据进行分析、挖掘、预测等，通过网络可以使私人信息变为公共信息、隐性知识变为显性知识，从而降低特殊人力资本的专用性。因此，大数据使企业的资产专用性大大降低。

在很大程度上，信息不对称是由于信息搜索的成本过高以及信息使用过程中的排他性所造成的。信息的均衡分布和快速传播会加强股东对企业管理层的约束力，提高企业效益。在发展过程中企业在享受规模经济带来效益的同时，股东所了解的信息远不如经营者有效及时，股东不能很好地监督管理层引发道德风险及逆向选择。

大数据时代数据的分布会更加均等，网络和民众监督会更加便捷高效，这会使得资本管理机构感受压力，从而改进企业管理人员的工作态度，防止其做出有利于自己但却有损于股东利益的行为和活动。因为大数据使搜索更容易，成本大幅下降，并使搜索范围迅速拓宽，极大地降低了信息不对称。大数据技术通过从最不可能的地方提取、量化数据，从而导致供应链管理开始转向大数据价值链的管理，并且这种技术也为把握全局性信息，减少信息不足、信息不对称提供了机遇。

同时，大数据的公用性也解决了信息使用的排他性问题，缓解了信息不对称问题。大数据技术应用于市场交易，交易双方就可以掌握以往的交易历史，并可以详细了解、掌握客户的财务状况、信用状况、履约情况等。这样，企业就要从大量的交易对象中筛选出合适的客户进行交易，从而减少或避免机会主义的发生。同时，由于信息能在网络中迅速传播，对交易方的机会主义也起到限制作用。

## 二、大数据背景下企业成本的变动

在不同的企业里，大数据对内部协调成本和交易费用的影响程度不同，下降速度也不相同，具体受到组织结构、企业文化、技术特征、信息特征等组织特征的影响。因此，有的企业内部协调成本下降的速度快于交易费用，企业纵向边界不断扩大，企业的规模也不断增大，典型的发展模式是掌握数据的企业沿着产业链进行整合；有的企业内部协调成本下降的速度慢于交易费用，企业纵向边界不断缩小，企业规模将变得更小，对外部资源的依赖性增加，典型的发展模式是以平台为中心，实现资源的快速、低成本交换。

在企业实践中，一方面越来越多的企业通过大规模的并购以及战略联盟等形式来实现扩张，扩大企业规模，如近几年 IBM、谷歌、戴尔、甲骨文、联想等企业在云计算产业上下游实施了大量并购。另一方面越来越多的企业在应用大数据后实施流程重组、资产剥离等来缩小规模，采用外包、众包、租赁等方式来完成价值链上的某些环节，企业规模呈现小型化趋势，如宝洁公司采用的众包创新模式。

在很多行业，尤其是零售业和日用消费品行业，应用大数据有利于创造收入和开发新的商业模式。零售商虽然拥有数据，但更重要的是拥有数据分析技术，可因此利用这些信息改进运营，向客户提供额外服务，甚至可代替当前为客户提供这些服务的第三方企业，由此产生全新的收入流。另外，大数据时代的商业模式能更加有效地控制成本结构，使得实时成本控制变为可能。从安装在发动机中的传感器、智能手机中的电子监控到财务交易中的欺诈监测，大数据分析可实时监控企业运营流程和销售情况，极大减少突发事件，从而有效控制企业成本。

企业应用大数据可以有效地降低内部协调成本，大数据在经济社会的广泛应用则能有效地降低交易费用，这两者的综合作用引起企业纵向边界的变动。成本管理是现代企业财务管理的重要组成部分，它对于促进增产节流、加强会计核算，改进生产管理，提高企业整体管理水平均具有重大意义。现代企业成本管理面临着诸多问题，如相关成本数据不能及时取得，造成成本核算失误，成本控制多局限于生产环节，忽视流通环节，难以实现全过程成本控制。大数据时代，财务管理人员能够及时采集企业生产制造成本、流通销售成本等各种类型数据，并将这些海量数据应用于企业成本控制系统，通过准确汇集、分配成本，分析企业成本费用的构成因素，区分不同产品的利润贡献程度并进行全方位的比较与选择，从而为企业进行有效的成本管理提供科学的决策依据。

在大数据时代，传统的会计数据处理模式很难以低成本且有效的方式来解决会计大数据问题。而会计云计算为企业集团的会计核算提供了很好的技术支持。会计云计算是一个能为企业提供全天候处理完整业务服务的操作平台，多家企业通过企业操作平台组成一个完整的虚拟网络，使得企业之间形成一条完整的信息链，实现企业间的协作与同步，进而实现企业业务和效益的优化。会计云计算可以像企业用电一样，按使用量进行付费，这就大大减少了购买会计计算所需的软/硬件产品的资金，同时免去了耗力且耗时的软件安装和维护。不仅如此，会计云计算有很好的存储能力与计算能力，能对物联网中人的行为和物的行为产生的海量数据进行有效的存储，能快速地处理结构化类型的数据和声音图像等非结构化类型的数据。云计算模式下发展的数据仓库和数据挖掘技术能快速有效地处理会计大数据问题。

基于数据仓库提供的大量原始数据，使用数据挖掘技术找到原始数据潜在的某些模式，这些模式可以给决策者提供有力的决策依据，从而有效地减少商业风险。会计云计算的消费者并不需要清楚会计云计算在网络中的位置，只要有网络的支持，任何地点的消费者都可以通过网络访问云计算服务。由于会计云计算提供虚化的、抽象的物理资源，这些资源可以被云计算提供商租给多用租户。会计云计算提供的资源规模是具有弹性的，业务量增加时，资源规模会发生扩展；反之，资源规模则会收缩。但是这种动态变化的过程并不会中断会计云计算服务，对用户也是透明的。云计算的资源使用是可以被计量且可被控制管理的，云系统可以根据计量服务自动控制并优化资源使用。可以说，云计算是会计大数据的综合解决方案。

随着企业信息化和云计算的发展，企业在提供产品的方式、速度和质量上发生了变化，企业的组织流程、产品服务和业务模式有所创新。随着移动互联网逐步取代了桌面互联网，IT企业给消费者提供的不仅仅是产品，还可以是基于互联网的服务，IT企业发生了由提供产品模式到提供服务模式的转变。在提供产品模式下，一般企业向IT公司采购应用软件、操作软件和服务器硬件时需要投资巨额的资金，更不用说为了完成企业信息化，雇佣相关的信息技术人员进行企业的信息存储和信息计算所消耗的费用。当然，也少不了维护费用。但是，转化成服务交付模式时，与提供产品模式不同，云服务的提供商和消费者旨在特定技术目标或业务目标下实现交互行为。云服务提供商可以向消费者提供全套的信息化服务，企业不需要进行传统模式下的投资，只需购买云服务提供商的信息化服务，获得信息化使用权。这就免去了一次性购买投资的巨额资金，随时支付购买服务的营运费用即可。

## 三、大数据分析法在采购成本分析中的应用案例

上海电气集团是一家国内领先的综合性装备制造业集团，制造业成本中的原材料成本比重远大于人工成本和制造成本，所以材料采购成本的控制是整个成本控制中最重要的环节。近年来，在经济发展新常态下，电气集团的主要业务板块均面临国内产能过剩、销售价格持续低迷的压力，进一步降低成本成为保证集团健康发展的紧迫任务。项目组首先选取了三家子公司作为试点。这三家子公司在 2011—2013 年的采购记录数分别为 16 万条、11 万条和 126 万条，涉及的物料编码分别为 3.9 万个、0.5 万个和 9.4 万个。如此庞大的数据量正符合大数据分析的要求。

1. 分析采购行为让数据"说话"

项目组直接使用采购大数据，从采购单价、采购频次、供应商、采购员等多维度进行分析。分析前不进行任何人为假设，通过分析数据找到趋势或异常情况，即让数据"说话"，为企业的采购行为做一份"体检"报告。通过筛选连续三年均有采购记录的物料（可比物料），计算出每一个物料号每一年的平均采购单价，对可比物料价格趋势进行分析。例如，某厂 9.4 万个物料中连续三年有采购记录的为 1.66 万个，从采购价格总体分析，可以看出 2011—2013 年连续两年涨价的物料个数为 113 个，且分析模型可以将数字继续展开，具体展示每一个物料的价格趋势，深度挖掘每一个连续涨价物料的信息。项目组从平均单价的趋势分析中发现三家试点企业可比物料的占比都不高，进而对三家企业的所有物料的"采购频次"进行深入分析。"采购频次"指的是各物料在 2011—2013 年中采购过的次数。三家企业的物料采购频次分布呈现以下特点：三年间仅采购一次的物料的占比很高；三个试点企业此类物料数量占比分别为 50%、29% 和 39%。大量三年间仅采购一次的物料存在，提示企业可能在产品的设计标准化、零部件的通用性方面存在问题，值得技术部门深入研究。此外，从供应商维度出发，可分析同一物料多个供应商的情况，能发现企业采购行为异常，如向某价格明显偏高的供应商处大量采购

等。从采购员维度可以做类似数据挖掘，分析每个采购员的行为是否有异常。基于大数据的充足信息量，利用趋势分析和多维度交叉分析，可以帮助管理者迅速找到异常趋势及异常点，从而使采购降本有的放矢。

2. 建立基于大数据的降低采购成本评价方法

项目组通过与试点企业共同探讨，选择了"采购降本金额"和"采购降本率"两项指标来评价采购降本成效。两项指标一直是集团总部对企业的考核指标，但过去缺乏技术手段进行计算，完成情况基本靠被考核者上报，数据的准确性难以保证。基于大数据的采购降本评价方法有如下优点：一是客观，以企业比较期间的全部采购数据为评价对象，计算结果更加客观；二是简单，计算方法明确、算法简单，便于推广；三是可追溯，大数据的算法不仅能得到更为客观的降本指标，也使得降本金额可以追溯到每一个物料。计算三家试点企业的 2011 年至 2013 年降本评价指标得出：A 企业年均降本金额为 1.07 亿元、年平均降本率为 5.8%；B 企业年均降本金额为 0.58 亿元、年平均降本率为 2.6%；C 企业年均降本金额为 72 万元、年平均降本率为 0.3%。三家企业的采购降本成效一目了然，并可相互比较。上海电气集团在三家企业试点的基础上，把这一分析方法推广到下属所有企业，可以在各企业和集团总部查阅分析数据。这一方面促进所有企业降低采购成本；另一方面便于集团对采购成本的管控和评价考核。

# 第四部分

## 大数据如何影响全面预算体系

大数据为企业带来了一场信息大变革，企业拥有海量的交易数据、运营管理所产生的大量数据，以及供应商数据，在这些数据中隐含着难以计算的信息资源。因此，大数据分析对企业发展起到越来越重要的作用，同时对企业战略目标的确定、运营模式的变革也有一定的引导作用。在当前激烈的市场竞争下，企业的信息数据也成为企业竞争所掌控的重要资源，通过对大数据的处理，企业可以获取各类信息，为企业创造更多的机遇。基于大数据所包含的客户信息，通过对市场中各类数据进行深度挖掘，可以获知客户的真实需求，为客户量身定做针对性强的个性化方案。

　　另外，企业还可以通过对大数据的分析，发现潜在客户，扩大企业的客户群。利用大数据，创造企业的数据库平台，通过对数据的整合分析，使得数据与现实能够无缝对接。企业还可以通过互联网等平台，实时接收客户对企业的评价，并及时针对企业的问题进行优化改良，从而使企业在健康的内外部环境下，灵活调配信息资源。大数据可以提供更多完善的信息，从而带来更大的商业价值。

# 第十六章　大数据时代，全面预算管理怎么做

企业通过搭建先进的硬件平台，利用云计算的强大分析能力，随时监控过程执行情况，从而及时调整战略部署。通过大数据，我们可以及时了解到企业的最新状态，找到企业现在的薄弱点，从而有针对性地制订改进计划，将预算应用于最需要的地方。

## 一、大数据带给全面预算管理的机遇

### 1. 增强全面预算管理体系的实际效果

在大数据时代，财务作为全面预算的领头羊，要带领全员参与预算，建立企业的全面预算管理信息化平台，从企业的战略规划到战略规划目标分解、到预算编制、到预算执行控制、到预算分析报告的编制和预算的考核，以及到最后如何影响下一期的战略规划，让预算发挥真正的作用。

目前，大部分企业的预算编制过程缺乏科学的依据，数据的处理过程也很不科学；预算分析过程中也大多依靠简单的数据处理技术进行简单的分析，分析结果与实际情况存在偏离；在预算控制过程中，由于缺乏系统化的控制体制以及信息化的处理手段，导致控制的范围及力度不到位、效果不明显。大数据技术的推广，可以推动企业建立全面、系统的预算管理平台，解决上述提到的预算管理过程中存在的问题。通过信息化的处理平台，企业在获得真实的当期数据的同时，可以与预算的数据进行比较，以指导形成有效的预算管理报告。通过预算报告，又可以及时、有效地对下期预算进行调节与控制，形成更加切合企业实际的执行计划及运营目标，高效地调节、协调各部门工作，有效提高企业的运行效率。

### 2.动态化全面预算管理体系

预算管理既将企业制定的经营目标以货币形式表现出来，也将企业整体目标拆分开来落实到每个部门和员工。大数据时代，预算人员面对复杂的巨量数据和动态实时的预算要求，需要将预算管理系统与大数据结合。大数据时代下的预算是动态、实时的。企业在编写预算时，所有预算项目会经审批后储存进云端，在执行预算时，云会计下的系统可以利用云端上新增的数据同步计算出实际与预算的差异，并可调整预算。有力的数据分析软件使预算系统更加及时。应用多维数据分析技术，大数据下的预算系统可以很好地支持巨量数据的及时分析，预算的编写更加智能。大数据下的预算系统，可以先由IT部门制作标准模型和参数表，将它们与预算模块中的具体数据建立动态联系，再由预算管理人员通过自定义计算功能实现预算模块各个数据之间的联系，并且预算人员可以自己编写、维护和更新业务规则，使预算要求更加明确有效地反映到预算模块中。

## 二、优化并创新全面预算管理的方法

### 1.为传统方法提供可靠的数据基础

大数据将引发企业商业模式的转变，销售预测也将由原来的样本模式转变为全数据模式。随着网络技术的发展，非结构化数据的数量日趋增多，在销售预测中仅根据以往销售数据的统计分析只能反映顾客过去的购买情况，难以准确预测其未来的购买动向，因此，企业如果能将网络上用户的大量评论搜集到数据仓库，再使用数据挖掘技术提取有用信息，就能对下一代产品进行有针对性的改进，也有助于企业做出更具前瞻性的销售预测。

在预算管理方面，大数据可以为建立在大量历史数据和模型基础上的全面预算的合理编制和适时执行控制，以及超越预算管理提供重要的依据。在实施责任成本会计的企业，成本中心、利润中心和投资中心要根据大数据仓库的数据和挖掘技术编制责任预算，确定实际中心数据和相关市场数据，通过实际数据与预算数据的比较，进行各中心的业绩分析与考核。大数据有助于作业成本管理的优化。作业成本法能对成本进行更精确的计算，但其复杂的操作和成本动因的难以确定使得作业成本法一直没有得到很好的普及。数据挖掘技术的回归分析、分类分析等方法能帮助管理会计人员确定成本动因，区分增值作业和非增值作业，从而有利于企业采取措施消除非增值作业，达到优化企业价值链的目的。

2. 及时响应市场变化

在大数据世界中，出现了使用数据创造差异化市场的机会。大数据为更多服务的提供创造了机会，这将提升客户满意度。大数据使得直面客户的企业通过运用数据来细分市场、定位目标客户、实现个性化市场提供成为可能。制造商也能利用从实际产品使用者获得的数据改进下一代产品开发，创造新的售后服务提供。在制造业，整合研发、工程和制造单位的数据以实现并行工程，能显著减少从产品制造到市场销售的时间，并提高质量。

大数据能使企业创造高度细分的市场，并且通过精确调整产品和服务以满足这些需求。营销部门使用社交媒体信息，能从过去的客户抽样分析转变为全数据集分析，从按人口特征细分市场转变为一对一营销，从基于历史数据的长期趋势预测转变为对突发事件近乎实时的反应。一些日用消费品和服务提供商已开始使用更加成熟的大数据技术（如实时的客户微细分）对企业的促销和广告进行精准定位。企业充斥着由交互网站、在线社区、政府和第三方数据库获取的客户信息，先进的分析工具能实现更快、更有效和更低成本的数据处理，并创造出开发新洞察力的能力。由此，企业通过不断满足客户差异化需求、提供具有前瞻性的服务等手段，建立了更加亲密的客户关系。

全面预算是对企业未来一定时期内生产经营活动的计划安排，通常以过去数据为基础制定预算。然而，市场处于不断发展变化过程中，依赖企业自身历史经营数据构建的全面预算存在着很大的不确定性，最终通常流于形式，不能切实有效地执行。大数据能够帮助企业及时掌控企业目标市场中的用户、产品、价格、成本等信息，辅助企业高效实施全面预算管理，并根据市场变化及时调整预算，真正实现企业的个性化经营，提高对市场风险的应对能力。另外，大数据能让企业多渠道获取数据，实现精准成本核算。成本核算是对于企业经营数据进行加工处理的过程，传统的成本核算通常发生在生产过程之后，会计人员将一定时期内生产经营的费用总额进行核算，根据产品生产情况对费用进行分配。借助大数据技术，企业能够从多渠道获取成本数据，根据实际生产数据分析制定生产工艺流程标准及材料用量标准。工资明细、进销存单据和制造费用等结构化和非结构化数据能够在信息系统中实现实时共享，使成本核算更加细致、精确，便于进行更深入的品质成本分析和重点成本分析，实现精准成本核算。

大数据时代，企业根据消费者和企业策略的数据，利用商务智能新技术，开发出各种决策支持系统，从而对市场关键业绩指标（KPI）进行实时性的监控和预警。移动性、智能终端与社会化互联网使企业可以实时获得消费者和竞争者的市场行为，并做出最快的反应。企业营销活动成败的关键在于是否对顾客价值进行准确的研判，但由于当前顾客需求差异化、竞争行为随机化的程度不断增强，以及行业科技发展变革速率不断加快，企业实现有效预测已经变得越发困难，然而，大数据的出现和推广逐渐使精确预测成为可能。大数据的"大"，并不是简单的指数据绝对数量的宏大，还包括处理数据模式的"大"，即尽可能地收集全面和综合的数据；同时使用多重数据方法进行建模分析，充分挖掘数据背后的相关关系，从而预测未来事件发生的概率。大数据时代是一场革命，庞大的数据资源使得管理开启量化的进程，而运用数据驱动决策是大数据下营销决策的重要特点。以往研究表明，企业运用数据驱动决策的水平越高，其市场与财务绩效表现越好。可见，大数据通过强化数据化洞察力，从海量数据挖掘和分析中窥得市场总体现状与发展趋势，从而能够帮助提升其营销活动的预见性。大数据环境下，如何将企业的市场数据与会计、财务及资本市场数据结合起来，确立市场业绩和公司财务绩效的相关性和因果关系，对企业如何最优安排营销投资和策略具有重大的意义。

# 第十七章　大数据能增加全面预算的弹性吗

借助大数据技术与全面预算管理平台，进行行业背景、企业竞争能力、企业隐性资产、产品价值、自身财务状况的评估，以广泛、准确、及时的数据为企业提供智能决策和验证，全面预算管理向前瞻性战略决策转型。就制定全面预算的方法而言，滚动预算作为动态的预算管理方法，是随着预算期的不断进展，进而不断修改预测的结果，以指导最新的决策来达到制定目标的预算方法。由于其编制期限的灵活性，能够规避定期预算的僵化性、不变性和割裂性等缺点，逐步成为预算管理的主要手段。传统的滚动预算编制应用的方法，都是基于对内部生产经营资料及以前预算期间的市场经营数据进行数据分析和判断，预测未来报告期的经营数据，这必然导致预算时基于的数据的陈旧和保守，同时仅对内部资料进行分析归纳，做出的预算脱离市场变化的决策，反映不出复杂多变的经济形势。而通过大数据进行滚动预算编制，分析的基础是海量的市场消费数据，这样可以根据市场对产品和服务的反应，快速对销售和采购进行实时的调整，有效把握市场节奏，树立快速反应的观念。

## 一、大数据如何影响滚动预算

### 1. 大数据提升了滚动预算结果的精准度

编制滚动预算提高整体运营效率，而大数据能够更好应对复杂多变的社会经济形势。编制滚动预算的目的是动态预测未来运营中市场开拓、资源占用、资金匹配等各要素的处理能力契合问题，通过编制预算加强内部控制管理来提升整体高效运行，在具体操作上需要确定公司的经营能力，包括财务能力、市场容量、费用政策、业务结构、现金流量分布，以及资金运用安排及固化资产结构。通过上述数据构成来规划未来各环节的管控，而大数据通过对同类行业数据的取得和分析，对比海量消费数据来判断外部市场的变化，有利于及时调整预算数据，纠正运营中的偏差，同时运用大数据进行滚动预算，既可以预测经营中的整体运行效果，又可以有针对性地对市场、成本、人工进行预测，借助外部数据的分析，使经营贴近市场，保证了信息获取的充分性，不会出现因为数据失真导致预算失败的状况。

2. 大数据拓展了滚动预算预测的涵盖范围

编制滚动预算时，所制定的时间长度和数据细分程度都是借鉴以往过去时段的经营状况来确定，利用的大多数是内部数据，在时间跨度上更是以年度、季度为单位进行编制。由于传统预算编制方式本身就对数据处理要求复杂，同时在编制中还要假定经营是持续进行的、市场改变是逐步变化的，且业务数量不会瞬间出现极端变化等，而在运营中，各种极端状况都有可能遇到，传统预算剔除了波动情况，导致当经营环境和经济状况出现大幅波动时，预算数据无法跟上市场变化，加上预算时间跨度较大，不能有效纠正预算执行偏差。大数据的运用，强化了对外部数据的运算分析能力，使经营者更容易把握市场变化的脉搏，缩短预算期间，有利于全面量化分析经营中的各项指标，并更多地分析外部数据为预算服务。利用大数据可以大大缩短预算期间，也有利于提升运营的风险意识，加强数据处理的重视程度，使管理层更有意愿从市场反应来编制滚动预算，将分析视角外部化。

3. 数据改变了滚动预算的功能重点

传统预算管理重点包括预测计算和能力管理两个模块，通过预测计算确定未来经营趋势，加强管理和内部控制。在执行中，通过数据分析辅助完成经营发展的目标，在分析中，逐步纠正偏差，以加强逐级逐层的控制管理，这样，可以通过对数项的多维组合进行分析比较，找到管理弱点或匹配缺口，继而进行改善，为接下来的产品效益管理奠定基础。因此，传统预算管理更多的是利用内部数据进行处理分析，通过加强内控的方式来提升运营效率。大数据时代，将大数据分析纳入滚动预算中，在对大数据量化分析时，更容易发现运营流程的标准模式，以整合出更科学的管理手段来提升运营效率，这样使滚动预算的重点转移到战略管理和市场运营管理上，利用互联网强大的数据库和数据处理能力，在提升传统产业效率和降低其成本的同时，推动企业发展，使其具备大数据能力、基础计算存储能力、数据库检索、语义分析、深度学习等，同时了解自身在整个大数据生态链中所处的环境和位置，从而有利于经营的准确定位，及时调整运营战略。因此，利用大数据编制滚动预算有利于强化滚动预算的战略地位，形成以市场为主导的营销运算分析模式。大数据运用到滚动预算中，不仅增加了全面预算管理的弹性，也使得预测的结果更接近市场的真正需求。

## 二、大数据如何影响弹性预算

### 1. 弹性预算法的优点与限制分析

预算不仅是控制支出的工具，也是利用企业增加企业价值的一种方法，是各部门工作的奋斗目标、协调工具、控制标准、考核依据，在经营管理中发挥着重大作用。在大数据环境下，通过改进弹性预算法，克服原有的限制，使预算编制更加准确、有效，预算控制更加精确，预算分析从事后转移为事前，促进企业进行更好的预算管理。弹性预算法又称变动预算法、滑动预算法，是在变动成本法的基础上，以未来不同业务水平为基础编制预算的方法，是固定预算的对称，是指以预算期间可能发生的多种业务量水平为基础，分别确定与之相对应的费用数额而编制的、能适应多种业务量水平的费用预算，以便分别反映在各业务量的情况下所应开支（或取得）的费用（或利润）水平。正是由于这种预算可以随着业务量的变化而反映各该业务量水平下的支出控制数，且具有一定的伸缩性，因而称为"弹性预算"。

相比于其他几种预算方法，弹性预算法有一个显著的特点，它是按一系列业务量水平编制的，扩大了预算的适用范围，使预算更加接近企业的真实情况，更好地发挥预算的控制作用，避免了在实际情况发生变化时，对预算作频繁的修改。弹性预算是按成本形态分类列示的，在预算执行中可以计算一定实际业务量的预算成本，且更加准确、有效，便于预算执行的评价和考核，在成本费用的预算中应用的比较广泛。理论上弹性预算法适用于所有与业务量有关的预算，但是实务中主要用于编制成本费用预算和利润预算。其原因是成本费用预算较其他预算更便于找到变动成本部分和固定成本部分。要准确的寻找到一个最能代表生产经营活动水平的业务量计量单位，这样预算得出的结果才可能更加接近真实情况。另外，弹性预算法的两种具体方法中，由于实际生产中具体的成本项目的复杂性，此公式模型并不能完全符合未来的情况进而对全面预算的结果造成影响。

2.大数据下的弹性预算法

现在大数据技术的广泛应用可能会使我们改进现有的弹性预算法，更加高效准确地对企业进行预算，打破原有方法的一些限制。首先，更准确选择业务计量单位。选择业务计量单位是弹性预算基本的工作。在实务中管理会计人员可能会根据经验和公司的惯例来选择适合的业务计量单位。例如，以手工操作为主的车间就应选用人工工时；制造单一产品或零件的部门可以选用实物数量；修理部门可以选用修理工时等。在实务中计量单位比较复杂且不容易直观判断，如车间中手工操作与机器耗用相差无几、某一车间制造多种产品等。

其次，公式法下公式的拟合度更高，降低了列表法难度。弹性预算的公式法是运用成本形态模型，预测预测期的成本费用数额，并编制成本费用预算，这样所形成预算的准确性不高。在大数据时代的今天，企业可以利用大数据技术，在成本形态分析的基础上拟合出更好的成本曲线，而不仅仅是对成本形态的分析，更是对已有的海量数据的价值的发掘。在海量数据中提取出需要的业务量及它们对应的成本额，用计算机技术把这些数据点描绘在一个坐标图上，作为预算的公式所用。列表法是在预计的业务量范围内将业务量分为若干个水平，然后按不同的业务量水平编制预算。列表法虽可以不必经过计算即可找到与业务量相近的预算成本，但在评价和考核实际成本时往往需要使用插补法来计算"实际业务量的预算成本"，比较麻烦。大数据技术拟合出的曲线能进行很好的预算，降低了列表法的难度。

最后，加大预算范围。理论上弹性预算法适用于所有与业务量有关的预算。但是实务中主要用于编制成本费用预算和利润预算，即使有些预算如销售预算等，不便于利用成本形态模型分析的预算，可用大数据获取以前年度的相关数据建模分析，得出所要的预算，以此来扩大预算的范围。这样可以使预算更加完整，以实现企业的总目标，减少因各级各部门职责不同而出现的相互冲突的现象。

## 三、全面预算的制定应注意的问题

一个做不好预算的企业，一定不能成为成功的国际化企业。全面预算管理最重要的是对企业未来经营成长的合理预估和判断。由于环境不确定性和中长期均衡的影响，财务战略管理要求管理者制定长期的企业规划而非仅仅是年度预算。在财务战略管理框架下，战略规划的核心是资源配置，其依据是核心竞争能力能否发挥以及运用的强弱，其评判标准采用一系列明确的财务指标和高于其他战略方案的资本报酬率。与战略规划相比，预算是用财务或非财务术语来表达对未来较短期限企业营运结果的预期，预算目标成为业绩评判的基础。预算是管理控制广泛应用的手段，它必须与企业总体战略和职能相适应，同各个管理层及其特性相配合。预算编制必须体现企业的经营管理目标，并明确责任，在预算执行过程中，应当根据环境变化不断进行调整，以使预算更符合实际，并及时或定期反馈预算执行情况。

我国大部分企业的财务系统与采购、销售、人资、生产、库存等系统进行了良好的集成，打破了企业内部的信息壁垒，形成一个共享数据平台，为企业管理层决策提供了数据支持。大数据时代，财务信息化将焕发出新的生机。许多在信息收集、处理和分析上有难度的工作，如企业投资决策、全面预算管理等，将不再成为难题；财务信息系统在企业投资决策、核算管理规范、全面预算、节省成本等方面将更好地帮助企业实现管理提升。

数据库的存储方式决定了数据库中的财务数据仅仅是财务数据海洋里的结构化数据，而对于非结构化的财务数据，数据库则无能为力。在当前的财务系统中，我们仅能查阅到从原始凭证中"翻译"出的部分财务数据，若想看到财务数据的源头，必须要翻阅原始凭证。而大数据时代，原始凭证也必将实现"数据化"，我们可以随意调取和应用"数据化"原始凭证中的数据，必将为企业全面预算管理工作提供巨大便利。

全面预算管理自 20 世纪 20 年代在美国通用电气、杜邦等公司产生之后，很快为很多大型企业所用，对促进现代企业成熟与发展起到了很大的推动作用。目前大部分企业的预算编制仍然停留在传统方式的初级阶段，很多数据是靠预算编制人员拍脑袋想出来的，数据的真实性及可靠性得不到保障，如很多数据是依据上一年度的预算方案，然后在各个科目上分别增加一定的比例。预算编制的管理者并没有根据实际的数据进行合理的整理分析，也没有在考虑以前年度实际数据与预算数据的基础上，顺应市场环境的变化，制定并实时调整预算方案；由于缺乏信息化管理平台，企业无法及时掌握预算执行状态，只依靠相关工作人员事后检查及调整，难以充分利用数据的时效性；在预算分析环节，多数企业只进行简单的图表分析，分析深度和广度明显不足，无法全面、多角度地对预算执行状况进行合理的分析。在预算控制环节，多数企业缺乏完善的控制体系及信息化控制手段，控制力度和控制效果欠佳。

大数据时代的到来，加强企业对大数据的重视，能否充分利用大数据关乎企业竞争优势的维持及长远稳健的发展，哪个企业能全面掌握大数据，哪个企业能充分利用大数据，哪个企业就能在差异化发展中获取更大竞争优势。大数据时代的到来促使企业加强信息化建设，预算信息化管理平台将成为企业全面预算管理的发展趋势，从而改变企业全面预算管理工作。大数据时代强调企业包括财务部门，甚至全体员工都参与预算的编制、执行、控制、分析过程中。预算化信息平台结合大数据特征，属于动态的业务系统，能随时反映企业预算执行情况及预算分析报告。财务大数据实现跨部门共享职能，预算编制工作人员能全面获得一手数据，及时掌握企业经营状况及战略目标管理效率，便于制定科学的预算短期目标与长期目标。企业通过预算信息化管理平台实时掌握预算执行状况，从而实现预算管理工作事前预测、事中控制、事后调整的职能发挥。

全面预算管理的核心在于利用预算对企业内部各单位、各部门的各种财务与非财务资源进行分配、考核、控制，以便有效地组织和协调各项生产经营活动，完成企业既定的经营目标。在大数据时代，企业通过构建预算大数据管理平台，可以解决以往全面预算管理中出现的诸多问题。大数据以企业历史数据为基础，根据企业目标利润制定各项作业指标，通过预测生产量、销售量等关键因素，制订企业未来特定时期的各项生产活动计划。通过大数据管理平台，企业还可以获得本期的实际数据，与预算数据进行比较并生成预算执行报告。管理者通过预算执行报告可以调控下期的执行计划，制定科学合理的经营目标，调控各部门的作业活动，有效监督控制企业的日常经济活动，考核各部门业绩完成情况。

## 四、全面预算的执行应注意的问题

　　财务战略管理关系着企业的运营和生产，科学的企业战略管理能够起到规避风险、为企业决策提供依据的作用。现代经济环境财务战略管理在企业管理中的地位越来越突出，财务战略管理不仅实现对企业运营成本、生产成本的控制，更实现了企业资源的科学配置。成本是企业生存的关键，对成本的控制是企业利润最大化的重要途径，而财务战略管理就是成本控制的重要手段。财务战略管理实现了对企业资源进行分析和配置，并准确计算出在本期成本中应计入的费用和生产资料转移的应有价值，规范了企业的财务状况。企业财务战略管理具有对企业成本计划和企业成本管理进行检查和监督的功能，同时还能对企业运营控制管理体系进行评估，验证其科学性和合理性。

　　企业的经营与管理与所有利益相关者，如顾客、合作者、竞争者紧密相联，企业无法单打独斗，只有广泛参与，合作共赢，才能生存与发展。随着社会信息产生与传播方式的变化，产品的生产和价值的创造日益走向社会化和公众参与。企业通过与网民群体的密切互动，主动引导网民群体参与其业务流程管理中的创意、设计、生产、质量保证、市场推广、销售和客户关系管理的关键环节，并根据网民群体的互动反馈完成产品优化与创新，实现企业与网民群体的协同发展。有效利用大数据开展创新的前提是将数据视为一种资源，与人才、技术等宝贵资源具有相同属性。在数据具有资源属性后，企业可以对数据价值和应用潜力进行深度开发，有目的地寻找创新机会。大数据既是对数据自身特性的表征，也是对分析方法的表征，基于创新视角，它是一种思维方式。应用大数据的核心是预测和个性化。精确预测就是揭示潜在创新机会，而且大数据预测的最大优点是个性化。

　　财务管理在大数据时代拓展了领域和范围，很多与传统财务管理范畴无关的业务和内容将纳入大数据时代的财务管理，可以将其称之为"综合财务管理"。综合财务管理因为有大数据的支撑，一方面能通过对企业内外部各种数据的采集、挖掘，使财务管理人员可以掌握全面、大量的有用信息，而这些信息有助于深入分析企业的生产经营活动情况，了解企业面临的内外部风险，可以促使企业正确面对现在与把握未来。另一方面，大数据使得财务管理人员在进行相关数据分析时，及早觉察到企业生产经营活动的异常情况，提醒企业领导人及时或提前采取应对措施，堵塞各种漏洞和减少可能的损失。综合财务管理拓展了财务管理的领域和深度，从企业所处的国内外形势、行业现状与前景、企业的竞争能力、企业有形与无形资产状况、产品价值优势和自身财务状况出发，进行深入、细致的分析与评估，真正做到不仅"知己"，而且"知彼"。从这个意义上说，大数据时代，综合财务管理将成为企业在激烈的市场竞争中取胜的核心。

数据量大本身即为财务信息系统的一个特点，而当财务信息需要满足财务业务一体化管理的要求，财务信息系统对信息处理种类以及时效的要求都将提高。高速信息化的今天，企业财务不仅需要面对大数据时代背景下外部带来的信息交换压力，还需要处理好内部大数据信息的交换处理问题。大数据导致信息化面临高度分散和高度非结构化的数据源，对财务信息化以及财务信息和业务信息的内部配合提出了新的要求。大数据可以帮助财务快速建立分析工具，实现产品的高精准成本分析及生命周期分析，为企业产品发展提供有效的信息支撑。但大数据同时也会使企业内部信息滞后，甚至进入信息混乱状态。其中的关键在于如何利用大数据。因此，大数据技术为确定成本动因、准确计算成本提供了可能，实现基于结果的分析向基于过程的管控转变。财务人员可以及时采集相关数据，通过控制系统，分配成本、分析生产费用构成因素，实现业务活动绩效实时评价和成本控制的在线化、过程化。另外，大数据分析需要企业在软硬件设备上进行大量投入。企业面临海量非结构化的数据，快速有效地对数据进行分析，需要一个复杂的数据分析系统，而现阶段数据分析系统价格相当昂贵。这些数据分析系统的运行对硬件的要求近乎苛刻，高配置的硬件设备也价值不菲。

## 五、全面预算的考核应注意的问题

企业应将预算管理建立在提升企业价值的基础上，建立基于价值链的全面预算管理体系。首先，要求以战略为导向，将具有长远性和综合性特征的战略目标层层分解，落实到具体的业务规划以及具体的责任中心和经营期间，使战略目标具有可操作性。其次，预算管理要紧紧围绕价值活动中的增值活动，寻找增值作业的关键驱动因素，将企业关键资源配置给增值作业。再次，预算管理不仅要覆盖价值链中的每个环节，更要体现不同活动之间的业务逻辑，强调业务驱动预算，从而实现预算的闭环管理。最后，预算管理要适合企业的经营环境和价值链上的各项活动的动态变化，并及时修正预算或业务活动，保证战略目标的顺利实现。因此，预算控制就是通过事先确定的一系列以财务指标为主的财务战略目标，并以此为依据对执行结果进行评价的控制过程。这是一种具有会计数字管理特征的组织内部控制机制，是财务战略管理权力和功能的集中体现。

大数据对企业的影响基本包括了从内到外的一系列企业行为，对内可强化内部治理，提升财会业务，加强对产品的功能检测和监视，进行基础研究；对外可提升销售、扩大客户范围，提升客户服务水平，实现决策自动化，这些作用正是大数据应用的价值所在。预测分析是唯一可持续做好企业当前经营和长期规划的经济前景预测，以及长期竞争优势的工具。其不但有能力回答企业经营管理中的各种问题，关键是可以发现问题，帮助企业确定科学合理的战略目标。利用大数据分析，企业可全面增强对自身业务的理解，包括全面洞察顾客、竞争对手等，通过监测模型，全面预测风险和机遇，了解企业外部环境，发现客户价值。乐购公司（Tesco）采取俱乐部会员卡制度，了解客户购买的商品情况，并据此有针对性地开展网上促销活动。乐购利用收集到的客户购物信息，将客户按照生活方式划分为几类，如每周购物一次、会购买打折商品、会使用公司通过信件邮寄的优惠券的女性顾客被认定为追求价值型客户；一周购物三四次、所购商品均为方便食品，而且无论是否有促销活动，购买的商品几乎不变的男性顾客则被认定为追求便利性客户。基于对客户的了解和划分，乐购可以根据客户偏好和兴趣来定制促销活动。乐购每年选择不同的目标人群，有针对性地发放优惠券。与直接营销行业 2% 的优惠券回复率相比，乐购公司的优惠券的兑换率却高达 20%。通过对客户数据的完全掌握和精细化挖掘，乐购实现了极高的客户忠诚度，将财务业绩提升至市场领先的地位。

大数据能够让会计人员进行彻底变革，在企业中发挥更具战略性和"前瞻性"的作用。会计人员通过不断收集、储存和传递的海量数据会改变会计工作的重心，从数据分析和挖掘过程中向企业领导提供预测性信息，并为股东和利益相关方提供有利于其做出决策的相关信息。而大数据为预测分析提供了基础数据和依据，可以在更大程度上提高预测结果的准确性和可靠性。

以战略成本为例，战略成本管理是始于通过路径分解进行的战略规划。全面预算管理的一项重要的工作是对企业前一年取得的工作成果、不足、优势和劣势进行总结，对新一年的目标进行定性和定量的描述，做到寻找路径、识别风险因子、合理配置资源和可落地的到人与时间点的行动计划。而做好战略成本，要将战略与绩效管理进行关联，即在制作规划的过程中，将公司的战略分解成具体可量化的目标，然后通过价值树形成公司绩效到部门绩效再到岗位绩效目标的一体化，并将公司目标、绩效指标、预算形成有效的关联。

大数据时代使得全面预算管理正式实现企业"战略、业务、财务和人力"四位一体的最有效方法，而"四位一体"的根本目的是通过全面预算管理，使企业的各部门对经营目标形成统一的认识，以产生战略协同效应。战略管理与全面预算管理的关系也是相互促进的。因此，企业实施全面预算管理过程中的基础数据也非常重要，如果基础数据不准确、不透明、不对称、不集成，整个预算就是"无源之水、无本之木"，企业高层的决策者就难以获取准确的信息。

在大数据时代，财务部门的角色定位将从根本上发生转变。对企业而言，大数据时代不仅助力了企业价值的提升，也将对企业传统的盈利模式提出挑战，盈利模式的变革对职能部门的角色定位也必将提出新的要求。在大数据时代背景下，企业财务部门的定位不再是"成本中心"，而是"利润中心"。除了在企业建立共享服务中心外，进行集团企业的资金大集中管理也助益颇多，这样可以树立财务部门在公司的话语权。而资金集中的第一步是进行全国的账户集中管理，即通过规模效应与银行谈判，降低资金的使用成本。之后，再等到资金归拢后，可以将"现金为王"的理念通过"资金占用费"等形式落到实处。随着组织创造并存储更多数字形式的交易数据，以实时或接近实时的方式收集更多准确而详细的绩效数据，组织能够通过安排对比实验，运用数据分析获取更好的决策，如在线零售商，通过将流量和销售结合的试验论证决定价格调整和促销活动的制定。

# 第五部分

## 大数据如何影响投资决策

企业投资决策作为企业所有决策中最关键和最重要的决策内容之一，是为了实现其预期的投资目标，运用一定的科学理论、方法和手段，通过一定的程序对投资活动中重大问题所进行的分析、判断和方案选择。大数据能提高企业的投资决策能力。企业的资金是有限的，如何将其应用于可能的投资项目，提高资金使用的成功率和效率，是企业决策水平高低的主要体现。大数据可以通过分析每一个投资项目的成本和收益水平，准确预见项目的未来运行状况，从而提高决策能力。

　　目前，很多企业的投资决策过程并未完全考虑企业海量数据的价值。即使考虑，也往往忽略制定决策所需数据应具有的质量特征，这就导致企业的投资决策经常存在一定的偏差甚至是失误。大数据的发展，使得面临市场竞争越发激烈的企业可以充分获取并利用海量数据为企业制定科学合理的投资决策提供支撑。由于投资决策对企业的战略发展有着重要的影响，为了提高企业财务决策的效果，指导大数据环境下企业财务决策的有效实施，基于数据质量特征的企业投资决策框架应从投资决策的准备、制定和评估、监控和调整三个阶段重点关注数据质量特征，为企业的投资决策提供借鉴和参考。

# 第十八章 企业如何找到真正的好项目

投资目标、投资原则、投资规模和投资方式都是投资战略的主旋律。该战略就是企业整体战略中资金投放的体现，具体到投资战略的各个组成部分。

第一，投资目标分为收益性目标、发展性目标和公益性目标。企业生存的根本就是收益性目标的实现。要使得企业持续发展就要实现发展性目标，没有直接利益的公益性目标，一旦实现也可以为企业带来间接利益，企业的社会影响力和社会责任感的大幅度提升会让企业得到良性发展。

第二，投资原则分为集中性原则、准确性原则、权变性原则及协同性原则。资金的集中有效投放就是集中性原则，是几个原则中的核心，因为资金毕竟是有限的，必须投到最关键的地方。投资过程中时机和数量的准确性体现在准确性原则上，它是投资成功的必要保障。投资的同时要注意外界环境，及时调整战略规划，同时要灵活机动，机械教条的投资行为会造成不必要的损失。投资金额要按照生产要素所占的重要性和企业所处的发展阶段来进行分配，合理的金额分配就是协同性原则。决策效率、决策质量以及决策成本是评价投资决策的几个重要影响因素，这些因素在很大程度上影响企业固定资产投资决策的科学性和合理性。

大数据时代，基于云会计平台进行决策相关大数据分析，能够为企业的固定资产投资决策提供科学、全面、及时的数据支撑。依据大数据所形成的科学决策，企业将从过去粗放型投资转到精确型投资，企业投资效率和投资收益将大大提高。

## 一、投资项目能否满足市场需求

### 1. 市场需求管理的一般原理

从 18 世纪开始，产业分工一直明确是经济增长和评价社会效率的重要指标。这一指标在大数据时代仍然有效，但在大数据时代，基于海量数据的分析和计算，产业之间的联系更加紧密，互动性加强。而信息和数据的使用将在经济增长质量提高方面发挥重要的作用。一方面信息化导致的产业融合有利于提高产业效率。基于信息化和数字融合为基础的产业融合，使得产业从产业分立走向产业融合，产生多部门共享的公共平台，产业之间的公用性加强，使要素能在更大范围内有效地配置和合理的利用，提高产业效率。另一方面信息化导致的产业融合有利于增强产业之间的联系效应。产业融合是在数字化技术创新、高新技术深入应用和原产业间联系效应加强的基础上，在管制放松的外力推动下，实现产品、业务、市场和业务流程的交叉融合，强化产业间的多向联系效应。在投资体制的转型方面，建立健全大数据时代投资决策的体制机制，抑制投资决策的短期行为，强化监督约束机制，引导经济主体在大数据分析下做出理性的和科学的投资决策，减少盲目扩大投资规模所导致的重复投资和产能过剩现象，优化投资结构，提高投资效率，实现质量效益型投资。

市场需求管理是拟投资项目开展有效市场营销——认识和发现市场、分析和选择市场、管理和满足市场的根本原理。其简要表述是：项目或市场需求满足与被管理的过程，是认识市场、发现需求，分析市场、选择需求和管理市场、满足需求的活动过程。所谓管理和满足市场需求的过程，不过是将此原理转化为相应的具体思路与行动，来寻找合适载体的项目或生产与营销某种具体产品的过程。因此，对投资项目做相应的需求管理，就须基于确定项目可否进行投资的一般标准，明确相关管理思路，制定和落实具体的管理措施与要求来实现。

### 2. 投资项目前期市场需求管理的基本思路

投资项目前期市场需求管理的基本思路可概括为：积极运用市场经济规律，对投资项目在前期拟建阶段就如何认识需求、了解和发现可满足市场需求，按照科学的方法对有关需求的各种表象进行系统认真的调查、分析、预测与管理，通过在前期研究项目拟定未来满足市场需求载体如何进行管理活动的营销方案，来规划实现项目前期对拟建项目进行市场需求管理。据此，管理好市场需求活动的关键在于最初确立的对市场需求的认识，是在发现与分析和选择有关需求等基础上，从认识市场发现需求出发，通过市场细分来选择需求，在确定了针对具体目标市场的特定需求后，最终依靠提供满足需求的产品或服务载体来管好市场，实现需求双方共赢、社会平稳可持续发展的终极目标。

投资项目的市场需求分析最终必须以销售管理为基础。传统的做法是根据销售数据进行统计分析，从结果的角度分析产品需求特点、需求变动趋势、营销渠道、营销效益等各方面信息，然后在历史数据的基础上得出企业特定期间内产品方案及营销方案的效益评估结论，为后期产品生产数量、单价、营销手段的设计奠定基础。历史数据反映企业过去经营活动状况，对未来的业务发展起到一定的借鉴作用，然而大数据时代下的信息价值密度低，时效性强，传统的管理方法却无法保证全流程、全方位的开展工作，从而削弱了有效性。在大数据背景的推动下，企业充分利用大数据资源，扬长避短，利用大数据结构的复杂性，多方面挖掘管理过程中的各种信息。仍以销售环节为例，企业除了根据销售历史数据分析销售变动趋势，也可以将数据来源拓展到消费者，通过互联网问卷调查的形式或语音采访的形式，直接调查消费者对企业产品的需求偏好、消费者对产品价格的接受度、消费者的日常消费习惯、消费者消费行为受收入约束程度、消费者效用变动情况，以及消费者对替代产品的需求状况等具体信息。百思买（Best Buy）公司通过与客户互动来获取大量信息，利用数据改进营销策略，提高销量。过去几年中，百思买为了提高零售店的效益，将几家零售店建成了实验店，以找出每个细分市场真正有意义的价值主张。与此同时，公司收集了 6 000 万个美国家庭的相关数据，利用大数据分析影响价值产生变化的主要因素。然后，将数据分析的结果和实验店的测试结果结合起来，开发出针对每个细分市场的新兴零售店经营模式。公司还根据大数据建立起预测性的分析工具，帮助企业了解客户购买的物品以及购买行为的生命周期，促进客户在初次购物之后再次购买其他商品。百思买公司以大数据分析为基础，以客户为中心的经营模式为其带来了极佳的经济收益，针对特殊目标人群建设的新型商店实现的销售额是传统模式的两倍。

**3. 制定和实施需求管理的相关措施**

判断一个项目可否投资，使之成为投资成功的活动，按照现代项目管理的基本要求，其评价与选择的判断标准一般可归纳为市场基础好前景广、技术上先进可靠、经济上合理有益，以及社会影响和环境影响俱佳等方面。

（1）制定好开展市场需求管理活动的具体措施。搞好项目投资的管理活动，投资者或企业抑或是相关管理部门只有充分了解市场、把握市场，才能针对市场的具体情况提出满足需求的对策，制定好市场需求管理的具体措施，在补上缺口之需的过程中实现项目在经济性、社会性和环境影响等方面与需求方的和谐共赢。

（2）重视并落实满足市场需求载体形式的管理要求。就满足市场需求的载体形式而言，在考虑客观存在又不宜改变原有市场基本情况的前提下，一般只能通过调整项目载体在需求表现中的具体形式来适应市场需求，即主要是通过差异化做出适合项目特点的产品或业务，并应特别注意项目差异性原则在实施过程中的要求：在宏观上，主要需考虑项目对国民经济总量平衡的影响；对经济结构优化的影响；对国家产业政策的影响；对国家生产力布局的影响；对国民经济长远发展规划、行业规划和地区发展规划的影响；在国民经济和社会发展中的地位和作用等的影响。在微观上，应注意分析项目所生产的产品是否符合市场需求；项目建设是否符合企业发展战略；项目建设是否考虑合理生产规模；项目建设是否有利于科技进步等。

（3）借鉴国内外投资项目前期开展市场需求管理活动的成功范例，推动管理活动的开展。从国家宏观层面看，我国五年一次编制实施五年规划及其成果可以说是一个广义的投资项目需求管理活动；微观层面但凡具体的重大项目，如三峡工程、高铁、西气东输、西电东送、南水北调等都是在其前期以市场需求为基础进行了反复充分的可行性论证后，从而确认其市场及其相关需求的可管理性与必要性。国际上市场需求管理活动成功的范例就更多，广义的一切现代科学成果均可看作是成功的案例，狭义的如各种新产品、新专利及其技术等的诞生，尤其是那些取得成功的风险投资项目均是成功案例。

## 二、竞争情报对大数据时代企业固定资产投资决策的影响

### 1. 实现智慧投资决策

企业投资决策是企业所有决策中最为关键、最为重要的决策，是企业众多情报需求中要求最高、最复杂的一种。投资决策最核心的内容就是研究企业现阶段自身的资源禀赋与拟投资项目的可匹配性。随着大数据时代的来临，大数据必将逐步渗透到企业投资决策的每个环节，成为重要的生产要素。在科学技术日益发达、市场竞争日益激烈的大环境下，企业不能依然依靠投资驱动、规模扩张的发展方式来实现企业的发展。企业需要建立并完善科学的决策评价体系，指导企业资本投放到更有效率和效益的项目。但一个行之有效的决策评价体系必须有成熟可靠的数据为决策提供支持，而当前的 ERP 软件仅从企业内部现金流的可行性角度提供数据支撑，辅助财务人员判断投资决策是否可行，对于外部市场风险、项目重要性排序、净现值比较、投资回收期等方面欠缺合理的数据支持。

大数据时代财务信息系统能够延伸到企业外围，提供市场同类项目的相关风险、预期收益等，并在企业内部从投资总额测算模型与项目选择排序结果进行匹配，预测资金缺口，设计融资方案，形成完整的投资决策评价体系。例如，IBM 公司已经在完善企业投资决策方面有所作为，其推出的大数据产品 TM1 最初是为了计算每桶原油在国际油价市场的变化对于投资的影响。后来经过 IBM 的发展具备了处理复杂数据、快速计算，以及沙盘推演功能，并提供了制造业 S&OP（Sale & Operation Punning）解决方案、企业人力资源解决方案、企业投资决策方案等。TM1 产品在完善企业投资决策方面有所提高，但仍不能对企业外部风险进行评估，这是因为整个行业、整个社会的大数据平台的缺失。随着大数据发展的进一步成熟，未来企业投资决策对于外部市场风险的分析必将纳入财务信息系统，实现财务人员智慧投资。

### 2. 提高企业的投资决策效率

在经济全球化、企业规模化背景下，固定资产投资决策越来越频繁，其对企业的生产经营活动影响也越来越大。过去，由于数据采集、处理和分析技术的各种限制，企业的固定资产投资决策往往需要花费大量的时间进行数据的收集、整理和对比，并且需要进行长时间的实地考察、调研，这使得投

资决策往往要耗费相当长的时间，决策效率相当低下。随着云计算、大数据技术的应用，企业基于云会计平台可以直接取得与固定资产投资项目相关的财务和非财务数据，同时通过使企业的业务流程、财务流程以及管理流程相结合，能够避免部门之间数据的孤立，以及传递过程中的缺失和时间拖延。通过企业各分子公司的业务系统及管理系统与云会计平台无缝对接，为企业固定资产投资决策提供海量的数据，这样大大节约了投资决策的数据获取时间。同时，采用大数据技术进行海量决策相关数据的整理、对比和分析，可以显著提高企业固定资产投资决策的效率。

3. 保障企业的投资决策质量

传统的投资决策方案一方面会利用有限的数据资料，另一方面依靠投资决策者以往的经验来决定，其中主观因素导致的投资风险比较严重，决策质量较低。基于云会计平台，企业通过与互联网、移动互联网、物联网的连接，收集企业投资决策所需的财务与非财务数据，经由后台的数据模型进行数据整合、清洗、处理，使企业的固定资产投资决策有更加科学、准确、全面的数据支撑，进而减少主观判断依据，保障企业的投资决策质量。

固定资产投资由于其投资变现能力相对较差，所以企业持有的资产风险相对较大。固定资产投资面临着债务风险、投资总额变动风险、投资期变动风险，以及估算风险等诸多风险，由于固定资产回收期长、流动性差等特点，因此在固定资产投资决策中风险可控性对于企业来说至关重要。基于云会计平台，企业不再仅仅是单纯地进行财务数据的分析，而是对企业自身的财务状况、负债比重、现金流量、技术支持、人员配置等要素，以及外部环境的国际货币状况、市场营销情况、政府政策、投资环境、市场发展、消费者偏好等一切与投资决策相关的数据进行收集、挖掘，进而对比、分析得到对企业固定资产投资决策有价值的信息。云会计和大数据技术的应用，不但使投资决策更具有科学性，而且能够通过数据支撑，使风险控制在最小。

4. 减少企业的投资决策成本

企业固定资产的新建、扩建与改良一般涉及销售部门、库房存储部门、财务部门、生产制造部门等，传统的投资调研主要通过实地考察、纸质资料收集和整理、电子邮件、电话等途径，需要大量的人力、物力的支持。基于云会计平台，企业按需购买软件服务，通过互联网和数据端口与所有部门以及子公司相连接，减少了硬件和设备的成本，而且企业无需派大量的调研人员对市场和周围环境进行实地考察、评估。通过云会计平台，企业产品的市场销售情况、投资环境、消费者偏好、相似产品的市场占有量等结构化数据和包括产品相关图片、视频、音频、文本、文档等半结构化、非结构化数据都能够方便地被企业收集、整理和分析。企业基于云会计平台进行固定资产投资决策相关大数据分析，不但可以减少企业投资决策中过多的人力成本，还可以减少相关硬件设备的购买、维护和后续修理费用。

## 三、大数据时代的企业投资决策新标准

### 1. 传统的投资决策标准及其弊端

企业的项目投资（实业投资）不仅仅是钱的问题，它需要技术、工艺、组织、营销、人力、品牌等多种条件，强调的是核心竞争力。公司战略的核心就是投资问题。战略方针的差异基本上体现了与公司主营业务相关联的投资方向、具体项目、投资对象、投资区域、投资性质、金额大小、时间节奏等方面。

商业模式规划了企业盈利的方式，是企业以公司战略为宗旨，针对开源、节流两方面对相关投融资方案、经济事项进行定性定量分析，选择最优决策的过程。商业模式通过改变企业的资本结构，即投融资比例、资产负债情况、融资方式、投资决策等，来影响企业的资本模式，最终影响企业价值。反过来，利用现金流对公司价值的估算也是商业模式中评估投资决策的重要依据。

三星公司利用大数据存储及分析技术，开发内部营销系统，设计和开展多渠道营销活动，即依据对产品或地理市场潜力等大数据的系统分析分配营销资源，而不再仅仅是历史经营业绩。该公司利用大数据技术，收集多种不同产品类别与国别组合的具体信息，用于改进其营销活动。该内部营销系统不仅能够存储大量的数据，还可以对大量数据进行分析。员工利用该系统可预测不同的资源分配状况将产生的影响，利用假设情景分析方法来测验未来的投资方案，该系统揭示出公司的一些营销投资方案无法实现高额回报，从而为公司节约了数百万美元。

为决策投资项目，对已发现的现实和潜在市场需求，在找出满足需求的载体—项目或其所代表的产品后，要把有需求的市场容量在细分后的子市场

里作为特定的目标市场选择出来，并在此市场范围内按一定形式转化为拟建项目的生产规模。在此，关键的环节是对特定的目标市场做好有关需求情况的预测分析：一是对现有市场的需求量进行估计；二是要预测未来的市场容量；三是要预测产品的竞争能力。实际操作时，常用市场调查分析、市场预测分析、相关预测分析等基本方法。若相关的数据和信息的质量不高，会直接影响分析结果的质量，而数据分析的结果往往受到人们认识能力和经验水平的限制，以及分析者心理因素影响而产生误差，因此对投资项目进行市场需求管理的调查统计结果，有必要再进行误差分析，以尽量减少未来预测的误差，提高分析结果的精度。

现行财务理论认为，一个投资决策是否可行，其标准在于是否能提高财务资本回报率或股东财务收益，当然货币时间价值是必须考虑的因素，所以财务学上较为成熟的投资项目评估方法（如投资回收期、净现值 NPV、内部收益率 IRR 等）应用特别广泛，基本原理均是基于对投资项目预计现金流折现的判断。而在大数据时代，这些评估技术的弊端日益显现：一是表现在对预计现金流的估计上，如果对预计现金流的估计不准确，则可能会直接导致错误的投资项目决策；二是这些评估方法已经不适合对现金流较少或者未来现金流不明显、不明确的投资项目进行评价，或者说这些评价技术只适用于传统的重资产经营模式。缺乏对企业战略的深度考虑和盈利模式的基本考虑是财务决策较为突出的问题。

2. 大数据时代的投资决策标准

关于投资决策标准的变革，阿里巴巴执行副主席蔡崇信曾表示，阿里巴巴在收购时有着清晰的战略目标和严格的纪律，投资时遵循三个标准：第一个标准是增加用户数量；第二个标准是提升用户体验，如阿里巴巴与海尔合作，特别是和物流公司的合资，提升在白色家电领域的购物体验；第三个标准是扩张阿里巴巴的产品和服务种类，因为公司的长期目标是获得用户的更多消费份额。怎么样给用户提供更多服务和产品是阿里巴巴长期的目标。按照这种主张，就不能再认为评估投资项目的可行与否是完全基于其未来盈利能力或现金流水平等，因为这并不是对当今投资项目的成功与否、有效性大小的驱动因素的深度、全方位挖掘。当然，这种挖掘在非大数据、互联网时代特别困难。而在大数据时代，企业可以得到海量、多样、准确的信息，如客户、供应商的身份信息；相关交易数据，外界环境变化，行业前景等，这些信息是企业进行投资判断的重要依据。对相关的数据进行关联分析可以为投资决策提供依据，但对看似不相关的数据进行关联性分析，或许正是发现新的投资机会的便捷途径之一，如沃尔玛啤酒与婴儿纸尿布的关联销售。

### 3. 在投资决策中应用大数据的必要性

企业利用大数据可以解决投资项目评估方法的两个弊端。首先，大数据本身具备数据的规模性、多样性、高速性和真实性等特征，这将对现金流较多的投资项目估计的准确性提供保障。其次，对于现金流较少的战略性投资项目，大数据的利用不仅可以从传统财务角度进行考察，更多的能从企业获得的资源（顾客、产业链等）与前景（市场份额、行业地位等）等方面全面评估。除此之外，在对投资结果的验证与反馈方面，大数据技术的运用可以对项目投资中和投资后形成的新数据进行实时、准确、全面的收集并评价，进而将项目实施后的实时数据与投资前评估项目的预期进行对比，并将前后差异形成项目动态反馈。这种动态反馈在监控投资项目进行的同时，也可以帮助企业累积评估经验，提高企业未来项目投资的成功率。

## 四、大数据时代企业的固定资产投资决策框架

企业固定资产投资，尤其是新建生产设备，往往由于投资回报时间较长，资金占用量较大，关系到企业未来的发展与生死存亡，所以在投资决策前期需进行大量的调研和数据分析，确保决策的科学性和合理性。数据对企业进行固定资产投资决策起着非常重要的作用。

首先，企业在提出投资项目时需要了解市场情况、消费者的购买力，以及同行业的销售情况等外部信息。其次，在投资项目决策阶段，需要企业基于云会计平台将获取的内外部大数据进行科学、宏观的分析。

生产设备的新建、扩建与改良，一方面影响着产品的成本与定价，另一方面决定着企业的未来发展方向及在竞争市场中的战略地位。固定资产投资是企业日常财务活动中最为重要的组成部分，是企业进行正常生产经营和维持生存发展的基础。

在经济全球化的背景下，企业要想不断地扩大自己的竞争实力，新建、扩建与改良生产设备是许多制造业企业采取的主要方式。企业所处国际市场

环境中的结构化数据、半结构化数据、非结构化数据都已成为影响企业投资决策过程中不可忽视的重要战略资产，如何高效地利用这一重要资产已成为企业发展所必须重视的问题。企业固定资产投资决策所依赖的数据源，可以通过互联网、移动互联网、物联网、社会化网络等多种媒介，借助云会计平台，从企业内部、外部市场、银行等投资决策干系者获取。同时，借助大数据处理技术和方法实现对获取数据的规范化处理，并通过 ODS、DW/DM、OLAP 等数据分析与数据挖掘技术，提取企业进行固定资产投资决策所需的财务与非财务数据，有针对性地对企业新建、扩建与改良生产设备的投资决策每一决策步骤提供有力的数据支撑。

## 五、大数据在企业投资决策中的应用价值

### 1. 大数据使投资决策更科学

从企业内部来看，基于云会计平台获取的固定资产投资决策相关大数据，针对生产设备的扩建与改良，企业能够准确、快速地获取该项目在以前经营过程中的产品生产数量、产品市场占有量、现金流量等财务信息，以及与投资项目有关的部门业务和人事关系、仓库储存量等非财务数据，分析比较投资决策的影响范围以及在后期经营中带来的利益与风险，从企业内部的经营情况和现金流量考虑投资决策的可行性。而对于生产设备的新建，则需要企业充分了解市场的发展趋势，新建生产设备所需的资金筹备、企业的负债比重、现金流量、偿债能力等财务数据，判断这一投资决策是否符合企业长久的发展战略。基于云会计平台避免了企业内部数据的分散和信息的不对称性，企业将无障碍地整合所有子公司和部门的财务与非财务数据，这样更有利于决策的科学性和完整性，进而提高决策的准确率。

从企业外部来看，企业基于云会计平台，通过与电子商务系统的接口，获取市场的公允价值、定价、顾客、数量等外部数据，分析消费者对于相关产品的选购情况，以及商品价位对销量的影响程度和产品的替代商品数据。消费者的偏好将决定产品的市场占有量以及日后的销售群体，可以通过云会计平台获取消费者的购买喜好，畅销地区、畅销时间段等数据，为生产设备的新建、扩建与改良提供有用的决策价值。通过对收集到的数据进行分析，评价该投资项目的产品在市场中的占有量是否已饱和，产品价格的变动范围

是否存在，产品与可替代商品的价格差异是否有利等，这些企业外部数据对于固定资产投资决策至关重要。企业只有了解周围市场情况、投资项目相关产品的信息，以及消费者数据、政府的经济政策、环境的相容度等数据，才能做出合理、有效的投资决策。

2. 大数据使投资决策风险更可控

投资风险是企业投资后，由于内部及外部诸多不确定因素的影响，使投入资金的实际使用效果偏离预期目标结果的可能性。投资决策的风险主要由于缺乏信息和决策者不能控制投资项目的未来变化等原因造成，所以任何投资决策都存在着或大或小的决策风险。企业项目投资（直接投资或者固定资产投资）的主要投资风险表现为经营风险，包括产品需求的变动、产品售价及成本的变动、固定成本的比重、企业的投资管理能力，以及经营环境的变化等。可见，固定资产的新建、扩建与改良是固定资产投资的主要形式，由于其投资变现能力最差，所以投资风险也相对最大。然而一旦投资风险带来的损失超过企业的承受能力，企业只能停止经营，宣告破产。基于云会计平台，决策者可以通过数据分析得到可靠的信息，对可能存在的风险原因和后果进行细致的分析、估算，利用大数据的信息资源不断调整战略目标和投资方向，从而将决策风险导致的损失降到最小。

在固定资产投资决策中，由于决策者追求利益最大化等主观因素以及市场环境和生产设备技术要求等客观因素，都不可避免地使投资决策面临诸多风险。从主观因素来看，企业投资决策者的目标是单一和绝对的，利益最大化是企业投资的最终目标。但是，企业往往由于过分追求利益最大化而忽略了企业的长远发展战略、地方环境要求，以及企业自身的财务状况等因素，投资项目在运行中的资金变化和投资期变动等都将给企业带来巨大的投资风险。从客观因素来看，在经济全球化下，市场需求和消费者偏好始终处于不断的变化中，货币政策和通货膨胀直接决定着消费者的购买力。采取可行的办法使企业的投资风险减少到最小程度是企业在投资决策中面临的最大挑战。

基于云会计平台，将通过互联网、移动互联网、物联网、社会化网络等多种媒介收集到的数据进行处理、分析，对企业面临的债务风险、估算风险、市场风险等多种投资风险进行控制。企业内部的现金流量、负债状况、融资方式以及银行的贷款利率、税收部门的征税情况等数据，在企业进行投资决策时通过云会计平台进行分析，减小投资决策的估算风险、负债风险等财务风险。在投资决策实施中，通过云会计平台，企业将实际的现金流量与收益和预期的现金流量与收益进行对比，找出差异，分析差异存在的原因，做出相应的投资调整。企业应用云会计平台实现各个信息系统的无缝衔接后，数据能够及时共享与传递，一旦出现工程质量、工程进度或者现金流量不足等问题，可以及时调整投资项目的目标方向和工程的施工时间，调整、中断或者放弃该投资项目，降低投资总额和投资期变动带来的风险。

## 六、大数据在我国房地产投资开发中的应用案例

在大数据时代，数据资源的战略价值毋庸置疑，许多企业通过大数据挖掘出有效信息，提高了决策能力和经济效益，某些颇具胆识的房地产企业已经在大数据应用方面取得了相当的成功。大数据时代的到来必将为一些掌握大数据资源并能充分挖掘其价值的产业带来更为广阔的发展空间。在这种情况下，如何应用大数据做好开发运营是我国房地产企业提高自身竞争力的关键。大数据纷繁复杂的特点使得无论是房地产开发企业还是房地产中介服务企业或者是物业管理企业，其业务范围都趋向于多样化和综合性，开发运营、中介服务和物业管理往往密不可分。大数据为房地产企业理性开发提供了有力的数据支持；通过对现有数据潜在价值的挖掘，房地产企业还可以进行多元化投资；个人信息的数据化以及房地产业的思维变革，使得大数据条件下的创新性投资成为房地产企业新的利润增长点。

### 1. 理性投资多元化开发

虽然近年来房地产业总体呈现或升或稳的良好势头，但也同样出现了一些背离开发商预期的情况。我国房地产业的兴起与繁荣已有相当长的时间，在开发投资方面拥有大量历史数据，包括城市地理位置、经济发展情况、城市规划和政策导向、投资在建和供地情况等。房地产企业可以定量分析这些大数据，预测未来的供需情况，评估项目投资价值，以进行合理开发。Google公司就曾通过分析海量的搜索词，低成本、高效率地预测了美国住房市场供需和价格等相关指数。土地资源对房地产企业尤为重要，大数据的出现为土地市场的准确预测提供了可能。房地产企业要重视大数据背景下的土地市场，敏锐洞察土地资源市场走向。除了利用大数据进行住房供求分析、理性拿地

之外，房地产企业在业务范围内的多样化投资也提高了盈利能力。万达和绿地等房地产企业已开始利用大数据先机，大力拓展旅游和酒店项目等多元化投资，发掘出住房市场以外的盈利空间。

## 2. 创新性投资

对以往的投资和销售数据进行挖掘，有利于企业合理开发，多元化投资；然而房地产企业所拥有的数据远不止这些，尤其是大型企业，他们所掌握的信息不再局限于户主姓名、家庭结构、收入情况以及购房意向等，计算机技术的发展和互联网的普及使得越来越多购房者的个人信息变得更易捕捉和存取。这些大数据经过专业分析，便可以从中发掘出一些看似与房地产企业不相关的信息，如购房者的日常消费习惯或者是他们偏爱的出行路线等。多数情况下这些数据的结构性较差，但其潜在价值却很大，是房地产业开发投资的新机遇，是盈利的新突破点。

万科和花样年在应用大数据进行创新性投资方面的经验值得分析。上千万的购房者数据使得花样年具备充分的优势，从居民需求出发，以手机APP的形式将商户与居民联系起来，构建"社区电子商务"平台，在方便快捷的基础上实现精准营销。除了社区电商，花样年控股集团有限公司还构建了金融服务、酒店服务、文化旅游等八大领域基于移动互联网的大数据业务布局，远远超越了传统意义上的房企业务范围。同样，万科集团日臻完善的大数据处理技术也为之带来了商机。通过对其所掌握的480万业主数据进行挖掘，将社区商业、社区物流、社区医疗和养老等与业主的大数据信息相结合，万科集团提出构建"城市配套服务商"的理念，应用大数据避免了危机。

与万科和花样年相比，世茂集团在投资方面的创新更值得关注。其经营理念认为，"未来购房者买的不仅是一幢房子，更是一种生活体验"；据此推出了向业主提供健康监控和咨询服务的"健康云"管理业务。通过手机、手表等一些移动设备，适时监控业主健康状况相关数据，并进行分析处理，构建健康方案，为业主做好疾病预防、保持身心健康提供咨询建议，或者为其直接链接实体医疗。其他一些房地产企业，如金地和绿地也开始利用大数据开拓新的业务，相继推出了"智慧城市""云服务"等概念。其不再单纯为购房者提供一个遮风挡雨的地方，更侧重服务于消费者的心理需求和精神需求。

# 第十九章　企业如何利用大数据优化投资决策

大数据技术的发展为投资决策提供了应对数据和信息瞬息变化的定量分析方法，为企业投资决策提供更加真实有效的决策依据，以提高企业战略决策质量。

一方面，大数据提供企业战略决策的翔实数据。企业的投资决策的正确性与否直接关系着企业的兴衰。这就要求决策者不仅要熟悉企业内部发展实际，还必须拥有大量的来自于企业外部的数据资源，并需要对各类数据、信息进行收集、整理。而大数据可以为战略决策者提供丰富的数据来源，与传统的决策相比，大数据决策不再依赖于决策者的经验，也不会担心数据稀缺，丰富的数据来源和数据获取渠道能够保证企业战略决策的真实可靠。

另一方面，大数据升级企业投资决策的分析方法。现代企业对数据的依赖性越来越强，基于大数据的定量分析方法在企业投资决策中的重要性不断凸显，逐渐取代原先的凭借直觉和经验做出判断的定性分析方法。

## 一、投资决策情报至关重要

### 1.企业投资决策流程及情报需求特点

大数据给企业投资决策竞争情报搜集、分析和利用带来了深刻的变革，竞争情报咨询机构和企业必须要积极面对大数据的机遇和挑战。大数据提供了一个全新的信息生态环境和竞争舞台，只有充分研究大数据特点，不断创新竞争情报分析方法来，才能将大数据转化为大智慧。企业对投资的必要性、投资目标、投资规模、投资方向、投资结构、投资成本与收益等重大问题所进行的决策行为，将越来越依赖于大数据情报的分析利用。大数据将作为企业重要的资产，受到越来越多的重视，但是大数据就像一把双刃剑带来全新机遇的同时也给企业带来诸多挑战。

投资决策是企业参与竞争的一项关键竞争力，通过成功的投资决策可以使企业领先竞争对手建设新的项目，抢占市场制高点。大数据时代，企业这种投资决策竞争力归根到底是数据分析提炼能力和情报分析利用能力。企业投资决策是企业经营生产过程中的重大事件，是企业对某一项目（包括有形资产、无形资产、技术、经营权等）投资前进行的分析、研究和方案选择。一般来讲，企业投资决策周期可以分为投资机会研究、初步可行性研究、项目建议书、项目可行性研究、项目评估及最终决策共六个阶段。每个阶段研究的内容侧重点有所不同，对竞争情报需求也有所差异。可以看出，企业投资决策整个流程的每个阶段都需要大量情报作为支持，投资决策因其具有前瞻性和可行性，因此需要精准情报作为决策依据。大数据时代的到来，使得可利用的数据资源空前巨大，可获取的渠道也更加多样，这将从根本上改变企业投资决策情报的获取、处理及利用方式。

2. 大数据给企业投资决策带来的机遇与挑战

大数据为企业获取精准情报提供了沃土。投资决策失误是企业最大的失误，一个重大的投资决策失误往往会使一家企业陷入困境，甚至破产。要避免投资决策的失误，精准的情报支持是必不可少的。大数据的特点之一就是体量巨大，为竞争情报分析提供了空前宽阔的空间。庞大的、来源渠道多样化的数据更具有统计分析和相互验证意义，更能为各种投资分析模型提供支持。过去企业投资决策往往苦于数据的缺乏和搜集渠道的单一而只能凭借"相对准确"的数据作为投资参考。大数据时代企业则完全可以通过科学的情报分析方法对产品市场数据、竞争对手上下游数据、项目财务数据等海量数据进行处理、组织和解释，并转化为可利用的精准情报。

大数据使投资决策情报更加细化、更有价值。企业投资决策需要的情报种类可以分为政策类情报、市场类情报、竞争对手情报、财务类情报、技术类情报等。大数据整合了各种类型的数据，包括用户数据、经销商数据、交易数据、上下游数据、交互数据、线上数据、线下数据等，这些数据经过加工处理，可以帮助和指导企业投资决策流程的任何一个环节，并帮助企业做出最明智的决策。大数据对传统的情报进行了更具价值的延伸，特别是随着移动互联网的兴起以及以智能手机、平板电脑为主的智能终端的普及，产生大数据的领域越来越多，数据类型也从传统的文字、图片发展到动画、音频、视频、位置信息、链接信息、二维码信息等新类型的数据。

大数据为企业提高投资决策竞争力提供了新的舞台。投资决策是企业所有决策中最重要的决策，因此投资决策是企业参与竞争的一项关键竞争力。大数据中隐含了许多"金子"，然而"金子"却不是现成的，需要通过一定方法和工具从中才能"淘"出来。谁掌握最先进的"淘金"方法和工具，谁就能把握先机，从而获得竞争优势，而落后者就可能面临被淘汰的危险，可以说大数据为企业提供了一个全新的竞争舞台。

大数据时代企业内外部情报环境空前复杂，数据来源的多元化、数据类型的多样化、数据增长更新的动态化都考验着企业数据情报搜集分析能力。首先，大数据处理专业人才缺乏。一个合格的大数据专业人才要具备以下条件：深入了解企业内部资源禀赋及发展战略、项目投资决策涉及的经济和产业分析方法、具备数据探勘统计应用知识并熟悉数据分析工具操作。只有这样的专业人才才能激活大数据的价值，重新建构数据之间的关系，并赋予新的意义，进而转换成投资决策所需的竞争情报。其次，面临重新整合企业竞争情报组织模式的挑战。企业以往的竞争情报大部分都是由企业自由情报分析部门与独立第三方情报咨询机构共同完成，彼此分工明确，合作模式单一。大数据时代对数据反应速度的要求，对现有合作模式带来巨大挑战。再次，现有竞争情报分析方法不能适应大数据时代的要求。现有竞争情报分析方法大多是基于静态、结构化数据基础之上。而大数据明显的特征就是分布式、非结构、动态性。因此，企业必须在数据的处理量、数据类型、处理速度和方式方法上进行创新。

3. 大数据时代企业投资决策竞争情报服务发展方向

（1）创新情报搜集研究方法。

大数据产生价值的实质性环节就是信息分析，针对大数据所具有的全新特征，传统的竞争情报研究应该从单一领域情报研究转向全领域情报研究，综合利用多种数据源，注重新型信息资源的分析，强调情报研究的严谨性和情报研究的智能化。以市场情报为例，大数据时代下应该从以前单纯对本项目产品市场调查扩展到替代产品、同类产品，更多增加对分散的动态竞争情报的分析，如竞争对手经销商、消费者需求变化；更多增加预测性情报分析，如未来 5 ~ 10 年市场规模、投资回报、价格走势等，大数据使得情报分析精准性大大提升；增加不同类型情报间的关联分析，如微博信息（数据、位置信息、视频等）与历史数据建立相关性分析等。

（2）创新服务方式。

我国移动互联网的发展已经超过传统互联网，智能手机和平板电脑日益普及，企业投资决策一般都是以团队的形式运行，在移动互联网时代，大数据情报搜集分析特别是服务可以采用跨平台连续推送，对于零散的动态数据则采用协作云端平台随时共享。在企业投资决策过程中，需要企业内部情报与外部情报的有机融合，大数据时代竞争情报服务应搭建以云计算为基础，通过"非结构数据＋创新工具方法＋专家智慧"搭配格局的服务方式。

（3）与企业共同培养大数据专业分析人才。

庞大的数据和短缺的人才，造成了一个巨大的鸿沟，阻碍着企业开发和利用数据蕴含的价值。人才的培养不能单靠一方完成，通过与企业组建大数据竞争情报分析团队的形式，产业经济学专业、投资专业、金融专业、统计专业、情报学专业各种专业背景的研究员通过彼此专业技能的渗透，各自形成既具有某一方面优势，又具有复合能力的大数据分析人才。

## 二、企业在大数据环境下的投资决策框架

### 1. 投资准备阶段的主要工作

在大数据环境下，数据作为企业最具价值的资产之一，数据质量与企业的决策投资之间存在着直接联系。高质量的数据可以使企业的投资决策更加科学、高效。在企业的投资决策过程中，数据的完整性、及时性、可靠性等质量特征对企业投资决策的数据收集和准备阶段、制定和评估阶段、监控和调整阶段都有着重要的影响。基于企业的投资决策流程，以数据为主线，在分析各个阶段对应数据源、数据质量特征、数据类型的基础上，构建大数据环境下考虑数据质量特征的企业投资决策框架。

搞好前期市场预测在投资项目前期准备管理中格外重要，有利于发现作为建设项目存在条件的现实和潜在的需要——市场机会，从而使之转化为满足具体需求载体的产品或项目；有利于减少与避免因重复建设等非真实市场需求而产生的、不能在未来长时间内支撑项目生产与运营条件要求的虚假投

资需求。准备阶段主要涉及数据的收集。首先要确定投资目标，这是投资决策的前提，也是企业想要达到怎样的投资收益，这个过程需要企业根据自身的条件以及资源状况等数据来确定。其次要选择投资方向，一方面需要根据企业内部的历史数据，另一方面还要结合市场环境状况等外部因素进行筛选，进而确定投资方向。在市场调查与预测基础上，根据项目及其载体形式，对有关产品的竞争能力、市场规模、位置、性质和特点等要素进行前期市场分析，做出有关"项目产品是否有市场需求"的专业判断，是一种分析技术，其基本内容是做好国内外市场近期需求情况的调查和国内现有产能的估计，并做销售预测、价格分析、产品的竞争能力、进入国际市场的前景等分析。其中，除应明了市场容量的现状与前景外，还应预测可替代产品及由此可能引起的市场扩大情况，了解该项目现存或潜在的替代产品可能造成的影响；调查市场供求情况的长期发展趋势和目前市场与项目投产时市场的饱和情况，以及本项目产品可能达到的市场占有率。

2. 制定投资方案阶段的主要工作

制定和评估阶段主要涉及根据可行性制定投资方案并进行方案评估的相关数据。可行性分析主要涉及与风险相关的概率分布、期望报酬率、标准离差、标准离差率、风险报酬率等数据，要确保风险在企业可承受的范围内才说明此投资是可行的。方案评估主要涉及现金流量、各类评价指标，以及资本限额等数据。现金流量可采用非贴现现金流量指标或者贴现现金流量指标数据来衡量。投资回收期、平均报酬率、平均会计报酬率、净现值、内含报酬率、获利指数、贴现投资回收期等各类指标涉及的数据对投资决策的评估起着重要作用。这些数据的来源涉及多个利益相关者，同时来源渠道也比较广泛，多为非结构化数据且各类数据之间标准不统一，难以兼容。

3. 投资实施阶段的主要工作

在监控和调整阶段主要考虑企业实际的现金流量、收益与预期之间的比较，以及企业实际承受能力是否在可控范围内。如果相差较大至企业不可控，就需要及时查找出引起差异的原因，对相关数据进行分析处理并调整投资决策方案。目前，项目基础资料存在以下两个问题。

一是收集困难。公司基础资料主要来源于施工项目部，尤其是纸质资料，平时按照来源地在公司、分公司、项目部分级保管，项目部资料一般是项目结束后归档到公司总部。

二是项目基础资料结构化数据率低。即使是信息化技术应用程度最高的财务部门，也过滤掉了原始凭证中大量非结构化数据信息（如市场情况、环境、事件、时间等），无法将其提取转化为结构化数据。其他部门有关经营活动和财务活动等相关资料结构化数据率则更低。研究表明，日常工作中产生的非结构化数据约占整体数据量的80%。因此，大数据时代使得企业的整个投资决策流程都是基于云会计平台获取各种数据，然后通过大数据相关技术对各类结构化、半结构化、非结构化数据进行分析处理并存储于企业的数据中心等，这种处理模式可以在很大程度上提高企业整个投资决策过程中数据的完整性、及时性和可靠性，满足企业投资决策对数据的高质量要求。

## 三、利用大数据加强和优化投资项目管理

### 1. 大数据挖掘与工程项目管理交互分析

工程项目管理是一种以工程项目为对象的系统管理方法，通过对工程项目的全过程动态管理来实现整体目标。鉴于工程项目的系统性、动态性以及时代要求，大数据技术的出现为工程项目管理带来了新的发展方向，将大大提升工程项目管理各环节和整体的信息处理效率，为项目决策提供有效的信息参考，进而实现项目效益增值。大数据时代背景下，传统的工程项目管理已经不能适应科学管理的要求，而数据挖掘这一技术手段为工程项目管理提供了新的提升路径。从大数据背景出发，结合工程项目管理的困境，可构建大数据挖掘的管理层次和制度结构，以及大数据挖掘项目组解决方法。我国工程项目管理也呈现出数据多元化、动态化以及信息化管理等发展趋势。一方面，在传统行业中，工程行业是数据量最大、项目规模最大的行业，参与主体多、覆盖地域范围广、耗费时间长、影响因素多等特征决定了工程项目的信息管理具有多元性。信息数据的多元性体现在工程管理的各个环节。另一方面，工程项目管理采取全周期管理模式，时间周期长，各种信息流在动态的时间流中持续分布。因此，工程项目的信息化管理是大势所趋。

大数据的出现将为工程项目的科技信息管理创造新的发展契机，为工程项目的效率管理、质量管理、风险管理等创造优化路径。大数据挖掘有助于

提升工程项目管理效率，由于项目的系统性和复杂性，普遍存在工程项目管理效率低下，而大数据挖掘技术凭借先进的技术手段提高数据管理效率。以工程项目管理的绩效评估为例，绩效评估常常出现指标过多、评价成本过高等问题，大数据挖掘为解决这一问题带来了新方法。在工程项目管理中引入大数据挖掘技术，可以从庞大的数据库中找到最符合项目要求的绩效指标即关键绩效指标，这将减少工程项目管理的工作量，提高绩效管理效率。

大数据挖掘为工程项目管理的全面风险管理提升了新思路。在工程行业中，庞大复杂的数据中隐藏着各种风险，对项目乃至企业长期发展带来隐患。大数据管理中，数据仓库不仅能及时收集现有和历史数据，还能对各个孤立存在的数据进行初步处理和转换，形成相互联系的统一数据集，为项目中各数据使用者提供一个透明的信息平台，减少信息流通中虚假信息和交流障碍等因素带来的风险。

2. 大数据时代背景下工程项目管理困境

随着需求多元化的发展，生产贴合市场个性化需求的工程产品面临新的挑战。工程设计和评估过程中由于存在固有的刚性和惯性，使得很难实现与市场需求的高度贴合。在大数据背景下，市场需求不断转化为各类数据，如果不能对这些数据作及时、科学的处理，就可能造成如下困境：一是由于对数据的不完全解读，使得工程设计和评估与市场不完全贴合，即产出的最后产品不能最佳地满足市场需要；二是由于对数据的误判，使得工程的设计和评估完全偏离市场需要，即最终产品不能为市场所接受。由此可见，市场需求的多元化使得数据呈爆炸式增长，而工程项目管理极易在众多数据中迷失方向，从而陷入困境。

经济环境的快速变化给工程项目管理带来了诸多不确定性，使得工程项目管理时刻面临风险。技术更新频率加快，社会经济环境突变的可能性也随之增加，这对保障工程项目的进度、成本、质量、安全都带来了巨大挑战。例如，工程规模不断增大，所需资金量也随之增加，这必然产生海量的成本数据和资金数据，传统的工程预决算管理模式根本无法适应大工程项目建设，极容易影响工程进度和成本控制。再如，工程规模的增大必然导致工程项目基础数据的巨量膨胀，传统的施工管理模式不仅容易造成安全隐患，而且无法保证工程整体质量。

3. 大数据挖掘对工程项目管理优化路径

（1）构建大数据挖掘的管理层次和制度结构。

首先，按照集中控制和分层管理的思路，确立项目公司作为数据收集者、集团公司作为数据决策者的回路模式。以数据为控制载体，项目公司按照集团公司的数据要求及时准确地采集数据，集团公司以总体数据为依据进行进度、成本、质量、安全方面的分析和决策。这里的总体数据不仅包括项目公司采集的内部数据，还需要集团公司采录外部数据，以保证数据完整性。其次，按照数据集中、业务集中、管理集中、控制集中的原则，建立数据处理中心及业务审批、项目施工、公司决策层数据沟通制度。项目部与施工现场人员业务往来形成的各类数据，由项目部整理和识别后录入信息系统中心，数据处理中心对总体数据进行挖掘处理后向公司决策层提供分析和辅助决策支持，各职能部门可以随时调用项目数据进行管理，项目部根据数据指标及其提示进行施工作业和相关管理。

（2）构建大数据挖掘项目组，解决项目管理中的主要问题。

构建大数据挖掘项目组的目的是保证在一定资源约束的前提下，使工程项目以尽可能快的速度、尽可能低的成本达到最好的质量效果。①建立工期进度数据挖掘项目组。整合资金数据、供应商数据、工程计划数据、施工基础数据等，通过数据挖掘建立相应的控制体系，以保证工期进度有效推进。②建立工程质量数据挖掘项目组。整合施工基础数据、质量检测数据、物流仓储数据、工期进度数据等，通过数据挖掘建立相应的控制体系，避免因物料管理不规范、阶段验收和隐蔽工程验收不规范、计划安排不科学导致盲目抢工期，以及设计本身缺陷导致质量失控等问题。③建立成本控制数据挖掘项目组，整合物料数据、成本核算数据、质量控制数据、工程进度数据、资金数据等，通过数据挖掘建立相应的控制体系，避免工期拖延、质量控制不当等问题。

4. 应用大数据管理项目的案例

DRP 建筑公司属于施工企业，是美国加州旧金山分校医学中心价值 15 亿美元的建筑合同的总包商。该建筑是世界首个完全基于大数据模型建设的医学中心建筑。DPR 使用了 Autodesk 公司的三维技术，设计师们能整合空气流动、建筑朝向、楼板空间、环境适应性、建筑性能等多种数据，形成一个虚拟模型，各种数据和信息可以在这个模型中实时互动。建筑师、设计师和施工队伍通过这个模型可以在接近真实的完整的运营环境里，以可视化的方式观察数以百万计的数据标记。大数据技术在 DRP 建筑公司的应用表明，通过形成建筑物虚拟模型，使建筑物从设计到施工的各项数据和信息实时互动。这不仅解决了项目成本费用开支、经营成果核算基础资料不准确的问题，而且基于详细的数据，企业对同类施工产品进行对比分析，使企业可以做到基于事实和数据进行决策。

## 四、大数据时代的集群融资方式创新

筹资的数量和筹资的质量成为企业首先要关注的两个基本因素，也是最重要的方面。企业应在保证资金数量充足的同时，也要保证资金来源的稳定和持续，同时尽可能的降低资金筹集的成本。到这一环节降低筹资成本和控制筹资风险成为主要任务。根据总的企业发展战略，合理拓展融资渠道、提供最佳的资金进行资源配置、综合计算筹资方式的最佳搭配组合是这一战略的终极目标。随着互联网经营的深入，企业的财务资源配置都倾向于"轻资产模式"。轻资产模式的主要特征有：大幅度减少固定资产和存货方面的财务投资，以内源融资或 OPM（用供应商的资金经营获利）为主，很少依赖银行贷款等间接融资，奉行无股利或低股利分红，时常保持较充裕的现金储备。轻资产模式使企业的财务融资逐步实现"去杠杆化生存"，逐渐摆脱商业银行总是基于"重资产"的财务报表与抵押资产的信贷审核方法。

在互联网经营的时代，由于企业经营透明度的不断提高，按照传统财务理论强调适当提高财务杠杆以增加股东价值的财务思维越来越不合时宜。另外，传统财务管理割裂了企业内融资、投资、业务经营等活动，或者说企业融资的目的仅是满足企业投资与业务经营的需要，控制财务结构的风险也是局限于资本结构本身来思考。

互联网时代使得企业的融资与业务经营全面整合，业务经营本身就隐含着财务融资。大数据与金融行业的结合产生了互联网金融这一产业，从中小企业角度而言，其匹配资金供需效率要远远高于传统金融机构。以阿里金融为例，阿里客户的信用状况、产品质量、投诉情况等数据都在阿里系统中，阿里金融根据阿里平台的大数据与云计算，可以对客户进行风险评级以及违约概率的计算，为优质的小微客户提供信贷服务。

集群供应网络是指各种资源供应链为满足相应主体运行而形成的相互交错、错综复杂的集群网络结构。随着供应链内部技术扩散和运营模式被复制，各条供应链相对独立的局面被打破，供应链为吸收资金、技术、信息以确保市场地位，将在特定产业领域、地理上与相互联系的行为主体（主要是金融机构、政府、研究机构、中介机构等）建立的一种稳定、正式或非正式的协作关系。集群供应网络融资就是基于集群供应网络关系，多主体建立集团或联盟，合力解决融资难问题的一种融资创新模式。其主要方式有集合债券、集群担保融资、团体贷款和股权联结等，这些方式的资金主要来源于企业外部。大数据可以有效地为风险评估、风险监控等提供信息支持，同时通过海量的物流、商流、信息流、资金流数据挖掘分析，人们能够成功找到大量融资互补匹配单位，通过供应链金融、担保、互保等方式重新进行信用分配，并产生信用增级，从而降低了融资风险。

从本质上讲大数据与集群融资为融资企业提供了信用附加，该过程是将集群内非正式（无合约约束）或正式（有合约约束）资本转化为商业信用，然后进一步转化成银行信用甚至国家信用的过程。

大数据中蕴含的海量软信息颠覆了金融行业赖以生存的信息不对称格局，传统金融发展格局很可能被颠覆。如英国一家叫 Wonga 的商务网站就利用海量的数据挖掘算法来做信贷。它运用社交媒体和其他网络工具大量挖掘客户碎片信息，然后关联、交叉信用分析，预测违约风险，将外部协同环境有效地转化成为金融资本。

在国内，阿里巴巴的创新则是颠覆性的。它将大数据充分利用于小微企业和创业者的金融服务上，依托淘宝、天猫平台汇集的商流、信息流、资金流等一手信息开展征信，而不再依靠传统客户经理搜寻各种第三方资料所做的转述性评审，实现的是一种场景性评审。

阿里巴巴运用互联网化、批量化、海量化的大数据来做金融服务，颠覆了传统金融以资金为核心的经营模式，且在效率、真实性、参考价值方面比传统金融机构更高。大数据主要是为征信及贷后监控提供了一种有效的解决途径，使原来信用可得性差的高效益业务（如高科技小微贷）的征信成本及效率发生了重大变化。但是，金融业作为高度成熟且高风险的行业，有限的成本及效率变化似乎还不足以取得上述颠覆性的成绩。

　　传统一对一的融资受企业内部资本的约束，企业虽然有着大量外部协同资本，但由于外部人的信息不对称关系，这部分资本无法被识别而被忽略，导致了如科技型中小企业的融资难等问题。通过大数据的"在线"及"动态监测"，企业处于集群供应网络中的大量协同环境资本将可识别，可以有效地监测并转化成企业金融资本。

　　阿里巴巴、全球网等金融创新正在基于一种集群协同环境的大数据金融资本挖掘与识别的过程，这实际上是构建了一种全新的集群融资创新格局。集群式企业关系是企业资本高效运作的体现，大数据发展下的集群融资创新让群内企业有了更丰富的金融资源保障，并继续激发产业集群强大的生命力和活力，这是一种独特的金融资本协同创新环境。根据大数据来源与使用过程，大数据发展下集群融资可以总结为三种基本模式，分别是"自组织型"大数据集群融资模式、"链主约束型"的大数据集群融资模式，以及"多核协作型"的大数据集群融资模式。阿里巴巴、Lending Club代表的是"自组织型"模式；平安银行大力发展的大数据"供应链金融"体现的是"链主约束"模式；而由众多金融机构相互外包的开放式征信的"全球网"，正好是"多核协作"模式的代表。

# 第二十章　企业投资决策需要什么样的数据支持

任何一个组织，要抓住大数据的机遇，就必须做好几个方面的工作。从技术角度来看，首先要收集并且开发特定的工具，来管理大规模并行服务器产生的结构化和非结构化的数据，这些数据可能是自己专有的，也可能来源于"云"。其次每个组织都需要选定软件，用它来挖掘数据的意义。但最重要的是，任何组织都需要人才来管理和分析大数据。数据将像企业的固定资产和人力资源一样，成为生产过程中的基本要素。这也是大数据时代的独特特征。和其他的生产要素相比，数据无疑有其独特之处。例如，工业生产过程中的原材料，一般都有排他性，但数据很容易实现共享，而且使用的人越多，其价值就越大；数据也不像机器、厂房一样会随着使用次数的增多而贬值，相反，重复使用，它反而可能增值。此外，此数据和彼数据如果能有机整合到一起，可能就会产生新的知识和信息，而且大幅度增值。

在项目投资前期针对有关市场需求问题开展以论证项目可行与否的管理研究，是市场经济条件下项目建设前期的基础性关键环节，是项目建成后能够确保其正常运转和满足相关需求的基本前提与根本要求。在大数据条件下进行决策、预测和预算管理，需要对具有巨量、复杂多样、动态和价值稀疏性特点的数据进行总体和关联数据的分析与价值发现。大数据时代的企业投资决策通过搜集线上和线下数据、历史资料和现时的业务数据、技术数据、企业上下游供应链数据、用户数据、竞争对手数据、财务数据等全体数据做出最为可行的决策。

在大数据时代，数据作为企业投资决策的重要支撑内容，需要具备一定的质量特征。企业可以通过大数据分析处理、数据挖掘和数据仓库等各类技术，确保投资决策所需相关数据的完整性和及时性，并提高数据的可靠性，降低投资决策的风险，保证投资决策的质量，进而达到企业投资的预期收益。

对于企业积累的海量数据，在保证数据完整性和及时性的同时，需要采用科学的方法对各种数据进行归类、分析，保证数据的可靠性，确保投资决策的科学性和有效性。一般而言，企业投资决策各个阶段需要重点关注的数据质量特征往往是不同的。

## 一、投资决策准备阶段

### 1. 投资目标决定了数据选择

在投资决策准备阶段，对项目在前期进行的市场需求管理，其实质是从认识市场、发现需求开始，通过调研方法在获得特定市场需求信息的基础上，变项目目标市场需求为拟建项目具体投资规模的过程。由于项目的生命力只能来自对市场的正确认识与把握，来自项目前期对产品市场需求情况的调查分析和研究预测工作，因此，在项目投资前期做好对市场需求的有效管理工作十分必要。

投资决策阶段的投资估算，是建设项目投资控制的起点。在这一阶段，项目建设单位一般要安排主要功能用户参与项目论证，在论证过程中往往只专注于主要工艺流程，而忽视辅助流程和相关设备、设施用房以及其他配套工程，所以提供给工程咨询机构进行可行性研究的基础资料往往不完整，在向工程咨询机构下达可行性研究报告任务书时，要求不明确，主要表现在工艺流程描述比较模糊，对拟建项目有哪些具体功能要求（包括功能性用房的间数、开间大小、进深、层高、温控、洁净、通风等）、有哪些特殊功能和装饰装修要求、必须配备哪些设施设备表述不清楚。

在投资决策阶段，投资控制的重点是，必须绘制清楚完整的工艺流程图，并将工艺流程中每一节点对建筑、建筑设备的具体要求描述清楚，表明需要配备哪些功能设备、设施。只有将所有要求表述清楚后，工程咨询机构才能勾勒出完整的建设项目方案，并提出完整的投资估算。企业在进行投资决策之前，需要在结合自身资源及发展现状的前提下制定投资的预期目标，如实现企业的多元化发展、企业利润的可持续增长、企业规模的扩张等。确定投资目标后需要考虑如何投资，这需要结合当前市场外部环境以及同行业之间的相关数据进行分析来确定，因此，企业投资决策准备阶段需要重点关注获取内外部数据的完整性和及时性。

### 2.数据来源及结构

在数据获取过程中，由于数据获取工具的局限性往往导致数据是不对称的，而且处于一个不断变化的状态，企业想要完全获取所有数据是比较困难而且成本比较高，因此数据的完整性对企业的决策有着重要的影响。财务数据在一定程度上能够反映企业内部的资源状况，但是不能忽视非财务数据对投资决策的影响。非财务数据能够反映企业服务质量、竞争能力以及创新能力等各方面的信息，如企业是否具有足够的创新和竞争能力来应对和挑战这个领域，这也是企业未来盈利判断的重要依据。数据收集不完整可能导致无法对企业投资目标进行正确的判定，盈利也会受到相应的影响。数据存在时效性，必须在决策之前提供才能发挥其作用，否则就会失去价值。对外部市场环境数据以及同行业数据收集，在传统的会计信息化模式下，一方面企业中存在一些纸质而非电子的数据信息无法进行及时汇总，另一方面相关的外部数据的获取也存延时性，这就可能导致在投资决策之前一些重要数据无法及时获取，如市场环境趋势的变动、同行业已有意向投资等数据的获取都会影响决策的制定。由此可见，数据获取的完整性和及时性都在一定程度上影响了投资决策前期的准备工作。

### 3.利用大数据的基础条件

在大数据时代，云计算、互联网、移动互联网、物联网、社交网络等多种技术的交叉与融合，使企业可以获取更多的数据，并通过云会计平台将这些海量数据存储在远程的数据中心而不是本地计算机内，从而解决传统管理工具无法管理大容量的数据，保证了数据的完整性。数据的存储都在云端，云会计供应商可以帮助企业管理各类数据资源。此外，还可以提供企业内部以及相关企业各类数据之间的交换与互访。这种访问不会因为数据存储的物理地址以及获取数据的实际时间受到限制，从而实现数据访问、获取的及时性，确保企业投资决策之前能实时、动态地得到相关数据。

## 二、投资决策方案制定和评估阶段

### 1.如何处理投资数据

方案制定和评估阶段是建设项目成本控制的关键，设计质量的优劣直接影响建设费用的多少和建设工期的长短，直接决定人力、物力和财力投入的多少。合理科学的设计，可大幅节省工程投资。一般而言，设计阶段对工程投资控制的影响幅度可达80%左右。在实际工程设计中，不少设计人员重技术、轻经济，任意提高安全系数或设计标准，不考虑经济上的合理性，造成严重浪费，从根本上影响了项目投资的有效控制。

企业获取的原始数据需要先对其进行数据清洗才能用于投资方案的制定。企业可以采用大数据处理技术进行数据分析和挖掘，以判断投资可行性并对投资方案进行评估。一般而言，企业的投资往往是期望得到额外的风险报酬。风险报酬率的确定主要根据风险报酬系数进行判断，但它的取值主要是参考企业以往的同类项目或者同行业的数据，以及按照国家定期公布的各行业风险报酬系数或者企业组织相关专家进行确定，这样的确定方式存在较大的主观性，在很大程度上降低了该数据的可靠性，从而导致投资决策有偏差甚至是失误。此外，现金流量作为评价投资可行性的基础性数据，涉及投资回收期、平均贴现率等非贴现现金流量指标以及净现值、内含报酬率以及获利指数等贴现现金流量指标。企业在投资时期望的投资回收期；如何设定现金流量的数额、时间分布，在这期间投资报酬率的确定都是企业进行投资决策需要考虑的主要因素。可见，投资方案的制定和评估需要通过相关技术对收集的数据进行科学分析和处理，避免一些主观因素造成的影响，提高数据的完整性和可靠性，进而保证投资决策更科学、更可靠。

2. 如何整合投资数据

企业的投资决策需要各方面的数据，其来源渠道比较广泛，包括企业ERP系统、各种POS终端等产生的商业数据，基于互联网产生的社交网络数据，GPS、射频识别设备、传感器及视频监控设备等产生的物联网数据等。这些数据其中一类是按照特定格式整理的结构化数据，一般由企业的信息系统进行管理；另一类是以纸张或数字化等形式存在于信息系统之外的大量非结构化数据。非结构化数据往往包含了很多对企业投资决策有价值的信息，由于缺乏信息化管理，往往很少被有效使用。数据标准的不统一和数据处理技术的局限，使得无法将收集到的数据进行归纳、汇总并处理各类数据之间的相关关系，从而容易忽略影响投资决策的重要因素。企业独立运行的各个业务信息系统可以通过数据工具将数据抽取、转载、加载到一个或者多个数据仓库中，这些数据经过清洗之后就实现了数据的标准化。通过联机分析处理和数据挖掘技术进行大数据处理，分析各种数据之间的相关关系和因果关系，以有效地保证数据的完整性，从而可以在很大程度上避免由于数据不完整而使得投资决策评估和方案选择产生偏差甚至导致失误的状况。

3. 如何使用投资数据

企业的各种历史数据可以经过数据清洗后通过数据仓库进行存储。数据仓库可以系统地记录企业从过去某一时间到目前各个阶段的数据，经过数据清洗、装载、查询、展现等流程之后的数据质量较高，可靠性较大。这些数据可以通过大数据处理技术进行数据挖掘，找到数据潜在的价值。通过数据仓库和数据挖掘技术进行数据分析和处理之后获得的数据更科学、准确，尽可能地避免了人为主观因素导致的数据不可靠性，提高了投资决策的质量。

## 三、投资决策监控和调整阶段

建设项目投资控制就是在满足项目合理质量标准的前提下，在项目投资决策、设计和实施阶段中把所有发生的费用支出控制在批准的限额内，力求在建设项目中合理使用人力、物力、财力，以取得较好的经济效益和社会效益。建设项目的投资控制与管理是一个动态的过程，在市场经济条件下，市场供需与价格的变化多端，使工程投资的确定与控制变得复杂，这就要求建设单位应将投资的控制与管理贯穿于项目的全过程。企业在投资执行过程中，需要对项目实施情况进行有效的监控和风险管理，并能够根据企业外部环境和企业发展战略的变化，对原有的投资方案做出及时、有效的调整，如延迟投资、扩充或缩减投资甚至是放弃投资。在大数据、云会计时代，企业可以通过向云会计供应商定制相关服务，实时获取云端数据，采用大数据的分析处理技术对企业自身、同行业以及市场环境等各类因素进行分析处理，预测和发现企业项目投资过程中出现的相关问题，并及时地提出有效的解决方案。该阶段，数据获取的及时性在很大程度上可以提高投资决策风险管理的科学性和合理性。

# 第六部分

## 大数据时代如何管理企业风险

企业财务战略管理中必须包括财务风险管理的内容。在企业全面风险管理（ERM）体系中，财务风险不仅包括制度风险、信息风险、业绩风险和流动性风险等内容，还包括企业战略的制定和实施过程中会遭遇的其他风险。风险管理既是一个公司治理问题，又是一个管理问题。大数据有助于企业的风险管理。蝴蝶效应可以让一个看起来健康苗壮的企业转瞬间发生危机甚至破产，而大数据基于全面数据分析的理念，将会在最大程度上实现对风险的控制或规避。一方面，大数据能够明显提升企业数据的准确性和及时性；另一方面还能够降低企业的交易摩擦成本；更为关键的是，大数据能够帮助企业分析大量数据而进一步挖掘细分市场的机会，最终能够缩短企业产品的研发时间，提升企业在商业模式、产品和服务上的创新力，从而大幅提升企业的商业决策水平，降低了企业经营的风险。

# 第二十一章　大数据如何帮助企业未雨绸缪

## 一、利用大数据创新公司治理

随着信息的频繁流动，传统企业再想通过强大的体制控制力，或者利用信息不对称进行较为封闭的公司治理与财务管理，越来越行不通了。现实中，"触网"的企业基本上都是以"合伙人制度"取代了公司治理中的雇佣制度。

在互联网经营时代，公司中最重要的是团队，其次才是产品，有好的团队才有可能做出好产品。合伙人的重要性超过了商业模式和行业选择。

Jensen（1993）提出公司治理的四种基本路径，即内部控制机制、外部控制机制、法律与政治，以及产品市场竞争。如今公司财务管理之所以能够实现健康发展与有效运作，主要依赖于内部治理、外部监管等制度，以及企业重视对经营者与员工的监督。与此同时，企业却忽视了企业创新、产品竞争、公司文化的形成，以及信任和激励的作用。从合伙人到核心员工，都要给予足够的利益保障、授权与尊重。

在大数据和互联网时代，知识和创新助力企业发展。"人力资本"和"信息"取代财务资本，成为企业的生命之源和价值之根。企业员工广泛参与决策制度也必然影响企业决策组织结构与决策文化。由于动态的外部环境、分散的知识分布等特点，分散式决策是大数据环境下决策的主要形式。企业应尽力减少内部管理层级，打破层级的交流，增强组织共享、服务协调，鼓励自主学习和尝试创新的文化，关注内部信息流、知识和技能。除此之外，随着企业对大数据价值分析与挖掘的逐步深入，财务决策机制应从业务驱动型向数据驱动型转变。企业员工运用一线大数据分析结果，形成基于数据决策的学习型企业文化与制度。

## 二、利用大数据创新风险管理

在大数据时代，外部资源被证实是一种非常实用且直接的风险管理工具。在这一背景下，财会部门的风险管理作用将超越合规和内部控制管理，越来越关注外部力量对企业绩效的影响，如监管制度变动、供应链风险、自然灾害等。此外，财会人员还将越来越多地参与评估企业增长战略风险，包括并购、进入新兴市场等。因此，未来财会人员应该更多地思考如何利用大数据资源从整体上把握企业风险，如何将多样化的数据集引入计算，提高对风险的认识并降低风险。但相对于后知后觉式的风险分析，更应该利用大数据进行风险预测，如将预测分析学和统计建模、数据挖掘等技术相结合，对投资机遇的可行性进行评估以及预测新市场新产品的投资风险等。当然这些在实际操作层面可能会面临较大的困难，但大数据确实给财会行业提供了这样一种展望。对大数据进行分析和预测最需要注意的一个问题就是混淆因果关系和相关性，数据趋势恰好一致只能说明相关性，而因果关系的证明却没有那么简单，利用大数据进行分析时必须时刻谨记。

以银行业为例，大数据能较好地解决传统信贷风险管理中的信息不对称难题，提升贷前风险判断和贷后风险预警能力，实现风险管理的精确化和前瞻性。银行业可以打破"信息孤岛"，全面整合客户的多渠道交易数据，以及经营者个人金融、消费、行为等信息进行授信，降低信贷风险。如建设银行依托"善融商务"开发出大数据信贷产品"善融贷"后，银行可实时监控社交网站、搜索引擎、物联网和电子商务等平台，跟踪分析客户的人际关系、情绪、兴趣爱好、购物习惯等多方面信息，对其信用等级和还款意愿变化进行预判，在第一次发生信贷业务但缺乏信贷强变量的情况下，及时用教育背景、过往经历等变量进行组合分析，以建立起信贷风险预警机制。由历史数据分析转向行为分析，将对目前的风险管理模式产生巨大突破。

## 三、利用大数据优化资产配置

在大资管背景下，商业银行为满足客户多元化投资需求，将不断扩大投资范围，资产管理业务的复杂性进一步增加，投资交易、产品设计等环节蕴含的风险因素也在不断积累，客观上要求商业银行持续优化风险管理工具、增强风险评估能力，有效控制资产管理业务的市场风险和产品风险。对风险管理来说，最重要的就是能否事先发现风险苗头，提前采取应对措施，防止潜在风险演变为事实风险。而大数据最核心的应用在于预测，为商业银行提前研判风险提供信息支持。如银行在配置资产端的资产时，可以通过大数据分析，综合资产端客户的资产负债、支付以及流动性状况，对资产端投资对象进行全面评估，提高对外投资的精准度，降低投资风险。Thasos Group 是美国一家初创对冲投资公司，其首席科学家潘巍认为，该公司是目前唯一一家使用大数据投资的对冲基金，而且收益率超过非高频交易之外的对冲基金平均交易水平，而他们之所以能够表现优异，就是缘于对大数据的科学和充分运用，通过这些数据的挖掘来准确判断美国消费者的行为，进而了解美国宏观经济运行的趋势，从而做出正确的投资决策。

## 四、P2P 利用大数据管理风险的案例

2005 年 3 月，全球第一家 P2P 网贷公司 Zopa 于英国伦敦成立，2006 年 2 月，Chris Larsen 等人创办了美国第一家网贷公司 Prospero。2007 年 6 月，国内第一家网络贷款平台拍拍贷上线。2011 年，网贷平台进入快速发展期，一批网贷平台踊跃上线。2012 年我国网贷平台如雨后春笋纷纷成立。截至 2014 年年底，P2P 网贷平台数量达到 1 613 家，较 2013 年增加了 900 家以上，并且 2014 年不断有银行背景、互联网巨头控制的拥有强大背景的平台加入，打破了网贷平台一贯以来的 "草根" 的印象，P2P 网贷也逐渐被投资机构所青睐，大量 P2P 平台完成了融资。P2P 网络贷款主要存在信用评估、业务监管、系统安全这三大风险，但是由于我国目前征信体系不完善，P2P 监管制度不健全，在没有找到很好的风险控制、系统监管手段之前，P2P 网贷仍处于巨大的风险之中。

传统的控制 P2P 网贷风险的方式主要有以下三点。（1）准入监管，建立基本准入标准和建立 "谁批设机构，谁负责监管和风险处置" 的机制。（2）运营监管，限定 P2P 网贷仅从事金融信息服务业，即作为中介机构，不得直接参与借贷活动；P2P 网贷必须严格隔离自有资金和客户资金，客户资金必须由第三方管理。（3）信息监管。P2P 网贷必须完整地保存客户资料，以备事后追责；P2P 网贷要如实披露经营信息，包括公司治理情况、业务数据等，

供客户参考。

由此看来，传统的对 P2P 网贷的风险控制主要针对于网贷平台本身，而没能降低网贷平台所面临的客户道德风险和违约风险造成的坏账。在传统的借贷流程中，对于借款人的信息审核，也存在很多弊端，如用传统信息获取渠道判断信息真伪的成本较高；由于全程需要人工参与，既增加了道德风险，又导致效率极其低下；传统的风险评估模型中，对于借款人资产状况评估的权重过高；贷款人隐藏风险的难度较低，造假成本较低等，对坏账率的控制效果并不是很好，这不利于 P2P 网贷平台的风险控制，限制了 P2P 网贷平台的发展。

大数据为 P2P 网贷的信用风险控制提供新的解决思路。如果从大数据的角度来构思，就可以把更多权重放在借款人日常生活的交易数据及社交数据上，如借款人的消费情况、微博微信之类的社交圈活跃度等诸如此类的问题。这类数据不易作假，具有很好的连贯性，可以从中分析很多的用户特性，并推断借款人的信用状况。一旦数据开放共享的基础设施完善后，P2P 网贷平台的管理者就可以在拥有更全面的借款人数据的基础上，通过多个不同类型的信用分析模型，对借款人做出更趋于真实化和个性化的信用评级，投资人根据其信用等级高低做出是否借贷和以何种利息贷出的合理决策。更重要的是，在贷款期间还可以对借款人产生的数据进行持续记录分析，一旦有异常情况出现，就可以及时调查处理，这样可有效控制借款人的信用风险。因此，用大数据来控制 P2P 网贷的风险有极大的发展前景。

在大数据时代的背景下考虑 P2P 网贷的风险控制，首先要将思维方式从因果关系转变到相关关系中来，寻找可以控制 P2P 网贷风险的数据指标。一个人或者群体的信用好坏取决于很多的变量，所有与借款人相关的数据都有可能影响到其贷款的安全，因此，需要找出所有可能会影响到借款者信用的数据指标，主要有以下四个指标。

（1）个人基本资料，包括个人的身份信息，如性别、年龄、身份证号等，以便于通过个人身份认证来追踪借款人的活动；家庭婚姻情况；住所稳定性、工作单位的稳定性和手机号码使用稳定性都将可能体现一个人的还款意愿。这些信息经借款人授权，可以通过接入公安系统等来保证信息的真实性。

（2）社交网络情况。借款人在社交网络上的活跃程度、所发表的动态内容、好友数量等都可能与借款人的性格特点相关。例如，一个拥有好友数量较多的借款人其信用程度往往高于那些好友较少的借款人。另外，如果一个人发表的日志、说说总是积极向上的，也有可能获得较高的信用评级。P2P 网贷平台可以与相关社交网络（QQ、人人网、微信、微博等）建立数据接口，在接受客户的借款请求，且得到用户授权后，从这些社交网络获取用户数据，并支付相应的费用给这些社交网络，这也可以成为社交网络一个新的盈利渠道。

（3）电子商务平台。P2P 网贷平台可以与阿里巴巴、京东商城、聚美优品、当当网等电子商务平台合作，一方面可以借助商家在电商平台上所积累的交易量等流水数据，共同搭建风险模型，通过大数据分析，为这些依附于电商的小微企业提供无担保、无抵押的纯信用贷款；另一方面可以根据消费者的网购商品种类、金额大小、网购频率等来评估消费者的信用状况。

（4）借款人的资金情况，①包括收支情况，借款人的收入和支出情况会影响借款人的偿债能力；②负债情况，借款人的现有的负债期限、金额大小会体现借款人的还款意愿；③资产情况，借款人所拥有的资产的流动性比率以及结构，具体的占用情况，如资产中基金、股票、债券、理财产品及银行存款的比例，这都将会影响借款人的未来收益，从而对还款产生影响；④信用情况，通过分析一个人的信用情况，可以确定贷款额度、期限、利率、贷款方式等。这些数据可以通过接入银行系统来获取。

# 第二十二章　如何管控收集数据中的风险

　　由于大数据的技术支持，企业决策能够获得更多的有用信息，并对这些信息进行有效分析，对财务流程、投资方案所带来的成本、收入和风险进行研究，选择能够使得企业价值最大化的最优方案和流程，帮助企业减少常规失误，进一步优化企业内部控制体系，最大程度地规避各种风险。大数据时代将为企业筹资、投资、营运、利润分配等各项业务提供更精准、全面的风险源数据，借助智能化内部控制和风险管理系统，财务人员能更好地完成对数据的提炼、分析与总结。大数据时代智能化信息系统还可自动计量风险资产，对公司各类资产进行盈利能力分析、偿债能力分析、敏感性分析、流动性分析等，并形成分析报告，给财务人员提供帮助。

## 一、收集宏观数据的风险

### 1. 数据管理的风险

　　风险管理的职能在于建立适合公司的风险管理体系，包括风险点识别、风险估测、风险评估、风险监控技术及风险管理结果检测，从而将风险控制在可影响的范围内，保证企业的健康可持续性发展。面对日益发展的宏观经济环境，风险管理在企业财务管理中占据越来越重要的地位。企业面临的风险日益提高，企业环境的不确定性，将是一种常态。经济周期、资源的竞争、内外部环境的变化都会对企业形成不确定、不可避免的外部环境。

　　大数据时代，数据产生的增值效益日益突出，由此为数据管理提出更高的要求。企业财务数据管理风险主要表现在因数据管理不到位造成的各种不良后果，表现在财务系统因病毒、网络攻击、火灾及自然灾害等情况造成的无法正常使用；因管理不善造成的财务数据丢失、数据遭篡改，造成数据不能正常使用。这就要求企业在财务数据管理方面，一是要加强制度建设，建立异地备份等管理机制，特别是要考虑当前企业运转条件下信息系统一体化的数据安全问题；二是要加强信息安全管理，通过可靠的杀毒系统、系统防火墙建立可靠的信息安全屏障；三是要明确数据管理人员的职责，建立数据管理牵制机制。

### 2. 数据质量风险

大数据时代企业所要处理的数据比较多，但数据的质量往往参差不齐，如有些数据不一致或不准确、数据陈旧以及人为造成的错误等，通常被称之为"脏数据"。由于数据挖掘是数据驱动，因而数据质量显得十分重要。"脏数据"往往导致分析结果的不正确，进而影响到决策的准确性。由于大部分的数据库是动态的，许多数据是不完整的、冗余的、稀疏的，甚至是错误的，这将会给数据的知识发现带来困难。由于人为因素的影响，如数据的加工处理以及主观选取数据等，从而会影响数据分析模式抽取的准确性。大量冗余数据也会影响到分析的准确性和效率。

因此，在大数据时代，不能不计成本盲目收集各种海量的数据，否则将成为一种严重的负担。数据的体量只是大数据的一个特征，而数据的价值、传递速度和持续性才是关键。总之，在大数据时代，通过对数据质量的控制和管理，可以提高数据分析的准确性。数据应用成为整个数据管理的核心环节，数据应用者比数据所有者和拥有者更加清楚数据的价值所在。由于数据的爆发性增长，在大数据时代宏观数据的质量直接关系着甚至决定了数据应用的效率和效果。企业采用宏观数据质量风险主要表现在由于数据不准确造成错误的分析结果，误导管理层；因宏观数据不完整造成决策支持效果不佳。这就要求企业在数据采集、处理和应用的过程中必须确保数据的质量。而在衡量数据的质量时，要充分考虑数据的准确性、完整性、一致性、可信性、可解释性等一系列的衡量标准。

## 二、收集内部数据的风险

### 1. 成本数据的完整性

风险管理与企业内部控制的内容紧密联系，风险管理的风险处理点是内部控制的着力点，高效的内部控制会使企业对外部环境有更好的适应性，极大降低了企业的风险发生率。成本的高低是企业获得市场的一个很关键的因素。大数据时代下，专业的成本控制与分析人员不仅要具备一定的财务专业知识，还需要深入企业了解企业的工艺流程、生产过程、整个内控流程，关注生产效率、报废率、各种成本的差异、各种费用的使用合理情况，通过大数据技术，及时采集到与企业成本相关的数据，并应用于成本控制系统，进行分配与归集，分析成本构成，从而达到对公司进行有效控制的目的，为公司的决策提供依据。因此，企业应用大数据技术进行风险管理时，将会提供更为全面、准确的业务数据，借助财务云的智能化处理系统，准确地对风险进行分析与总结；大数据技术下的信息化处理系统，可自动评估企业的风险，对各资产情况进行智能分析，得出风险分析报告，帮助企业更高效地进行风险管理，同时，实现事前的风险预测、事中的风险控制及事后的风险管理。大数据处理系统可以在很大程度上提高企业风险管理的前瞻性。基于大数据技术的处理系统，企业能够获得更多有效的具有实时性的信息，可以帮助企业对投融资、收入、支出及风险控制等进行研究，从而对企业的运营决策进行指导，减少企业的无效流程及成本，优化企业的管理体制，进行有效的内部控制，尽可能规避企业的经营风险。

2. 财务数据应用风险

传统数据管理的重心侧重于数据收集，而在大数据时代，数据应用成为整个数据管理的核心环节，数据应用者比数据所有者和拥有者更加清楚数据的价值所在。企业数据应用风险主要表现在由于对于高质量数据的不当应用，如使用了错误的财务分析模型，甚至是人为滥用造成偏离数据应用目标的情况；财务数据在应用过程中因数据管理不到位或人为因素造成企业商业机密泄露。这就要求企业高度重视大数据的应用管理，首先是要明确数据应用管理的目标，并建立高效的数据应用管理机制，以确保数据的应用效果；其次是要通过明确数据应用者的管理职责，加强数据应用过程中的核心信息管理，确保企业核心商业机密的安全性。

3. 财务数据过期风险

传统数据管理强调存在性，即只要能获取数据并能满足企业的要求。而在大数据时代，企业对数据时效性的要求空前提高。企业财务数据过期风险主要表现在对于数据的时效性管理不到位、财务数据反馈不及时造成决策不及时、贻误商业机会等情况。这就要求企业要从战略导向出发，高度重视数据应用的时效性管理，一方面在财务数据获取环节要充分考虑时间的及时性和可靠性；另一方面要在数据应用环节注意对数据的甄选，确保财务数据必须更多地立足当前，面向未来，只有这样，才能帮助企业在瞬息万变的市场环境中充分发挥作用。

## 三、大数据引发的会计信息风险

### 1. 共享平台建设略显滞后

为了推动会计信息化的蓬勃发展，我国早在 2004 年就制定并发布了《信息技术会计核算软件数据接口》（GB/T19581—2004）国家标准。2010 年 6 月又发布了更新版的《财经信息技术会计核算软件数据接口》（GB/T24589—2010）系列国家标准。随着国际上以 XBRL（可扩展商业报告语言）为基础的会计数据标准的产生，我国于 2010 年 10 月发布了《可扩展商业报告语言（XBRL）技术规范》（GB/T25500.1—2010）系列国家标准和《企业会计准则通用分类标准》。由此可见，我国在会计数据标准的制定和应用方面始终走在国际的前沿，尤其是 GB/T24589—2010 系列标准，不仅包括了会计科目、会计账簿、记账凭证、会计报表，还涵盖了应收应付、固定资产等内容，填补了国内标准化方面的空白，即使在国际上也处于领先的地位。

大数据环境下，云会计的推广和应用为企业带来许多益处。企业用户与云会计服务商签订使用协议，并按期支付费用以后，就可以获得海量的存储空间，将各种会计信息存放到云端，同时软件的开发和维护也全部由云会计服务商负责，企业用户的运行成本及维护成本大幅下降。云会计可以让企业将工作重心转移到经营管理上，而将会计信息化的基础建设和软件服务工作外包给互联网企业，这种模式所带来的优势和效率显而易见，将推动企业管理模式的转变和思维模式的转变。与此同时，要在企业中推广云会计的应用，还存在着急需突破的困境，这些困境不但制约云会计服务商的发展壮大，而且无法消除企业采纳云会计的种种疑虑。

现代会计信息化的发展依赖于共同资源共享平台的建设，如云会计的发展主要依赖于云计算平台的技术发展。对于云计算供应商来说，在可扩展性较强的云计算模式下，他们通过专业化和规模经济降低提供软件服务成本的同时，需要依靠大数量的用户提高自己的经济效益。

但面对客户的需求要提供一套与中小企业用户相符的会计信息化系统，这就需要进行大量的前期准备工作，主要是对用户的需求进行综合分析。不同于传统的按需定制软件，云计算供应商要求能够满足不同用户、不同地域和不同业务规则的需求，所以对服务的适应性、扩展性以及灵活性要求非常高，在技术上也提出更高的要求。因此，云计算平台建设的资金起点和技术水平较高，研发周期较长且风险较大。

目前，知名的云计算平台几乎都来自美国，如谷歌、亚马逊、Salesforce.com、Facebook 等，同时微软、富士通、IBM、SAP 等 IT 成熟公司也建有企业内部的云计算平台。相比国外先进的云计算技术平台，我国刚刚开始起步的自主研发财务会计信息化的云计算平台尚待成熟，且应用推广力度不够。国外开发的云计算平台，由于众所周知的原因，广大的企业并不放心将企业的经济数据及会计数据放到这些外部平台系统上。而国内的云会计平台建设滞后，也使云会计这种新型会计信息化模式发展面临巨大的障碍。由于云会计的建设较多依赖于云会计服务提供商，而云会计服务提供商的专业能力和售后服务质量直接影响云会计的应用效果。一旦云会计服务提供商技术支持响应不及时，或者停止运营，就可能对企业的正常运营造成破坏性的影响。因此，云会计平台建设的滞后直接影响到会计信息化的发展速度。

2. 数据标准缺失困境

目前尚没有明确的指导性和约束性文件，云会计服务商只是凭着商业逻辑开发相关的软件并提供硬件基础服务，用户也只是根据自身需要选择相应的服务，至于是否符合未来云会计数据的要求，则无暇顾及。各厂商在开发产品和提供服务的过程中各自为政，为将来不同服务之间的互连互通带来严重障碍。例如，用户将数据托管给某个云会计服务商，一旦该服务商破产，用户能否将数据迁移至另一个云会计服务商？如果用户将数据同时托管给多个云会计服务商，能否便捷地执行跨云的数据访问和数据交换？目前在数据的处理标准方面还没有具体的突破，尤其是在数据汇集以后，如何整理、如何分析、如何访问，是三个密切联系又急需解决的问题。

在大数据环境下，数据该如何共享，如何保持一致性，也必须有标准来支撑。另外，数据的质量标准是保证数据在各个环节保持一致的基础，这方面的缺失使数据的应用范围受到极大约束。由于数据标准的缺失，导致云会计的应用及服务标准也难以制定，如何对不同云会计服务商提供的服务进行统一的计量计费？如何定义和评价服务质量？如何对服务进行统一的部署？这些问题也使得云会计的普及举步维艰。

3. 安全问题困境

云会计的安全不仅涉及当事企业，也与许多第三方企业的利益息息相关，这个问题解决得好，可以极大地促进云会计的发展，否则将使涉事企业面临经济、信用等多方面的巨大损失。一是存储方面的安全问题，云会计的存储技术运用虚拟化及分布式方法，用户并不知道数据的存储位置，云会计服务商的权限可能比用户还要高，因此云会计的数据在云中存储时，如果存储技术不完善，那么会计信息将面临严重的安全隐患。二是传输方面的安全问题，传统的会计数据在内部传输时，加密方法一般比较简单，但传输到云会计服务商的云端时，可能被不法用户截取或篡改，甚至删除，将导致重大的损失。

目前，我国网络会计信息化应用软件主要采用第一种认证方式，由于这种认证方式的设置比较简单，安全系数较低，其密码很容易被互联网中的监听设备或木马程序等病毒截获。此外，在身份认证管理方面，由于个别数据库管理员（DBA）或会计操作人员缺乏对系统用户口令安全性的认知，为了操作方便往往采用电话号码、生日号码等作为操作密码，这些数字口令极易被网络黑客破译，给系统留下了安全隐患。

在云会计中，企业的各种财务数据通过网络进行传递，数据的载体发生了变化，数据流动的确认手段也出现了多种方式，这时加强数据加密工作是云会计安全运行的关键。

事实上，在我国网络会计系统中数据的加密技术仍然不是非常成熟。大多数软件开发商在开发软件时，数据密钥模块的设置过于简单。加密则主要是对软件本身的加密，以防止盗版的出现，很少采取数据安全加密技术。虽然在进入系统时加上用户口令及用户权限设置等检测手段，但这也并不是真正意义上的数据加密。

网络传输的会计数据和信息加密需要使用一定的加密算法，以密文的形式进行传输，否则信息的可靠性和有效性很难获得保障。在数据没有加密的情况下，数据在互联网中传输容易出现安全性问题，企业竞争对手或网络黑客可以利用间谍软件或专业病毒，突破财务软件关卡进入企业内部财务数据库，非法截获企业的核心财务数据，并可能对传输过程中的数据进行恶意篡改。企业最为机密的核心财务数据遭黑客盗窃、篡改，或是被意外泄露给非相关人员，这对企业无疑是致命的。

# 第二十三章 财务风险预警和管理的新途径

过去财务核心能力包括财务决策、组织、控制和协调，如果这些能力能够超过竞争对手的话，企业就会在竞争中具有绝对的优势。但是随着时间的推移，目前企业环境的多变性和不稳定性加剧了企业之间的竞争，企业除了具备上述的能力外，还需要拥有很强的识别能力以及对风险的预知能力。因此，现在的财务风险防范胜于防治，做好财务风险的预警和控制就成为了当今企业的重要处理对象。

财务风险管理者对大数据分析方法的研究应聚焦于基于大数据的商务分析，以实现商务管理中的实时性决策方法和持续学习能力。传统的数据挖掘和商务智能研究主要侧重于历史数据的分析，面对大数据的大机遇，企业需要实时地对数据进行分析处理，帮助企业获得实时商业洞察。例如，在大数据时代，企业对市场关键业绩指标（KPI）可以进行实时性的监控和预警，及时发现问题，做出最快的调整，同时构建新型财务预警机制，及时规避市场风险。

企业所面对的数据范围越来越宽、数据之间的因果关系链更完整，财务管理者可以在数据分析过程中更全面地了解到公司的运行现状及可能存在的问题，及时评价公司的财务状况和经营成果，预测当前的经营模式是否可持续、潜藏哪些危机，为集团决策提供解决问题的方向和线索。

与此同时，财务管理者还要对数据的合理性、可靠性和科学性进行质量筛选，及时发现数据质量方面存在的问题，避免因采集数据质量不佳导致做出错误的选择。

## 一、大数据时代对财务风险理论的影响

### 1. 传统的财务风险及预警

公司所面临的风险主要涉及商业风险和财务风险，以及不利结果导致的损失。商业风险是由于预期商业环境可能恶化（或好转）而使公司利润或财务状况不确定的风险；财务风险是指公司未来的财务状况不确定而产生的利润或财富方面的风险，主要包括外汇风险、利率风险、信贷风险、负债风险、现金流风险等。一个有过量交易的公司可能是一个现金流风险较高的公司。对库存、应收款和设备的过分投资导致现金花光（现金流变成负的）或贸易应付款增加。因此，过量交易是一种与现金流风险和信贷风险有关的风险。

对风险的识别与防控无疑是企业财务管理的核心与灵魂。财务理论中有关风险的核心观点与内容应该包括如下内容。（1）财务理论中所指的"风险"主要来源于数理分析中的"风险性和不确定性"事件。虽然有时候财务理论也强调"风险性"和"不确定性"之间的差异，但是在"主观概率的"引导下，几乎把"风险性"与"不确定性"等同起来看待。（2）财务理论大多关注如何"减低"企业流动性风险（偿付能力）等具体的风险。（3）在风险防范的对策方面，财务理论所提供的解决方法，一是对资本结构进行适当水平的动态调整；二是结合证券投资理念中的投资组合思想。

巴菲特认为，学术界对风险的定义存有本质错误，风险应指"损失或损害的可能性"而不是贝塔值衡量的价格波动性；用贝塔值衡量风险精确但不正确；贝塔值无法衡量企业之间内在经营风险的巨大差异。显然，这样的财务管理理论在风险与风险管理理念、内容和技术方面均存在缺陷，仅从数理角度去表达、计算以及探索风险防范。

### 2. 企业财务风险管理理论重构

在大数据时代，财务风险管理理论需要在多方面进行重构。

第一，财务风险概念重构。财务风险是一个多视角、多元化、多层次的综合性概念。一个现实的、理性的财务风险研究理论应该是在对风险要素、风险成因、风险现象等不同财务风险层次的理解和研究的基础上形成的。

第二，风险防控对策重构，要特别关注各类风险的组合和匹配。如Ghemawat（1993）指出，当经济处于低迷期，企业需要在投资导致财务危机

的风险与不投资带来竞争地位的损失之间进行权衡。而当经济处于萧条期，如果企业过度强调投资带来的财务风险，那将以承受不投资导致竞争地位下降的风险为代价。因此，企业需要根据对经济环境的判断，平衡投资财务风险和投资竞争风险。

第三，风险评估系统重构。企业应降低对防范风险金融工具的依赖。大数据背景下的财务管理理论应以实用为原则，围绕如何建立更加有效的评估企业经营风险状况的预警系统进行深入探讨，良好的风险预测能力是防范风险的利器。

对企业经营风险的控制，需要企业开发基于大数据、能够进行多维度情景预测的模型。预测模型可以用于测试新产品、新兴市场、企业并购的投资风险。预测模型将预测分析学和统计建模、数据挖掘等技术结合，利用它们来评估潜在威胁与风险，以达到控制项目风险的目的。例如，万达集团基于大数据的预测模型，既是预算管控的最佳工具，也是风险评估与预防的有效平台。

## 二、在信贷风险分析中的应用前景

以2008年美国金融危机为例，这次危机肇始于房地产抵押贷款，雷曼兄弟、房利美、房地美、美林和贝尔斯登等财团相继破产或并购，倘若事前已经建立大数据风险模型，及时对金融行业的系统性风险及其宏观压力进行测试，这场波及全球的金融危机或许能够避免，至少可以避免房贷风险溢出而放大多米诺骨牌效应。

倘若2008年以前华尔街就建立了大数据财务风险模型，雷曼兄弟等财团能正确地对客户群进行预风险分析，倘若美联储和美国财政部早些时候能关注宏观经济流量和金融市场变量的风险，及早利用大数据分析技术制定金融危机预案，切断风险传递，危机就不会严重冲击全球经济。

综上所述，作为集团公司要建立风险防控机制，通过大数据风险预测模型分析诊断，及时规避市场风险，最大限度减少经济损失。

信贷风险是长期困扰商业银行的难题，无论信贷手册如何详尽，监管措施如何到位，信贷员们如何尽职仍难以规避坏账的困扰，大的违约事件仍层出不穷。准确和有价值的大数据信息为银行的信贷审批与决策提供了一个新的视角和工具管理，信贷风险的难点在于提前获得某家企业出事的预警。以前，银行重视的是信用分析，从财务报表到管理层表现，依据历史数据，从历史推测未来。自从社交媒体问世后，包括微信、微博在内的社交网站以及搜索引擎、物联网和电子商务等平台为信贷分析提供了一个新维度，将人们之间的人脉关系、情绪、兴趣爱好、购物习惯等生活模式以及经历一网打尽，为银行提供非常有价值的参考信息。银行凭借这些更加准确和具有厚度的数据完成对客户的信用分析，并根据变化情况相应调整客户评级，做出风险预判。这样一来，信贷决策的依据不再是滞后的历史数据和束缚手脚的条条框框，而参考的是变化中的数据。信贷管理从被动转变为主动，从消极变为积极，信用分析方面从僵化的财务发展到对人的行为分析，大数据为信贷审批与管理开创了全新的模式。

# 第二十四章 大数据如何帮助企业建立有效的全面风险管理体系

风险是指企业在各项财务活动过程中，由于各种难以预料或无法控制的因素，使企业实际收益与预计收益发生偏离的一种可能性。鉴于财务的谨慎性原则，提到风险人们一般最先想到的是损失与失败。风险管理是现代企业财务管理的重要内容，企业风险复杂性日益提高，不确定性将成为企业必须面对的一种常态。经济波动、资源紧张以及政治和社会变动都会对企业构成不确定、不稳定的经营环境，而研发失败、营销不力、人事变动等内部风险亦不可避免。风险管理和内部控制紧密相连，智能化风险管理系统对企业各项业务进行监控、指标检测及预警、压力测试，并可针对各类风险事件进行处理，实现事前、事中的风险控制及事后的管理监测。

同时，大数据还增强了企业风险管理的洞察力和前瞻性。内部控制是指企业为了确保战略目标的实现、提高经营管理效率、保证信息质量真实可靠、保护资产安全完整、促进法律、法规有效遵循，而由企业董事会、管理层和全体员工共同实施的权责明确、制衡有力、动态改进的管理过程。内部控制是一个不断发展、变化、完善的过程，它由各个阶层人员来共同实施，在形式上表现为一整套相互监督、相互制约、彼此联结的控制方法、措施和程序，这些控制方法、措施和程序有助于及时识别和处理风险，促进企业实现战略发展目标，提高经营管理水平、信息报告质量、资产管理水平和法律遵循能力。内部控制的真正实现还需管理层人员真抓实干，防止串通舞弊。

大数据时代下，企业面临着纷繁复杂的数据流，数据的有效运用成为了企业的一种竞争实力。数据集成是通过各种手段和工具将已有的数据集合起来，按照一定的逻辑关系对这些数据进行统一的规划和组织，如建立各种数据仓库或虚拟数据库，实现数据资源的有效共享。随着分布式系统和网络环境日益普及，大量的异构数据源被分散在各个网络节点中，而它们之间往往是相互独立的。为了使这些孤立的数据能够更好地联系起来，迫切地需要建立一个公共的集成环境，提供一个统一的、透明的访问界面。

数据集成所要解决的问题是把位于不同的异构信息源上的数据合并起来，以便提供这些数据的统一查询、检索和利用。数据集成屏蔽了各种异构数据间的差异，通过集成系统进行统一操作。企业要根据数据驱动的决策方式进行决策，这将大大提高企业决策的科学性和合理性，有利于提高企业的决策和洞察的正确性，进一步为企业的发展带来更多的机会。内部环境是企业实施内部控制的基础，包括企业治理结构、机构设置及权责分配、内部审计、人力资源政策、企业文化等内容。

## 一、运用大数据推动企业内控环境的优化

### 1. 通过大数据推动内控环境有机协调

企业董事会、监事会、审计部、人力资源部等组织分立，职责区分，相互制衡，有助于内控目标的实现，但也容易产生纵向、横向的壁垒与相互协作上的障碍。而在内外部数据可得与技术可行的情况下，大数据有助于推动内控环境各环节、各层次之间的信息共享与相互透明化，从而推动内控环境内部的有机协调，提升内部控制的效果。

### 2. 通过大数据来准确衡量内控环境的有效性

如对企业文化的评估，是内部环境的重要环节，但企业文化又属隐性的。如果能够通过对社交网络、移动平台等大数据的整合，将员工的情绪、情感、偏好等主观因素数据化、可视化，那么企业文化这种主观性的东西也就变得可以测量。

### 3. 通过大数据来增加内控环境的弹性

如在机构设置方面，一家企业创建怎样的组织结构模式才合适，没有一个标准答案。而在基于大数据分析的企业中，企业的人工智能中枢或者计算中心有望从企业的战略目标出发，根据企业内外部竞争环境的变化，对组织机构做出因时而动的调整。

## 二、运用大数据提高风险评估的准确度

　　风险评估是企业内部控制的关键工作，及时识别、系统分析经营活动中相关的风险，合理确定风险应对策略，对于确保企业发展战略的实现，有着重要的意义。来自于企业内部管理、业务运营、外部环境等方面的大数据，对于提高风险评估的准确度，会有明显的帮助。一些银行已经用大数据更加准确地度量客户的信用状况，为授信与放贷服务提供支持；又如一些保险公司也在尝试将大数据用于精算，以得出更加准确的保险费率。以此为启发，企业可将大数据广泛运用到内部风险与外部风险评估的各个环节。如在内部风险评估上，可利用大数据对董事、监事以及其他高管管理人员的偏好能力等主观性因素进行更加到位的把握，从而避免管理失当的风险，也可将大数据用于对研发风险的准确评估。在外部风险识别上，大数据对于识别政策走向、产业动向、客户行为等风险因素也会有很好的帮助。例如，招商银行是中国第六大商业银行，而 Teradata 是一家处于全球领先地位的企业级数据仓库解决方案提供商，在中国有数百家合作伙伴。Teradata 公司针对招商银行庞大客户群的海量客户数据，为其提供了智能数据分析技术服务，用于升级数据仓库管理系统。除此以外，Teradata 还监控并记录客户在 ATM 机上的操作，通过这种方法了解并分析客户的行为，能够有效预防借助 ATM 机实施的违法行为。

## 三、运用大数据增强控制活动的成效

### 1. 大数据为控制活动的智能化提供了可能

　　内部控制活动包括不相容职务分离控制、授权审批控制、会计系统控制、财产保护控制、预算控制、运营分析控制和绩效考评控制等。大数据可以通过以下途径增强控制活动的效果。基于各种管理软件和现代信息技术的自动化企业管理，在企业管理中早有应用。在大数据时代，海量、种类繁多、适时性强的数据进一步为智能化企业管理提供了可能。谷歌、微软、百度等都在以大数据为基础，开发其人工智能。有研究指出，机器人当老板，员工会更听话。机器人并非是万能的，但在智能化的企业内控模式下，控制活动的人为失误将得到明显的降低，内控的成效也会得到很好的提升。随着大数据

在集团战略地位的日益提高，阿里巴巴集团旗下的淘宝平台开始推出多种商业大数据业务。阿里信用贷款基于采集到的海量用户数据，阿里金融数据团队设计了用户评价体系模型，该模型整合了成交数额、用户信用记录等结构化数据和用户评论等非结构化数据，加上从外部搜集的银行信贷、用电量等数据，根据该评价体系，阿里金融可得出放贷与否和具体的放贷额度的精准决策，其贷款不良率仅为 0.78%。阿里通过掌握的企业交易数据，借助大数据技术自动分析判定是否给予企业贷款，全程不会出现人工干预。

2. 大数据提高了控制活动的灵活性

财务战略管理制定实施中，必须对所有的因素和管理对象进行全面的考虑，细致到企业采购、合同签订、物资验收、资源保管、资金使用、报销、报废等多方面，只有全面这样才能使企业财务战略管理职能得到最大限度的发挥，才能将风险降到最低。风险是企业日常运营及生产中的最大隐患，重大的财务风险直接影响着企业的生存。全面的考虑能够强化财务战略管理的风险控制功能，使企业处于良性运作中。控制活动目的是降低风险，最终为企业发展服务，因此，关于内控活动的各项制度、大数据与企业内部控制机制与措施需要避免管理教条主义的陷阱。在控制活动全方位数据化的条件下，企业可根据对控制措施、控制技术、控制效果等各类别大数据的适时分析、实验，及时地发现问题并进行完善，从而提高管理成效。沃尔玛、家乐福、麦当劳等知名企业的一些主要门店均安装了搜集运营数据的装置，用于跟踪客户互动、店内客流和预订情况，研究人员可以对菜单变化、餐厅设计以及顾问意见等对物流和销售额的影响进行建模。这些企业可以将数据与交易记录结合，并利用大数据工具展开分析，从而在销售哪些商品、如何摆放货品，以及何时调整售价方面给出意见，此类方法已经帮助企业减少了 17% 的存货，同时增加了高利润自有品牌商品的比例。

3. 大数据分析本身即可作为一种重要的控制活动

大数据可以提高企业运营与管理各方面的数据化透明度，从而使得控制主体能够提高对企业各种风险与问题的识别能力，进而提高内控成效。目前，商业银行已开始逐步利用数据挖掘等相关技术进行客户价值挖掘、风险评估等方面的尝试应用。尤其是在零售电子商务业务方面，由于存在着海量数据以及客户网络行为表现信息，因此可以利用相关技术进行深度分析。通过分析所有电子商务客户的网银应用记录及交易平台的具体表现，可以将客户分为消费交易型、资金需求型以及投资进取型客户，并能够根据不同分组客户的具体表现特征，为以后的精准化产品研发、定向营销，以及动态风险监控关键指标等工作提供依据。虽然商业银行在零售业务领域存储了大量数据，但由于以往存储介质多样化、存储特征不规范等原因，数据缺失较为严重，整合存在较大难度，造成部分具有较高价值的变量无法利用。同时，大数据时代的数据包含了方方面面的属性信息，可以理解为"信息即数据"。因此，商业银行除了要积累各种传统意义上的经营交易数据外，还要重视其他类型的非结构化数据积累，如网点交易记录、电子渠道交易记录、网页浏览记录、外部数据等，都应得到有效的采集、积累和应用，打造商业银行大数据技术应用的核心竞争力。

## 四、大数据变革了信息传递与沟通方式

信息与沟通是企业进行内部控制的生命线，如关于企业战略与目标的信息、关于风险评估与判断的信息、关于控制活动中的反馈信息等。没有这些信息的传递与沟通，预测、控制与监督的内控循环就没办法形成。企业运营中的信息与沟通，经历了从纸面报告、报表、图片等资料到计算机时代信息化平台的变迁。这一过程中企业信息的数量、传递与分析技术，得到了重大的提升。当前的大数据时代，企业在信息与沟通上又迎来了一个革命性的变化。企业把云计算应用于会计信息系统，可助推企业信息化建设，减少企业整体投入，从而降低企业会计信息化的门槛和风险。用户将各种数据通过网络保存在远端的云存储平台上，利用计算资源能更方便快捷地进行财务应用部署，动态地调整企业会计软件资源，满足企业远程报账、报告、审计和纳税功能的需要。

云计算在具体使用中还要解决会计数据隐私保护及信息安全性问题，克服用户传统观念和使用习惯，打破网络带宽传输速度的瓶颈，避免频繁的数据存取和海量的数据交换造成的数据延时和网络拥塞。为更好地配套支持企业会计准则的执行，满足信息使用者尝试分析的需求，会计司推进了可扩展商业报告语言（XBRL）的分类标准建设，使计算机能够自动识别、处理会计

信息。

随着《企业内部控制基本规范》的发布，企业在实施信息化过程中，要考虑如何将各种控制过程嵌入到业务流和信息流中。为了确保和审查内部控制制度的有效执行，必须加强信息化内控的审计点设置，开展对会计信息系统及其内控制度的审计，将企业管理系统和业务执行系统融为一体，对业务处理和信息处理进行集成，使会计信息系统由部门级系统升格为企业级系统，以最终达到安全、可靠、有效的应用。会计信息化除了需要建立健全的信息控制系统，保证信息系统的控制及有效执行外，还要通过审计活动审查与评价信息系统的内部控制建设及其执行情况，通过审计活动来发现信息系统本身及其控制环节的不足，以便及时改进与完善。

对于企业来说，来自于 OA、ERP、物联网等内部信息化平台的大数据，来自于传统互联网、移动互联网、外部物联网等的大数据，将使企业置身于一个不断膨胀的数据海洋。对于企业来说，大数据的革命可以为企业带来智能化的内部控制，也可以让管理者准确把握每一位员工的情感。大数据使企业内控进入一个全新的境界。对于很多金融服务机构来说，爆炸式增长的客户数据是一个亟待开发的资源。数据中所蕴藏的无限信息若以先进的分析技术加以利用，将转化为极具价值的洞察力，能够帮助金融企业执行实时风险管理，成为金融企业的强大保护盾，保证金融企业的正常运营。

与此同时，大数据也推动着商业智能的发展，使之进入消费智能时代。金融企业风险管理能力的重要性日渐彰显。抵押公司、零售银行、投资银行、保险公司、对冲基金和其他机构对风险管理系统和实践的改进已迫在眉睫。要提高风险管理实践，行业监管机构和金融企业管理人员需要了解最为微小的交易中涵盖的实时综合风险信息；投资银行需要知道每次衍生产品交易对总体风险的影响；而零售银行需要对信用卡、贷款、抵押等产品的客户级风险进行综合评估。这些微小信息会引发较大的数据量。金融企业可以利用大数据分析平台，实现以下分析，从而进行风险管理。（1）自下而上的风险分析，分析 ACH 交易、信贷支付交易，以获取反映压力、违约或积极发展机会。（2）业务联系和欺诈分析，为业务交易引入信用卡和借记卡数据，以辨别欺诈交易。（3）跨账户参考分析，分析 ACH 交易的文本材料（工资存款、资产购买），以发现更多营销机会。（4）事件式营销，将改变生活的事件（换工作、改变婚姻状况、置房等）视为营销机会。（5）交易对手网络风险分析，了解证券和交易对手间的风险概况和联系。

## 五、大数据为企业内部监督提供了有力支撑

大数据从字面上看往往使人们仅仅关注数据规模，而忽视了数据之间的联系。在复式记账法下，每一笔凭证都有借贷双方，这就使得会计科目、会计账户、会计报表之间有着密切的勾稽关系。会计电算化的出现避免了手工记账借贷双方不平的风险，但在会计科目的使用规范、会计报表数据的质量校验等方面难有作为。对于中小企业来说，对会计报表的数据错误进行事后更正比较容易，但对于存在大量财务报表合并的集团企业，会计核算不规范将给财务人员带来较大的困扰。在大数据时代下，企业的核算规范和报表之间的勾稽关系将作为财务数据的校验规则纳入财务系统，对企业会计核算规范的执行和报表数据质量进行实时控制，这样就能实现企业月结报表合并的顺利执行，真正实现敏捷财务。

当前国外 SAP 公司的企业财务报表合并系统 BCS 已经能够对企业财务报表的勾稽关系进行强制检查，对于不能通过检查的报表，合并将无法继续。下属单位财务人员需要不断地去调整自己的凭证，以满足上报标准，完成月结，经过这样不断的磨合调整，集团整体的核算规范才能得到落实。但这样的方法仍然是一种事后控制，需要耗费大量的人力、精力，且公司人事变动对月结速度影响极大，如果将风险控制在做账环节则更有益于财务管理的提升。在上文提到的原始凭证"数据化"实现之后，我们可以通过对企业原始凭证种类的梳理，按照不同的业务内容对"数据化"原始凭证进行标记，财务系统会对原始凭证进行识别后，限制此类原始凭证可以使用的会计科目，从而进一步降低风险。

对企业内部控制环境、风险评估、控制活动、信息与沟通等组成要素进行监督，建立企业内控有效性或效果的评价机制，对于完善内部控制有着重要的意义。在这种内控的监督过程中，大数据至少可以提供两方面的帮助。其一，大数据有助于适时的内控监督。大数据的显著特点之一是其流数据、非结构化数据的适时性，在大数据技术下，企业可以适时采集来自于内部信息化平台、互联网、物联网等渠道的大量数据信息，以此为基础，对内部控

制效果的适时评价就成为可能，定期报告式监督的时效缺陷就可以得到弥补。其二，大数据还有助于全面的内控监督。大数据另一个显著特点是总体数据的可得性与可分析性，传统审计中所进行的抽样评估的缺陷，在大数据下可以得到避免。基于这种技术的内部控制评价，将更为客观、全面。

## 六、大数据增加了企业对财务风险的预警能力

财务预警是以企业的财务会计信息为基础，通过设置并观察一些敏感性财务指标的变化，而对企业可能或将面临的财务危机实现预测预报或实时监控的财务系统。它不是企业财务管理中的一个孤立系统，是风险控制的一种形式，与整个企业的命运息息相关，其基本功能包括监测功能、诊断功能、控制功能和预防功能。

目前，财务危机风险预警是一个世界性的问题和难题。从 20 世纪 30 年代开始，比较有影响的财务预警方法已经有十几种，但这些方法在经济危机中能够真正预测企业财务风险的却很少。究其原因，大多数模型中，财务指标是主要的预测依据。但财务指标往往只是财务发生危机的一种表现形式，甚至还有滞后反应性、不完全性和主观性。更为严重的是在基于财务指标预警模型建立过程中，学者们往往都假设财务数据是真实可靠的，但这种假设忽略了财务预警活动的社会学规律，为财务预警模型与现实应用的脱节埋下了伏笔。许多学者建立了结合非财务指标的模型，但所加入的能够起到作用的非财务指标都是依靠试错方法引入的，即都是在危机发生之后，才能够使指标得以确认以及引入模型，下一次经济危机的类型不同，之前建立的财务预警模型便会无法预测甚至可能发生误导。因此，靠试错引入的非财务指标具有一定的片面性，忽视了这些指标间的相互作用和相互关系，无法顾及这些指标是否对所有企业具有普遍适用性。

大数据信息比以往通过公司公告、调查、谈话等方式获得的信息更为客观和全面，而且这些信息中可以囊括企业在社会网络中的嵌入性影响。在社会环境中，企业存在的基础在于相关者的认可，这些相关者包括顾客、投资者、供应链伙伴、政府等。考虑到企业的经营行为，或者企业关联方的动作都会使企业的相关者产生反应，进而影响到网络上的相关信息。因此，我们可以把所有网民看作企业分布在网络上的"传感器"，这些"传感器"有的反映

企业的内部运作状态，有的反映企业所处的整体市场环境，有的反映企业相关方的运行状态等。大数据企业财务预警系统不排斥财务报告上的传统指标，相反，传统的财务指标应该属于大数据的一部分。

互联网上网民对企业的相关行为，包含了线下的人们和企业的接触而产生对企业的反应，这些反应由于人们在社会网络中角色的不同，涵盖了诸如顾客对产品的满意度、投资方的态度、政策导向等各种可能的情况。起到企业"传感器"作用的网民，由于在线下和企业有着各种各样的角色关系。这些角色和企业的相互作用会产生不同的反应，从而刺激这些角色对企业产生不同的情绪。群体的情绪通过映射到互联网，才使这些信息能够被保存下来并被我们获取，这些不同的情绪经过网络上交互过程中的聚集、排斥和融合作用，最后会产生集体智慧，这些群体智慧能反映企业的某种状态。

在实证研究过程中，相关学者利用聚焦网络爬虫，收集了从 2009 年 1 月 1 日到 2013 年 12 月 31 日的关于 60 家企业的所有相关全网网络数据，包括新闻、博客、论坛等信息，经过在线过滤删重，最终获得有效信息共 7 000 万余条。来自网络的上市公司相关大数据主要是非结构化的文本信息，而且包含大量重复信息。为了验证大数据反映的相关情绪能够有效提高财务风险预警模型的性能，首先要把这些信息进行数值化处理，过滤掉大量无效数据，并且进行基于财经领域词典的文本情绪倾向计算。同时对相关上市公司的有效信息进行频次统计，以便验证大数据有效信息频次对财务风险预警模型的影响。通过与财务指标的结合，对研究假设进行实际数据验证，发现引入大数据指标的财务预警模型，相对财务指标预警模型，在短期内对预测效果有一定提高，从长期来看，对预测效果有明显提高，大数据指标在误警率和漏警率上比财务指标表现明显要好，从而验证了在复杂社会环境中，依靠大数据技术加强信息搜寻是提高财务预警有效性的重要路径这一观点。

## 七、商业银行利用大数据评价电子商务风险的案例

随着互联网、移动通信技术的逐步应用，其对人们的生活、生产方式带来了强烈的冲击。电子商务、移动互联网、物联网等信息技术和商业模式的兴起，使社会数据量呈现爆炸式增长。因此，采用大数据技术，可以有效解决信息不对称等问题，合理提高交易效率，降低交易成本，并从金融交易形

式和金融体系结构两个层面改造金融业，对风险管控、精细化管理、服务创新等方面具有重要意义。与 21 世纪初互联网刚刚起步时仅将网上银行作为渠道经营不同，当前的互联网金融具有尊重客户体验、强调交互式营销、主张平台开放等新特点，且在运作模式上更强调互联网技术与金融核心业务的深度整合，风险管理技术与客户价值挖掘技术等进一步融合。而且，随着大数据分析思维的渐入以及技术的逐步推广，通过个人客户网络行为产生的各种活动数据，可以较好地把握客户的行为习惯以及风险偏好等特征。因此，为了在大数据浪潮中把握趋势，可采用相关技术深入挖掘相关数据，通过对客户消费行为模式以及事件关联性的分析，更加精确地掌握客户群体的行为模式，并据此进行零售电子商务风险评分模型设计，使其与客户之间的关系实现开放、交互和无缝接触，满足商业银行风险管理工作的精细化要求和标准，并为打造核心竞争力提供决策依据。

1. 电子商务风险评分模型的开发过程

电子商务风险评分模型的开发过程具体如下。

（1）进行相关业务数据分析和评估。此阶段是对内部电子商务企业数据和环境进行深入研究和分析，并对业务数据进行汇总检查，了解数据是否符合项目要求，并评估数据质量。

（2）基于相关建模方法进行模型设计。此阶段主要定义电子商务客户申请评分卡的目标和开发参数，如电子商务客户定义标准、排除标准，好 / 坏 / 不确定客户的定义，建模的观察窗口、表现窗口、抽样计划等。

（3）建模数据准备。此阶段根据详细的数据分析结果以及开发所需的数据，为模型开发进行数据提取和准备，主要进行业务数据及关键变量的推导、合并，生成建模样本中的每个账户的预测变量、汇总变量以及好 / 坏 / 不确定 / 排除标志。

（4）进行指标的细分分析。此阶段主要用来识别最优的群体细分，确定相关的建模备选变量，并在此基础上开发一系列的评分模型，使得整体评分模型体系的预测能力达到最大化。

（5）模型的确定和文档撰写。模型的确定和文档撰写包括最终模型的开发和最终标准的模型文档。在确定了建模的基础方案及各指标参数后，将采用统计学汇总及业务讨论等方法，对进入模型的每个变量产生一份特征变量分析报告，以评价各变量的表现情况。在此基础上，总结归纳变量的表现，并采用一定的方法，将账户的风险与评分结果建立起函数关系，构建体系性的评分卡模型。

（6）进行模型的验证。此阶段分为建模样本内验证和样本外验证，同时，样本外验证又分为建模时点验证和最新时点验证两部分。验证的工作主要是进行评分卡工具在模型的区分能力、排序能力和稳定性方面的建议工作。

2. 构建特征变量库并进行模型框架设计

此阶段的主要工作如下。

第一，创建申请及企业信息数据集（备选变量库）。根据相关业务特征及风险管理的实践，大致可以从个人特征类变量、网络行为类变量、交易行为类变量、合同类变量、征信类变量等进行相关备选变量的构建和组合。

第二，利用决策树模型，进行客户群组细分。通过上述备选特征变量，利用决策树模型，最终将客户划分为投资进取型、个人消费交易型和小微企业资金需求型客户。其中，投资进取型主要为理财类、贵金属外汇等产品交易类客户，其更多的是利用电子商务平台和网络银行渠道进行投资活动，而对信贷资金的需求较小。个人消费交易型主要为信用卡消费、网上商城消费的个人消费者和汽车贷款、消费分期等个人消费类贷款网上申请客户。小微企业资金需求型主要为 B2B 和 B2C 类的小微企业客户。

第三，进行各客户群组特征变量的分析和筛选。通过对各客户群组特征变量的分析可以看出，不同的客户群体，其高度相关的特征变量具有较大的差异性，例如，对于投资进取型客户，其登录网银账号后的点击栏目与个人消费型客户具有明显的差异，且信用卡利用频率和额度使用率也存在较大差异。因此，可以通过此类方法，寻找出最具有客户特征的变量组。

第四，进行模型框架设计。通过对上述客户群体特征的归纳和总结，同时考虑相关数据的充分性和完整性，目前可针对个人消费交易型以及 B2B 和 B2C 类的小微企业客户等风险评分模型进行构建。

3. 实证研究结果

以 B2C 类个人消费交易型客户风险评分卡模型为例，以某商业银行电子商务业务发展规模较大分行，基于 2009 年至 2012 年 12 月末的业务数据构建电子商务零售客户评分卡模型，同时，为合理扩大相关业务数据分析范围，涵盖了与电子商务相关的信用卡业务、小微企业业务、个人消费贷款等线下产品的相关数据。实证结果表明，采用大数据挖掘构建的零售电子商务风险评分卡模型，不仅提高了业务办理的效率，而且还可以全面衡量电子商务客户的相关风险。经单笔债项测试，采用电子商务风险评分卡可以在几秒钟内进行风险识别和评判。

# 参考文献

[1]（英）维克托·迈尔–舍恩伯格，肯尼思·库克耶著，盛杨燕，周涛译.大数据时代：生活、工作与思维的大变革 [M].杭州：浙江人民出版社，2013

[2]（美）Allison Cerra，Kevin Easterwood，Jerry Power 著，朱莹莹，廖晓虹，陈晓佳等译.商业模式重构：大数据、移动化和全球化 [M].北京：人民邮电出版社，2014

[3]（美）鲍勃·罗德（Bob Lord），雷·维勒兹（Ray Velez）著，宋卫未，孙昕昕，王茜译.大融合：互联网时代的商业模式 [M].北京：人民邮电出版社，2015

[4]（美）杰伊·利博维茨（Jay Leibowitz）主编，刘斌，曲文波，林建忠等译.大数据与商业分析 [M].北京：清华大学出版社，2015

[5]（美）Lawrence S.Maisel，Gary Cokins 著，林清怡译.大数据预测分析：决策优化与绩效提升 [M].北京：人民邮电出版社，2015

[6]（美）艾伯特–拉斯洛·巴拉巴西著，马慧译.爆发：大数据时代预见未来的新思维 [M].北京：中国人民大学出版社，2015

[7]（美）罗伯特·托马斯（Robert Thomas），帕特里克·马博兰（Patrick McSharry）著，张瀚文译.大数据产业革命：重构 DT 时代的企业数据解决方案 [M].北京：中国人民大学出版社，2015

[8]（美）Thomas H.Davenport 编，吴峻申译.大数据分析：数据驱动的企业业绩优化、过程管理和运营决策 [M].北京：机械工业出版社，2015

[9]（美）拉里·罗森伯格，约翰·纳什，安·格雷厄姆著，陈建，胡志丽译.大决策：大数据时代的预测分析和决策管理 [M].上海：上海社会科学院出版社，2014

[10]（美）大卫·芬雷布著，盛杨燕译.大数据云图：如何在大数据时代寻找下一个大机遇 [M].杭州：浙江人民出版社，2015

[11] 连玉明主编.DT 时代：从"互联网 +"到"大数据 X" [M].北京：中信出版社，2015

[12] 石友蓉，黄寿昌主编.财务战略研究 [M].武汉：武汉理工大学出版社，2011

[13] 汤谷良著.财务战略的逻辑：我的偏执 [M].北京：北京大学出版社，2011

[14] 汤谷良，张守文．大数据背景下企业财务管理的挑战与变革 [J]．财务研究．2015（01）：59~64

[15] 冯芷艳，郭迅华，曾大军，陈煌波，陈国青．大数据背景下商务管理研究若干前沿课题 [J]．管理科学学报．2013（01）：1~9

[16] 西凤茹，王圣慧，李天柱，侯锡林．基于大数据产业链的新型商业模式研究 [J]．商业时代．2014（21）：86~88

[17] 邬贺铨．大数据时代的机遇与挑战 [J]．求是．2013（04）：47~49

[18] 邬贺铨．大数据思维 [J]．科学与社会．2014（01）：1~13

[19] 翟伟丽．大数据时代的金融体系重构与资本市场变革 [J]．证券市场导报．2014（06）：47~51

[20] 李艳玲．大数据分析驱动企业商业模式的创新研究 [J]．哈尔滨师范大学社会科学学报．2014（01）：55~59

[21] 资武成．"大数据"时代企业生态系统的演化与建构 [J]．社会科学．2013（12）：55~62

[22] 牛西，赖诚慧．谈大数据对企业纵向边界的影响 [J]．商业经济研究．2015（04）：91~92

[23] 李云亮，高肇坤．论基于财务战略的财务管理流程体系构建 [J]．财会研究．2011（14）：41~44

[24] 黄升民，刘珊．"大数据"背景下营销体系的解构与重构 [J]．现代传播．2012（11）：8~20

[25] 李琳，陈维政．大数据背景下领导风格的选择 [J]．经济问题探索．2014（08）：26~29

[26] 飞扬．《大数据应用案例 TOP100》解读 [J]．互联网周刊．2015（06）：66~69

[27] 秦荣生．大数据时代的会计、审计发展趋势 [J]．会计之友．2014（32）：81~84

[28] 荆浩．大数据时代商业模式创新研究 [J]．科技进步与对策．2014（04）：15~19

[29] 蒋红斌．大数据平台上的企业设计战略——以维尚集团的设计实践为例 [J]．装饰．2014（06）：36~39

[30] 彭超然．大数据时代下会计信息化的风险因素及防范措施 [J]．财政研究．2014（04）：73-76

[31] 金珺，陈俊滢，张郑熠．现有制造型企业基于大数据的商业模式创新——以中易和为例 [J]．西安电子科技大学学报（社会科学版）．2015（03）：16~24

[32] 刘新海．阿里巴巴集团的大数据战略与征信实践 [J]．征信．2014（10）：10~15

[33] 岳昱星. 从绩效驱动因素看大数据时代的供应链变革：以网上沃尔玛1号店为例 [J]. 商场现代化. 2015（06）：10~11

[34] 谢然. 从五大行业案例，看大数据的应用逻辑 [J]. 互联网周刊. 2015（02）：30~35

[35] 马毅. 大数据发展下集群融资创新环境治理研究 [J]. 经济体制改革. 2014（05）：129~133

[36] 王德禄，李尚，王智勇，李明. 大数据：现状与展望 [J]. 经济与管理. 2015（05）：76~78

[37] 侯锡林，李天柱，马佳，刘小琴. 基于大数据的企业创新机会分析研究 [J]. 科技进步与对策. 2014（07）：1~5

[38] 何瑛，彭亚男，张大伟. 大数据时代的无边界融合式财务管理创新 [J]. 财务与会计. 2014（12）：60~63

[39] 宋彪，朱建明，李煦. 基于大数据的企业财务预警研究 [J]. 中央财经大学学报. 2015（06）：55~64

[40] 袁振兴，张青娜，张晓琳，张晓雪. 大数据对会计的挑战及其应对 [J]. 会计之友. 2014（32）：89~92

[41] 何军. 大数据对企业管理决策影响分析 [J]. 科技进步与对策. 2014（02）：65~68

[42] 程平，王晓江. 大数据、云会计时代的企业财务决策研究 [J]. 会计之友. 2015（02）：134~136

[43] 程平，孙凌云. 大数据、云会计时代考虑数据质量特征的企业投资决策 [J]. 会计之友. 2015（12）：134~136

[44] 曹波. 大数据时代：农业银行O2O模式探讨 [J]. 现代金融. 2015（01）：42~44

[45] 姚如佳. 大数据环境下云会计面临的困境及对策 [J]. 会计之友. 2014（27）：76~79

[46] 曾晖. 大数据挖掘在工程项目管理中的应用 [J]. 科技进步与对策. 2014（06）：46~48

[47] 黄昶君，王林. 大数据时代商业银行电子商务零售客户风险评分模型设计框架及实证分析 [J]. 投资研究. 2014（04）：16~26

[48] 陈志婷，张莉. 大数据呼唤顾客参与的商业模式 [J]. 企业研究. 2014（17）：22~25

[49] 刘剑强. 大数据时代企业投资决策竞争情报需求与服务研究 [J]. 现代商业. 2014（01）：187~189

[50] 张莉艳，齐永智. 大数据背景下零售经营要素变革研究 [J]. 技术经济与管理. 2015（07）：47~50

[51] 王伟玲. 大数据产业的战略价值研究与思考 [J]. 技术经济与管理. 2015（01）：

117~120

[52] 谢然.大数据的七大核心具体价值[J].互联网周刊.2015（04）：54~60

[53] 李巍,席小涛.大数据时代营销创新研究的价值、基础与方向[J].科技管理研究.2014（18）：181~185

[54] 刘丹,曹建形,王璐.大数据对商业模式创新影响的案例分析[J].科技与经济.2014（08）：21~25

[55] 陈以增,王斌达.大数据驱动下顾客参与的产品开发方法研究[J].科技进步与对策.2015（05）：72~77

[56] 丁昀.大数据时代的百货经营革命[J].销售与市场.2015（06）：80~83

[57] 刘力钢,袁少锋.大数据时代的企业战略思维特征[J].中州学刊.2015（01）：42~46

[58] 凌捷.大数据时代高新技术企业管理战略转型研究[J].改革与战略.2015（05）：143~146

[59] 程平,韩佳伕.大数据时代基于云会计的企业固定资产投资决策[J].会计之友.2015（04）：128~132

[60] 欧阳征,陈博宇,邓单月.大数据时代下企业财务管理的创新研究[J].企业技术开发.2015（04）：83~85

[61] 戴天婧,张茹,汤谷良.财务战略驱动企业盈利模式——美国苹果公司轻资产模式案例研究[J].会计研究.2012（11）：23~33

[62] 杜永红.大数据下的互联网金融创新发展模式[J].中国流通经济.2015（07）：70~75

[63] 隋玉明.基于大数据时代的财务共享研究[J].新会计.2014（10）：3~5

[64] 黄晓斌,钟辉新.大数据时代企业竞争情报研究的创新与发展[J].图书与情报.2012（06）：9~15

[65] 王楚珺,刘会芳,尉丽丽.大数据在控制P2P网贷风险上的应用[J].中国商贸.2015（03）：84~85

[66] 陆岷峰,虞鹏飞.商业银行零售业务转型升级研究——基于大数据分析与挖掘[J].西部金融.2015（03）：6~10

[67] 王亭亭,刘子旭.阿里巴巴基于大数据产业链的财务决策[J].财务与会计.2014（08）：15~17

[68] 杜丹阳,李爱华.大数据在我国房地产企业中的应用研究[J].中国房地产.2014（12）：66~75

[69] 王举颖，赵全超．大数据环境下商业生态系统协同演化研究 [J]. 山东大学学报（哲学社会科学版）.2014（05）：132~138

[70] 池莲．谈大数据产业形成路径及其产业集群发展动力机制 [J]. 商业经济研究 .2015（17）：66~68

[71] 安晖．大数据发展莫入歧途 [N]. 中国电子报，2013-03-15，009

[72] 在云端：当 CFO 遇上大数据——长虹财务云领跑集团管控 http：//www.chinadaily.com.cn/micro-reading/dzh/2014-12-30/content_12962338.html

[73] 马建光，姜巍．大数据的概念、特征及其应用 [J]. 国防科技 .2013（01）：10~17

[74] 郑顺敏．会计大数据时代：会计云计算 [J]. 现代经济信息 .2014（11）：93~94

[75] 梁勇．基于大数据与云计算的会计信息化变革研究 [J]. 中国管理信息化 .2013（12）：20~22

[76] 李月娟．企业战略、财务战略、内部控制和风险管理 [J]. 北方经济 .2009（04 上）：92~93

[77] 刘红，胡新和．数据革命：从数到大数据的历史考察 [J]. 自然辩证法通讯 .2013（12）：33~42

[78] 郑英豪．大数据与企业内部控制 [J]. 新会计 .2015（04）：48~49

[79] 李东光，徐丽萍．大数据在编制滚动预算中的应用 [J]. 东方企业文化 .2015（03）：189

[80] 王锦．探讨大数据时代下对弹性预算法的改进 [J]. 现代商业 .2015（06）：196~197

[81] 刘静如．大数据：金融企业的盾与剑——浅谈风险管理与消费智能 [J]. 中国金融电脑 .2012（09）：83